朝曦初露

——武汉大学哲学专业本科生优秀论文集

（第一辑）

主　编　陈江进　李　志

副主编　吕　晶　程爱丽　刘可馨

WUHAN UNIVERSITY PRESS
武汉大学出版社

图书在版编目(CIP)数据

朝曦初露:武汉大学哲学专业本科生优秀论文集.第一辑/陈江进,李志
主编.—武汉:武汉大学出版社,2022.12
ISBN 978-7-307-23507-6

Ⅰ.朝… Ⅱ.①陈… ②李… Ⅲ.哲学—文集 Ⅳ.B-53

中国版本图书馆 CIP 数据核字(2022)第 248424 号

责任编辑:沈继侠 责任校对:李孟潇 版式设计:马 佳

出版发行:**武汉大学出版社** (430072 武昌 珞珈山)
　　　　　(电子邮箱:cbs22@whu.edu.cn 网址:www.wdp.com.cn)
印刷:武汉邮科印务有限公司
开本:787×1092 1/16 印张:15.75 字数:312 千字 插页:1
版次:2022 年 12 月第 1 版 2022 年 12 月第 1 次印刷
ISBN 978-7-307-23507-6 定价:58.00 元

总　序

李　志

　　这套丛书的编写，是在武汉大学哲学拔尖学生培养基地入选教育部首批基础学科拔尖学生培养计划 2.0 基地(简称"哲学拔尖计划 2.0")这一背景下直接促成的。对于哲学专业而言，拔尖人才培养基地的形成绝非一朝一夕之功。

　　武汉大学哲学专业具有悠久的办学历史，抛开 1922 年成立武昌高等师范学校教育哲学系(武汉大学哲学专业前身)这一史实，自李达老校长 1956 年重建武大哲学系以来，迄今已近 70 个年头。在这悠长的岁月里，武大哲学专业培养了一代又一代的优秀学子，尤其是 20 世纪 90 年代以来，开启了跨学科人才培养的改革进程。1993 年，武大哲学与文学、历史学专业共同创办人文科学试验班，走在了全国高校的前列；1994 年，成立哲学基地班(国家文科基础学科人才培养与科学研究基地班)，以培养宽口径、厚基础的专门型和复合型人才为目标，在武大哲学本科人才培养中发挥了重要作用；2000 年，创办中西比较哲学试验班，致力于培养一批融贯中西、跨越文化和语言的障碍、能够直接与世界哲学界对话的哲学人才；2001 年，创办国学试验班(现属于武汉大学弘毅学堂的特色班级之一)，成为国学人才培养的重镇；2001 年，宗教学方向开始招收本科生，在宗教学人才培养上也已走向成熟；2012 年起，中西比较哲学试验班更名为"现代哲学国际班"，采用全英文教学、双语教学和小班教学，借鉴欧美哲学人才培养模式，在探索哲学人才培养的国际化方面，起到了很好的引领和示范作用，广受国内哲学院系的好评；2019 年，武大哲学专业与政治学、经济学专业联手创办弘毅学堂 PPE 试验班，启动了新的跨学科人才培养模式，哲学专业在其中发挥了关键作用；2021 年，武大哲学专业与法学专业、经济学专业联手创办弘毅学堂 PLE 试验班，在跨学科人才培养方面再次发挥了不可替代的作用。

　　可以说，2019—2020 年对武大哲学专业而言是一个重要的发展契机和转折点：2019年，武大哲学专业被教育部认定为首批国家级一流本科专业建设点；次年，哲学专业被教育部认定为首批基础学科拔尖学生培养计划 2.0 基地、首批基础学科招生改革试点(简称"强基计划")。面对如此之多的发展"变数"，我们作为武大哲学专业的为师者和教学管理者既欣喜又彷徨。欣喜的是，多年以来的人才培养成果受到国内同行的充分认可；彷徨的是，此后的哲学专业应该何去何从？尤其是，强基计划与哲学拔尖计划 2.0 在具体执行时是否应该有区分度？哲学拔尖计划 2.0 应被视为一个宽泛的人才培养平台，还是如强基计划那样开设独立的班级进行招生培养？无论是作为培养平台还是单独设班，哲学拔尖计划 2.0 在培养理念、培养目标等方面与强基计划是完全相同的吗？进而，在开展强基计划、哲学拔尖计划 2.0 的同时，如何处理不同班级之间的关系以保证教育公平意义上的特色发展而非厚此薄彼呢？等等。

面对这些难题，我们求教过曾入选教育部拔尖计划 1.0 的武大理科院系，与同样入围哲学拔尖计划 2.0 的国内兄弟院系开展了多次的研讨交流，并且在院内征询过多位老师的意见。2020 年年底至 2021 年年初的时候，共识逐步形成：在武汉大学，强基计划（哲学）与哲学拔尖计划 2.0 担负着不同的培养重任。强基计划（哲学）将单独招生，设哲学强基班，要求学生专注于哲学专业的学习，通过"本硕博一体化"的培养机制，培养具有深厚的哲学基础、卓越的创新能力的哲学专业人才；与之不同，哲学拔尖计划 2.0 作为人才培养基地，致力于选拔、培养和筛选具有跨学科的学术视野、扎实的专业基础、创新的学术能力的哲学拔尖人才。正是基于这一发展定位，武大哲学专业与弘毅学堂共同制订了《武汉大学哲学拔尖人才培养计划》，并于 2021 年 3 月开始试行。

根据《武汉大学哲学拔尖人才培养计划》，哲学拔尖人才是"养成"的结果，哲学拔尖计划 2.0 不与高考招生直接挂钩，进校后择优选拔；选拔面向弘毅学堂哲学相关专业学生（包括弘毅人文试验班、PPE 试验班、PLE 试验班）与哲学学院哲学专业各班级学生（强基班除外）。不仅如此，选拔本身还蕴含着培养和遴选之意：初次选拔安排在大学二年级之初，按一定比例确定候选人人选；第二次选拔安排在大学三年级上学期末，通过学年论文及其匿名外审、校内评审等环节，对候选人进行考核并确定最终入围人选；最后一次选拔安排在本科毕业论文答辩之后，经答辩小组及哲学拔尖工作小组共同认定，确定哲学拔尖人才并授予哲学荣誉学位。为了确保哲学拔尖基地的正常运行，学院专门成立哲学拔尖计划 2.0 工作小组，负责选拔、培养、日常管理等；为每位候选人配备学业导师，指导日常选课、专业阅读、学年论文、毕业论文等；开设跨学科系列的荣誉课程，如自然科学系列、人文社科系列等；设匿名评审专家库，召开学年论文评审会、候选人论文写作经验交流会等。自本计划运行以来，已选拔了 3 批共计 51 位候选人，其中第一批的 16 位候选人成功通过了学年论文答辩会，2017 级的魏志宏同学获教育部"2021 年度拔尖计划 2.0 优秀学生奖"。

考虑到哲学拔尖基地建设日趋成熟，哲学拔尖工作小组打算编写一套能充分反映武大哲学学子的专业基础、写作水平与创新能力的丛书，收录哲学专业的优秀毕业论文、学年论文、创新创业成果等。本丛书题为"朝曦初露"，希冀初露锋芒的青年学子们不断前行，在学术的抑或社会的大舞台上，发出耀眼的光芒。亲爱的朋友们，未来属于你们，哲学的未来亦然！

编　者　序

陈江进

　　2022 年春天，也即武汉大学哲学拔尖计划 2.0 运行的第二个年头，受本计划工作小组的全权委托，我开始着手《武汉大学哲学专业本科生优秀论文集（第一辑）》的选编工作。正如这套丛书"总序"所指出的，选编本科生优秀论文集是开展哲学拔尖计划 2.0 基地建设的内在组成部分，其主要目标是为了反映和检验哲学拔尖基地所开展的培养机制、课程体系、实践教育等一系列改革的具体成效。正是出于这些方面的考虑，论文集所收录的成果将涵盖诸多方面，不仅包括近几年的哲学专业优秀毕业论文和学年论文，还包括理论与实践相结合的创新创业成果等。

　　具体而言，本辑的选编范围包括：2018 至 2021 年度武汉大学哲学专业本科生的优秀毕业论文，以及第一批哲学拔尖候选人的优秀学年论文。我从中遴选了 14 篇论文，涵盖了马克思主义哲学、中国哲学、西方哲学、伦理学、美学五个学科领域。实际上，武汉大学哲学学科门类齐全，包括 8 个二级学科，尽管本次选编只涵盖了上述五个学科领域，但就这套丛书的未来工作而言，后续各辑的编选将把其他学科领域的优秀论文逐步纳入进来，更为全面地体现武汉大学哲学专业本科生的学术发展潜力。

　　总体上，入选本辑的论文都保持了原貌。例如，其中有两篇英文论文，尽管论文作者的英文表达或许还比较稚嫩，但毕竟呈现了他们学术成长的印迹，编者还是按照论文的原初样貌将其收录进来。尤其值得指出的是，其中改动较大的是魏誌宏同学的论文。他的本科毕业论文大约有 11 万字，学术质量不错，也受到答辩委员的一致好评，但论文集的篇幅有限，编者只能要求他对论文进行大幅删减。当然，魏同学最后也完美地完成了论文的删改工作。

　　论文集（第一辑）的选编非我一人之力所能完成。感谢论文作者们的积极配合与无私奉献；感谢弘毅学堂吕晶老师和哲学学院程爱丽老师耐心协助我完成论文初选与联系作者等工作；感谢我的博士生刘可馨同学帮忙承担了不少文字校对和格式规范方面的工作。我们对遴选出来的论文都进行了认真审读，对存在疑问的地方，也都联系作者再三确认与核实。即便如此，文集难免还会出现错漏之处，此类问题皆由我负责。最后，特别感谢武汉大学出版社的沈继侠编辑，从订立出版合同、申请书号到具体编校，她自始至终都非常投入和认真，让我深深感受到她身上的敬业精神与服务意识。

目　录

📖 美学

马克思主义哲学

以"革命"为入口回应"柯尔施问题"

申清可①

【摘　要】

20 世纪 20 年代，基于资本主义社会现实的丧失与共产主义革命之热忱，柯尔施于 1923 年发表了《马克思主义和哲学》，并着手解决"马克思主义和哲学之间的关系"这一宏远而复杂的问题。对柯尔施问题的回应以"革命"为入口的真正端倪，与其说是对柯尔施和马克思二人理论中应有之义的精练，毋宁说是对"哲学的革命"和"革命的哲学"之统一性的充实：黑格尔哲学与马克思主义之间既联系又超越的紧张关系由此转化为一种思辨张力，并将哲学本身作为一个能动的、自我否定的历程来对待；而对社会领域内关于历史现象的因果公式和价值阙如之批驳，则以真正辩证流动的方法论肯认了共产主义之现实批判性及可能性。

【关键词】

柯尔施问题；马克思主义；黑格尔；社会革命

20 世纪 20 年代，作为德国共产党的一位重要理论家和社会活动家，柯尔施对第二国际的马克思主义理论的历史性衰落以及马克思主义当时所处的状况进行了分析，其直接成果便是于 1923 年发表的《马克思主义和哲学》。在对"马克思主义和哲学之间的关系"这一宏远而复杂问题的研究过程中，柯尔施对社会过渡期中关于马克思主义的问题以及哲学的任务进行了加强阐释和披露，并积极、警觉地指出共产主义趋向所指示的意义。因此，省察柯尔施所进行批判的前提与核心，亦是通过对立与争辩来把握马克思主义本性所作出的建设性努力。

---

①　作者简介：申清可，武汉大学哲学学院哲学基地班 2015 级本科生。

一、"柯尔施问题"的提出背景及理论基始

于柯尔施而言，其所处的时代特征有着足以令人觉醒的背景——每一次现实的政治运动的酝酿和高涨，实际反而是现实的丧失。正是由于这种丧失，关于"哲学"本身的哲学活动才得以产生。对现实的呼求使"革命"二字被当作标明哲学之效力与职责的名词，但"革命"之为柯尔施的一个哲学入口，也绝非出于偶然。

20世纪20年代正是一个革命在不断酝酿着的时代，各种工人委员会活动广泛而又积极地确立起马克思主义和工团主义的旗帜，并不可避免地将其也卷入了这一洪流之中。一方面，柯尔施为未来社会主义的生产关系和经济体系提出了无产阶级式的表达，这无疑是一种极具列宁色彩的举措；另一方面，相比于建立革命组织，柯尔施在对建立、塑造革命成果的实在形态之外，警觉地意识、介入到了观念领域，而这无疑与本文所探讨的问题息息相关。而也正是在这一基础上，第二国际主张马克思主义理论何以最终走向历史性衰落，而马克思又处于怎样的处境，这便是《马克思主义和哲学》开篇引入问题的源起。

柯尔施问题，其含义可以概括为"马克思主义是否一种哲学"。在柯尔施看来，无论是认为马克思主义"抛弃了所有的哲学幻想"[①]，或是将其作为"黑格尔的余波"[②]，抑或以其他哲学来对其进行补充，这种种行为无疑均是在暗示，马克思主义是缺乏哲学内容的。与此同时，柯尔施理论中的列宁主义特质也逐渐被另一种引证来源和思想遗产所取代：柯尔施在此时是将马克思作为黑格尔某种意义上的"承继者"来进行历史性考察的。他认为，某种辩证并且统一的联系被渗透地融摄进、实质地黏附在了二者的思想之中，而这便是用以解决上述问题的一个生死攸关的"联系"。因此，基于一种现实的丧失和革命的热忱，关于"哲学"本身的哲学活动在柯尔施这里产生了。在这一视阈中，柯尔施又将马克思作为黑格尔基础之上的"超越者"来对待，而这种超越性则体现在了哲学之应为哲学的层面上。

在此基础之上，柯尔施在其核心议题中需对上述辩难进行回复，马克思主义既作为旧的哲学的终结，如何才能不在某种正统科学的确切性中自噬？在对德国古典哲学某种意义上的继承中，马克思在何种意义上防止其整体性泥足深陷？回应柯尔施问题，也是对马克思主义之哲学意义的重新显豁。

对柯尔施问题的回应之能为理论据点的内容，应当是马克思主义本身。而马克思实际

---

① [德]柯尔施著：《马克思主义和哲学》，王南湜、容新海译，张峰校，重庆出版社1989年版，第3页。

② [德]柯尔施著：《马克思主义和哲学》，王南湜、容新海译，张峰校，重庆出版社1989年版，第1页。

则以一种更为强势的语言提出了"废除哲学"与"哲学丧失",从对单纯的"哲学迷信"的破除到确立哲学"扬弃自身"的过程中,马克思得以破而后立。

在此,我们首先应明确马克思所丧失之"哲学"是何种意义上的哲学。马克思之谈论哲学之作为"抽象的总体"及其"内在的自我满足和完整性"暗示着这样一个信息——"哲学"与"世界"原本应当是内在自我满足、浑然一体的整体,却往往被切割成了这个整体的两种不同样式。如此划分的危险在于,"哲学"逐渐演化为"为我所意识之内容",而"世界"则变为"显现自身之存在",不论我们想通过哲学认识什么,我们都必然将它们化为与我们截然二分相对的某个对象或客体。这种"哲学"是被抽离的封闭知识,是有界限的残缺不全,马克思所要"消灭"的正是这种意义上的哲学:

"世界的哲学化同时也就是哲学的世界化。哲学的实现同时也就是它的丧失,哲学在外部所反对的东西就是它内在的缺点,正是在斗争中它本身陷入了它所反对的缺陷之中,而且只有当它陷入这些缺陷之中时,它才能消除这些缺陷。"①

依循马克思的思路,其一,哲学有其本身的内在矛盾及其自我否定性,"废除"哲学反而是真正地"拯救"哲学,反之,"拯救"哲学也必然意味着在某种意义上要"消灭"哲学。哲学不是在抽象体系中起作用的概念游戏,也不是在贫乏知识中制造出的进步假象,而必须挣脱意志力量的束缚从而介入外部世界;长久以来被定义为意志力量的哲学必然要同外部世界发生关系,彰显其实践力量,并在每一个不同的时代中以旧日哲学为历史起点,从而历史地、现实地实现自身。

其二,如果说"哲学的世界化"是对哲学自身的否定,那么"世界的哲学化"便是对世俗的否定,在此双重否定的结构中,哲学才能够实现自身。不仅仅是哲学摆脱、突破了其内在规定性的边线,在斗争中发出其内在光亮,而能够当下地呈现现实;现实也不再是凝固不化的铁板事实,而在哲学的照映中成为可能性的最大空间。

其三,正是在这一双重否定的结构基础之上,世界的哲学化与哲学的世界化不仅仅是哲学的实现,也是对那种可能性的最大空间所代表的自由精神的实现,也即马克思在前文所述的,哲学的实现,究其本质,是"自由的理论精神成为实践力量"。②

而在《马克思主义和哲学》一书中,柯尔施也提出,哲学与世界并不是处于截然二分的逻辑结构之中,而是始终在进行流动性的互动与融合,这种深透的统一决不能被当作一种模糊的混合。但是,既然马克思已明确提出"废除哲学"之话语,柯尔施用以联系马克思主义和哲学的方式是否并不合适?或者说,在语义的角度来看,柯尔施之用以联系马克思主

---

① 《马克思恩格斯全集》(第二卷),人民出版社 2005 年版,第 76 页。
② 《马克思恩格斯全集》(第二卷),人民出版社 2005 年版,第 75 页。

义的"哲学"也并非马克思所要消灭之"哲学"？对于这一问题，我们可以在柯尔施的回应中找到答案。

二、柯尔施的回应及对其非难可能性

（一）柯尔施对"联系"的把握

在《马克思主义和哲学》一书中，柯尔施试图通过一种"联系"将马克思与黑格尔的哲学实质连接起来，他也将此联系伸展到了更多的德国哲学先驱身上。依柯尔施之论述，绝不能以某种"纯粹的观念链条"来理解或阐释从康德到黑格尔的哲学进化以及黑格尔之后的思想进路。否则，那些所谓的"资产阶级哲学史"上就会出现一些古怪的"空白点"——某些哲学运动的终结或复苏无法得到解释。为了把握这种联系的整体性和生成性，他将这个生死攸关的"联系"描述为"那个时期的'思想运动'和同时代的'革命运动'之间的联系"。①

在柯尔施看来，如果要理解马克思之哲学实质，甚至理解德国哲学传统之企图，则必须掌握这种"联系"——"思想形式的革命"是整个"社会现实革命"不可割裂的一部分，这种"联系"不能被碾平或杂糅成一种机械或者被动地参与，而应当成为纯粹内在化的统一性，它必须回归到思想与革命之间相互呈现、相互渗透的辩证品格之中。

于柯尔施而言，社会革命，这一"活的整体"是在严格意义上反对"思想革命"之措辞的。如果我们苟且地以"思想革命"来区分一个审慎地、平静地发生在纯粹研究领域并远离粗鄙现实斗争的过程，那么，正如多数人所持有的立场那样，属于日耳曼民族的便是思想革命，属于法兰西民族的则为现实革命了，二者不相干的。并且，更为令人困惑的是，在柯尔施所作的对比之中，这种属于日耳曼民族的"思想革命"为何在词句与观念上如此丰富，却在真实的"革命"中显得如此贫乏？以至于，属于德意志的思想运动看起来似乎只是一场又一场的虚张声势，哲学知识在逐步增加，思想家们继续前进，但是他们所掌握的那些东西却不过像是什么都不能证明的那种证明，什么都无法实现的那种实现。追根究底，如果思想活动与革命运动被对立起来，这种纯然二分的划定则必然使得思想活动或哲学变得无关痛痒，缺乏魄力，而这种一知半解的思想活动或哲学则令人更进一步地远离现实。

如果哲学要融入切己之现实，法兰西的那种"现实革命"也并不足以成为一种理想的模型，尽管法国人对自由的意识是最泛滥不过的了，但"自由"这一概念，"在被他们应用到

---

① ［德］柯尔施著：《马克思主义和哲学》，王南湜、容新海译，张峰校，重庆出版社 1989 年版，第 10 页。

现实世界时却仍然是未经发展的、抽象的"。① 柯尔施的这种批驳同样已被马克思用于空想社会主义：不成熟的现实，或者更准确地来说，不成熟的生产与阶级状况使得革命之方案是从人的头脑中产生的，但是社会弊病的消除是不能仅仅通过观念从外面强加于社会，否则，抽象的"自由"概念一旦运用进现实，反而是对后者的破坏，这种"革命"注定会成为空想。

柯尔施所呼吁的，正是一种使人趋于现实的、完整的哲学——革命活动以思想的形式被概括和表达，它是一个当前现在的整体而无时无刻不在现实中实现着自身，而思想形式不过也是它所属时代掌握的部分，因此，它亦是一个每时每刻因时代之更替而需要重新履行的职责。因此，抛弃抽象和观念形态的方法，理解哲学和现实之间的辩证原则，柯尔施所归复的不仅仅是德国哲学传统与马克思主义哲学之间的关联，更使得其中的内在必然性显明起来。正如上文所述，德国古典哲学既作为资产阶级革命活动的思想概括，马克思主义则为无产阶级革命活动之理论要式。即，这种辩证关系是融摄在哲学之中、黏附在哲学之内的，而且是在哲学传统中已延伸到马克思主义之中的，这是柯尔施对黑格尔与马克思共通原则的理解——哲学和现实之间的辩证原则。甚至，依循柯尔施的回应方式，马克思以及包括其在内的诸多德国哲学先驱无一不是在这一意义上的、哲学的继承人。

（二）柯尔施总体性辩证法的构建

基于柯尔施所提出的这一生死攸关之"联系"，我们可以更为深入地理解他在理解马克思主义与哲学之关系时对总体性辩证法的构建。在他看来，马克思主义与其说是关于社会革命形态的描述和回复，毋宁说是一种包括整个社会、涵纳所有领域的活的辩证法。而马克思同时又是如此决心废除那种作为被抽离的封闭知识、有界限的残缺不全之"哲学"，因此，马克思主义之于哲学，可以说是既通过上文之"联系"而联系，又依循下文"超越哲学"而超越的。

柯尔施首先承接了马克思关于"废除"哲学之措辞。在他看来，理论派依旧将哲学当作了独立默然、纯粹理论的东西，即"理论派错误地相信'不消灭哲学本身，就可以使哲学变成现实'"。② 而实践派剥离了哲学当中的批判力量和指导责任，即，"它企图不在理论

---

① ［德］柯尔施著：《马克思主义和哲学》，王南湜、容新海译，张峰校，重庆出版社 1989 年版，第 11 页。

② ［德］柯尔施著：《马克思主义和哲学》，王南湜、容新海译，张峰校，重庆出版社 1989 年版，第 36 页。

中实现哲学，换言之，'不把哲学作为现实来把握，就企图在实践中消灭它'"。① 而哲学应当始终保持对现实的提醒，并在现实的复杂性里面得到反复的磨炼与迂回的考验，即，用马克思本人的话来说，"不在现实中实现哲学，就不能消灭哲学"。②

柯尔施同时又指出，无论是"消灭""废除"或者是"丧失"等对哲学的否定，都无法掩盖马克思主义本身所渗透的那种"哲学"思想，这一哲学也绝非马克思所坚决反对的那种哲学，而是一种总体性的辩证法——它将社会革命中的种种实践活动"作为活的整体来把握和实践"。③ 在这个意义上，我们得以更深切地理解柯尔施对哲学之为哲学的理解和重申，我们不能认为只有那种纯粹抽象的、精神现象的哲学才是真正具备哲学效力的。社会之为一个不可分割的整体，意味着总体性的辩证法绝不是一种认识上的思考方法，也不是那种置身于外部的反思或者副现象。柯尔施所继承马克思而界定的哲学不是非辩证、全观念的编年史，因此，他所反对、消灭的也不是一种仅仅作为名称而有所指向的哲学，而是作为现实的那种与之相融摄的哲学。

在这个意义上，柯尔施提出了"超越哲学"，他鲜明地指出，马克思以壮士断腕的决心所反对的，是现存的哲学史及其赖以构建的所有前提，也是支撑起这套哲学的整个资产阶级现存世界，并将这种反对彻底贯通到实践和行动。否则，这种反对则将陷入和庸俗的马克思主义同样的错误境地——一旦先验地低估了资产阶级社会意识形态机制的复原力，就无法从根本上克服这一哲学、摧毁这一社会。在他看来，不能因"超越哲学"有比纯粹理论更多和更新的内容并被赋予了实践基础，便草率地认为它并非哲学，况且，这种"超越哲学"本身不也混合着哲学所应当有的特征吗？

同时，"超越哲学"更是历史性地、辩证地呈现着现存世界一切内容的可能性，如果任何一种现存世界的形态被绝对化地接受，这就将使"超越性"因之而消逝，自由因之而瘫痪，人从而对于现实产生错觉而停滞不前。因此，一方面，柯尔施始终坚持着"社会主义，无论从其目的还是从其手段上说，都是一场实现自由的斗争"④；另一方面，马克思主义之批判贯彻既是对某种现实的召唤，也在自身中隐含着批判与超越的潜质，于是，这种批判与超越也是整个革命过程中的一部分，不存在纯理论的、始终有效的马克思主义，甚至

---

① ［德］柯尔施著：《马克思主义和哲学》，王南湜、容新海译，张峰校，重庆出版社 1989 年版，第 36 页。

② ［德］柯尔施著：《马克思主义和哲学》，王南湜、容新海译，张峰校，重庆出版社 1989 年版，第 38 页。

③ ［德］柯尔施著：《马克思主义和哲学》，王南湜、容新海译，张峰校，重庆出版社 1989 年版，第 22~23 页。

④ ［德］柯尔施著：《马克思主义和哲学》，王南湜、容新海译，张峰校，重庆出版社 1989 年版，第 91 页。

于"马克思主义自身作为一个哲学的对象就立即要被废弃和消灭"。①

（三）评柯尔施的回应：考察方式新颖性与理论表达中的紧张关系

依循革命之为入口和主线，我们对柯尔施的引证来源和关键分析可以进行初步的评述和总结。

其一，"革命"之作为柯尔施回应的入口，有其特殊的背景和使命，而并非出于偶然。在德国资本主义稳固自身和工人委员会运动衰落的时代过程中，"革命"一方面成了实际、可欲并且紧迫的任务，另一方面又被当作了哲学之效力与职责所应当实现的对象。正是在这一意义上，柯尔施将马克思主义当作一种社会革命的理论来看待，但同时需注意的是：马克思主义最为显著和突出的特征便是在确信，社会革命在何种特定情况下才是可能的，以及它到底期望达到一个怎样的目标，而这则必然要回归于马克思主义进行考察。

其二，作为一个黑格尔主义的马克思主义者，柯尔施在其"联系"和总体性辩证法的论证中都彰显着黑格尔哲学的影响力。这其中所格外昭彰的则是其"实体即主体"的概念，即，将真实的东西统握和表述为实体，也同样将其统握和表述为主体，也即，主体不是头脑观念或者现象界中的幻象，而是世界的实体本身，实体本身就是能动性，是能够自我生成，自我展开，自我实现的存在。在马克思主义关于实践本体的讨论中，我们也能看到关于人的主体性和世界的实体性本身等概念的影子，这种影响是现实存在的，因此也使得柯尔施的回应值得我们严肃对待；而在柯尔施本人对于该问题的回应中，我们不仅能够在一种联系和总体性辩证法上印证这种观点的影响力，而且能够看到马克思主义之于哲学存在何种意义上的先破后立及其内在的否定性，这与"实体即主体"的概念及"否定之否定"的思想都是一脉相承的。

其三，在确认"革命运动"和"思想活动"的"联系"过程中，柯尔施进行了一次新颖大胆的尝试——他将马克思主义本身作为马克思的历史唯物方法的考察对象，这一方式无疑是具有革命性的。

经柯尔施考察，在资产阶级已经不再能重现它的英雄时光时，同样在19世纪40年代衰落的是黑格尔的哲学，其原因即在于，前者已不再具备革命性了；与这种历史境遇相对比的则是一时无两的无产阶级工人运动及后来居上的马克思主义。而这19世纪40年代及之后的变化，与其说是先前哲学形态的退场或停止，毋宁说是观念领域的革命和改造，这种转变之深刻便在于，它并未完全切断属于资产阶级的思想活动和属于无产阶级的思想活

---

① [德]柯尔施著：《马克思主义和哲学》，王南湜、容新海译，张峰校，重庆出版社1989年版，第15页。

动之间的联系，而是赋予了这种联系以历史性和批判性的特征。这种对阶级史和哲学史的反思，实际上便是以马克思的历史唯物主义为前提和方法在进行推进的。

首先，马克思将"感性的人的活动"中现实的人、物质条件和生命活动，作为历史的真正前提。柯尔施首先承继了马克思以分工和所有制对历史阶段进行考察的方法，因此有资产阶级与黑格尔哲学、无产阶级与马克思主义之间的对应关联。其次，柯尔施明确了其中意识形态的生产与物质生产之间的关系，即，意识形态作为意识的副产品，其包括宗教、道德、哲学等在内，都是无可避免地具有阶级性的——思想的生产者之作为统治阶级，必然将对思想进行生产、调度和分配。因此，在资产阶级的哲学代表与他们所代表的资产阶级的关系问题上，矗立于物质生产之上的意识形态是可以并且也应当在现实存在中加以克服的，柯尔施以此说明了那种生死攸关的"联系"的历史性。最后，柯尔施也敏锐地捕捉到了历史是如何在人与感性世界互动的传承性中得以显现的，即，无产阶级在资产阶级工业与物质生产之上、社会与交往形式之上，随着"需要的改变"①而去改变相应的社会。这意味着，感性世界绝不是以某种与生俱来而存在，而是世代交替的结果，同时，每一代不断地在历史中使自己面对新颖的环境，又将另一个新颖的环境继承给下一代，如此便有了马克思所说的"历史不外是各个世代的依次交替"。② 柯尔施以此又说明了"联系"的生成性和批判性。

其四，属于柯尔施的理论表达中，也存在着一种紧张的关系。他以一种特殊与普遍的辩证关系替马克思主义向"哲学法庭"的审判索取了后者所应有的尊严。从理论表达来看，柯尔施一方面将马克思主义与以往哲学联系起来，一方面又强调前者对后者的超越性和革命性，这种"既联系，又超越"的思想进路实际上有着一种紧张的关系——这一措辞似乎在暗示，存在两种不同意义上的哲学，一种是应当被彻底废除的、实然的哲学史；而另一种是已渗透在马克思主义内的、应然的哲学样态，而柯尔施问题之所以能够被给予一个肯定性的回答，更大程度上是依赖于对后一种哲学样态的构建。柯尔施同时指出，马克思和恩格斯两人也意识到了这种"联系"，他们也远非要建造一个新的哲学，共产主义也绝不是在此基础上加以革新，而是对现存全部的哲学内容，即，资产阶级哲学的最终克服与取代。既然如此，始终黏附于前一种哲学史内的、现实和哲学的辩证原则是否将马克思主义和纯粹思辨哲学之间的界限模糊处理了？

因此，如果说马克思的确超越了以往的种种哲学，其联系着、继承的又是以黑格尔哲学为代表的理论和实践的辩证原则，两者并不矛盾，如此则必须要求柯尔施回答：在革命

---

① ［德］马克思、恩格斯著：《费尔巴哈》，人民出版社1988年版，第20页。
② ［德］马克思、恩格斯著：《费尔巴哈》，人民出版社1988年版，第32页。

实践的问题上，如果以往的哲学只是随着现实的革命而不断成为死去的思想，马克思主义和以往种种哲学到底有什么本质的不同？它如何从一种依照历史进程而更新自身的活动中挣脱出来，获得真正的生命力和革命性？这种本性又是在何种程度上渗透了哲学之应为哲学的本质的？下文便将以此问题为基始进行深入探索。

三、马克思"社会革命"的思想轨迹与哲学视阈

在革命实践的问题上，柯尔施吸收了马克思关于"革命是历史的火车头"①这一历史作用的基本观念，"革命活动"与"思想活动"现实地、历史地产生着联系。然而，这种联系在不断自我生成的过程中，到底是在哪一处节点，为着什么目标，又在何种程度上经历了深刻并且有意义的特征变化？柯尔施之作为一个革命者，在论述马克思主义作为"一种与革命实践直接联系的革命理论"②之时，对这三个要素进行了总体辩证的把握，但这种把握却并不全面。换言之，柯尔施将马克思主义当作一种社会革命的理论来看待，但实际上，马克思主义最为显著、最为突出的特征便是在确信，社会革命在何种特定情况下才是可能的，它到底期望达到一个怎样的目标。因此，回应"柯尔施问题"或并不能仅仅以柯尔施的回应为回应，在此基础之上，我们还应继续发掘马克思主义的本性，讨论其关于现实革命活动的理论学说，并考察柯尔施之回应是否需要适当的补充。

（一）马克思的革命概念及其对现实的勾连

1. 贯彻始终的立场：现实的人

马克思主义之理解"革命"需有一个前提——现实的人。1843 年，马克思即在《〈黑格尔法哲学批判〉导言》中指出，尽管摧毁物质只能依靠物质力量本身，但理论与物质之间并非有着截然二分的鸿沟，二者建立联系的基础是理论本身足够彻底，"所谓彻底，就是抓住事物的根本。但人的根本就是人本身"。③

在这里，马克思所述理论之所以得以趋近现实，正在于其在坚持"人之为人本身"的立场上贯彻到底。而在《1844 年经济学哲学手稿》中，马克思则更为严肃地控诉了人是如何处在"人之不为人本身"的资本主义空气之中，这将使任何基于此的革命活动变得尤为迫

---

① 《马克思恩格斯选集》（第一卷），人民出版社 1995 年版，第 456 页。
② ［德］柯尔施著：《马克思主义和哲学》，王南湜、容新海译，张峰校，重庆出版社 1989 年版，第 59 页。
③ 《马克思恩格斯全集》（第一卷），人民出版社 1995 年版，第 9 页。

切——在他看来，在劳动与资本的分离与利益走向的确认问题上，国民经济学"把应当加以阐明的东西当作前提"①和"一种具有历史形式的事实"②了。

资本主义制下，人，即普遍的劳动者，所给予对象的是同他自身相敌对的力量，在"物"不断增值的过程中，"人"反而在贬值。人的劳动活动本身也不足以被定义为高尚的牺牲或者是伟大的奉献，因为劳动活动本身的不情愿、强迫性以及剥削、压榨正在印证，人的终极性目的不过是如同动物般的机能而已。于是，人的活动本身的丰富含义被忽略，不仅仅是人的个性，人之所以为人的本质也随之被抹掉了。这种习惯是自行展开的，它使得其他习惯性动作，如追逐人的、自由全面的发展失去了作用。在再生产过程中，人之为人的本性被反复地碾平。人本身躲在机器、产品、被"异化"的概念身后，最终，作为价值主体的人与它们的关系错位——人把自己当作商品，零星出卖。人自身在此时成了"统治人的异己力量"③，对自身的主宰权的失去恰是他人支配权的拥有。

一种"理论上彻底的批判"所要求的人之为人本身指向何处？在马克思看来，人本身存在这样一种"最大公约数"，它是人的精神层面上的"类能力"，在这种"类能力"不断改造外部感性世界的过程中，人才能够在持续的实践中确证自己的类存在性。人作为一个能动的、超凡的工匠，成为真正企图成为的存在，这种存在便成为可能性最大的空间而为自由的存在物。在这个意义上，人同自己的类本质相异化，而类本质实际上又是从作为人的、普遍的存在中产生的，它内部是具有生命活动和社会交往的力量、也是从人和人关系中商兑而得的。因此，当人和自身相对立之时，他便也和他人相对立了。当人同自身的类本质相异化之时，人同人也就相异化了，这是更为危险的。不仅是作为劳动主体的工人，甚至于包括资本家在内的所有人都将面临个人对自身的背叛——人在把他所创造他"愿意"成为的那种人（资本家、工人等）中，采取了种种行动（剥削与被剥削、奴役与被奴役、强迫与服从、欺压与妥协），无一不是在去创造一个应当如此的"人"的形象。于是，在这种角色和行为的选择中，某种价值就被肯定了。资本主义私有制成为人所一手创造的"新的上帝"，一种合理甚至崇高的意义。

异化之提出使得"现实的人"的指向澄明起来，马克思提出："人们是自己的观念、思想等等的生产者……意识在任何时候都只能是被意识到了的存在，而人们的存在就是他们的现实生活过程。"④人之所以成为人，不是因为什么与生俱来的"抽象本质"来对其进行规定，而是个人从自我塑造的、无限的创造性活动之中、从自然中生产出自己需要的资料，

---

① 《马克思恩格斯全集》（第三卷），人民出版社 2002 年版，第 267 页。
② 《马克思恩格斯全集》（第三卷），人民出版社 2002 年版，第 267 页。
③ 《马克思恩格斯全集》（第三卷），人民出版社 2002 年版，第 276 页。
④ 《马克思恩格斯全集》（第一卷），人民出版社 1995 年版，第 72 页。

是通过共同劳动、集体生产来表现自身的。马克思在《德意志意识形态》中进一步指出，在这种条件下，产生了不同阶段和形态的分工、财产所有权形式和社会阶级。在这些不同阶段中，人之现实与感性活动所取得的种种实际存在，作为现实又将立即重新开始它的实际存在。这种现实不是一种可加以确定的固定不变的现实，它能不断以旧的形式成为历史，亦不断以新的姿态面向未被完成的丰富和开放。

正是以"现实的人"为贯彻始终的立场，也正是因"人之已非人本身"的无情披露与"人之应为人本身"的实然揭示，马克思在种种条件下所形成的私有制和资产阶级环境中阐明了"革命"的必要性和普遍性，"革命"即是对这种现实的真正把握：这种革命是必要的，其现实紧迫性便在于"人之不为人"空气的弥漫及常态，以及反复将其作为前提而不断自我合理化、规训化的日常；同时，这种革命也是普遍的，它不只是铲除掉矗立在物质生产之上的宗教呓语或者政治谎言，而是从其根本上所依赖的物质基础剥除掉人之不为人的普遍根源，从而真正实现人的全面复归。

2. 发生的先决条件：阶级矛盾

在讨论现实革命之时，马克思亦指出，"革命"之发生应具备一个条件——阶级矛盾。在1848年欧洲革命后，马克思主义语境下的具体的"革命"首先应具备阶级矛盾这一先决条件。新的革命只有在新的危机出现之后才有可能产生，而后者产生的必然性和前者的完全一样。对于马克思而言，他既有对危机必然爆发的信念，又明确地将经济危机和社会革命两者联系了起来，在现存的资产阶级社会中，有且只有当生产力与其生产方式发生矛盾时，革命才会发生，才能真正在现实中实现自身。

在这个意义上，上文所提及的"法兰西的革命"也被马克思从对一种生产关系的打破的角度来进行重新的审视，在他看来，法国工人阶级缺少一种先决的现实地位。无论理论有着怎样的"先进性"，只有当与革命息息相关的、生产关系上的利益产生变化并汇集，才可能发生所欲的革命活动，"一旦有某个阶级奋起反抗，社会的革命利益就汇集在它那里，这时，它会直接在自己的地位中找到自己革命活动的内容和材料……法国工人阶级并没有站在这样的立场上，它还没有能力实现自己的革命"。①

经济关系下劳动和资本的对立是在"最后的、最高的阶段"所暴露出的一个秘密，这种对立越是被推向极端，则越成为这种关系的顶点和灭亡的前兆。这实际上和以往历史所见证的革命形态如出一辙——资产阶级与封建地主阶级之间的博弈角斗便是如此。而资本主义所赖以构筑的阶级利益又无一不是在封建社会中被造就的。只不过，当封建所有制的关

① 《马克思恩格斯全集》（第一卷），人民出版社1995年版，第385页。

系不再适应这种生产力了，资本主义自由竞争便抢占高地，取而代之。于是，当劳动和资本从统一的关系逐渐分离、相互排斥、相互敌对到最后与自身相对立时，它不再只是一种看似无关紧要的对立了，而是真正的、关乎能动关系的矛盾。也正是在这种意义上，马克思在论及共产主义之时，也在《共产党宣言》中开宗明义地确证，社会的历史发展，实际就是阶级斗争的历史，资产阶级社会用新的阶级取代了旧的，除了新旧之别，其在本质意义上并无不同。

3. 对抗产生的困难：传统力量

同时，此处"革命"仍将面对一个困难——传统力量。在 1853 年的《路易·波拿巴的雾月十八日》中，马克思明确否认借用先人理想来进行革命运动，"19 世纪的革命一定要让死人去埋葬他们的死人，为的是自己能弄清自己的内容"。① 长久以来，马丁·路德把自己标榜为使徒保罗，1789 年法国革命者试图建立古罗马共和国，1848 年革命也希望唤起人们对法国大革命的回忆。尽管现实中的人不可避免地要在直接触及的、长久既定的、从过去继承下的历史的条件下创造历史，但革命，尤其是对资产阶级的革命运动的本质是要和从前彻底地划清界限，而不是延续传统，要摆脱的是对过去的所有盲目迷信，而共产主义革命就是一次最为彻底的决裂和与传统之间最为彻底的划界，并以此为始基来展开自己的任务。

资产阶级无法保证或维持其自身奴隶与被奴隶的运作形式之时，违背人的本质的劳动、生产方式和交换方式应当有充足的理由被其所驱使的所有人负隅顽抗。此时资产阶级高度革命的角色反而体现在，其野蛮势力捣毁了封建所有制中的一系列政治、经济与文化关系，建立起一套新的体系，即永不停歇的变化。同样，对于资本主义社会自身而言，理解一个过程就需要超越并扬弃它。

（二）以"革命"概念划界的意义及其对柯尔施的补充

在马克思主义的思想轨迹与视阈当中，从这些方面来理解"革命"似乎是顺理成章的，但其对回应柯尔施问题及对柯尔施之回应的阐释和补充，则具备充沛的效力。

首先，马克思主义之作为一种活的社会革命理论，可确证其自身的革命原初性、批判彻底性及柯尔施"超越哲学"之意义。柯尔施如将马克思主义作为一种活的社会革命理论，其所继承马克思而界定的哲学则绝不是非辩证、全观念的编年史。他所反对的也不是一种仅仅作为名称而有所指向的哲学，而是作为与资本主义所有现实基础所相融摄的那种哲

---

① 《马克思恩格斯全集》(第一卷)，人民出版社 1995 年版，第 585 页。

学。马克思以壮士断腕的决心所反对的，是属于现存世界的哲学史及其赖以构建的所有物质前提，也是反对支撑起这套哲学的整个资产阶级现存世界，这种反对是彻底贯通到实践和行动的。

其次，对革命活动的划界也是对"理论派"价值阙如之反驳。在各种革命活动当中，对各派之间对抗的理解却总是意识形态意义上的，是变革势力和守旧势力的交锋。不过，现实的冲突往往会对此提出新的问题：到底哪一方是革命的，哪一方是反革命的？革命的立场，一旦不阐明，就很可能是模糊甚至是矛盾的。马克思在此正是给"革命"的立场划界——如果没有观念中所理解的"革命的一方"，我们又如何判断哪一方是革命的，如何才是革命的呢？一旦提出这样的问题，我们即能发现，理解某种革命、选择某种革命就意味着所选择的、所理解的不仅仅是具体的革命，更是对某种价值的融贯和肯定。这对于柯尔施用以反驳那些"马克思主义理论家"也是有必要的，后者往往认为，马克思主义之作为一种理论，其在逻辑上是科学、客观、自由的，这是一种必然性，而绝非价值判断的结果。对于这样一种倾向来说，那种辩证流动的方法论则无疑被凝固成了社会领域内关于种种历史现象的因果公式，而那种彻底的、对现存世界的批判也将被表面化地理解为在思想领域无关痛痒的反对浪潮。

最后，尽管马克思主义与黑格尔哲学在柯尔施这里以一种活的辩证法被联结起来，但也正是在辩证法这一问题上，马克思主义与黑格尔哲学产生了实质性的分袂。在柯尔施看来，马克思和黑格尔的区别在于，后者认为，个人的理论意识不能跳过他自己的时代，这首先是更多地把世界嵌入哲学，而非将哲学嵌入世界。马克思则认为，那些迄今为止都是通过诸意识形态被理解的物质生产关系，恰恰是其自身在被现实地推翻的同时，才能够在意识上被消灭。辩证法自身在黑格尔处被神秘化的部分在马克思这里成为十分实际、十分具体的东西。

前文所提出的、关于柯尔施所采用方法的问题在此也能得到回应：如果说马克思的确超越了以往的种种哲学，其联系着、继承的又是以黑格尔哲学为代表的理论和实践的辩证原则，那么，马克思主义的辩证法却是在人类社会与历史领域上对黑格尔的倒置，并显著而又革命地予以其实践的基础。正是在关于社会革命的种种问题上，马克思与黑格尔之间有着不可逾越的鸿沟，他是从人出发而复归于人的，是必须同资产阶级所有现实和先人理想的传统划清界限的。

四、"哲学的革命"与"革命的哲学"的统一

在前文所述基础上，我们才能谈"哲学的革命"与"革命的哲学"，革命的哲学则必然

要求对哲学的革命，只有对哲学这一概念进行革命，抽离出其应有之义，我们才能在消灭以往资产阶级哲学的基础之上去谈马克思主义为何是"彻头彻尾的哲学"①以及马克思主义作为革命的哲学如何可能。

（一）哲学的革命——从形而上学到哲学的主体性

在柯尔施的回应中，有一点是毋庸置疑的：在柯尔施着手构建其辩证法之时，他便已跳出旧的形而上学所预设之实体，他继承了马克思主义所渗透的哲学之批判力，这是打破绝对性与决定性、质疑先入为主的。同时，他也在回避地用完全经验的、实证的、因果性的手法来描述"革命"，马克思主义不能以那种"正统的科学"为榜样。于是，辩证唯物主义绝不是一种对形而上学的改进与再呈现，它也不是一种对全能客观性的消极反应，而是对一个复杂的相互渗透的世界的呈现。

值得注意的是，尽管柯尔施的举措彰显出形而上学与辩证法的对抗焦点，但在论证"马克思主义是一种哲学"的过程当中，我们极容易陷入与之相对立的极端，即，证明它其中有传统的意义所指涉的、形而上学的成分。一旦用所规定的形而上学去说明马克思主义是哲学之时，我们是否也必须诚实地面对这样做法当中所隐含的一个立场：不包括形而上学的内容则不足以被称为哲学？

依循柯尔施的思路，此处我们可对"形而上学"进行反思。马克思主义，或者说从黑格尔开始，正如柯尔施已论证过的，那个最根本的问题、更彻底的前提性批判已不再是一个名词，而是一个具备历史性和生成性的动名词。更准确地说，他们所面向的已经不是传统形而上学中的最高存在或最高实体的自身属性，而是这个存在者、这个实体是如何使得万物聚集、历史变迁以及社会运作的。一旦面向了新的"实体"，这也印证了柯尔施所述的关于黑格尔哲学与马克思主义之间的"联系"及其作为一名"黑格尔主义的马克思主义者"之立场。在此我们可对柯尔施关于"实然的哲学史"和"应然的哲学样态"这两种哲学中既联系又超越的"紧张关系"进行回应。

如前所述，在回应"马克思主义是否是一种哲学"这个问题时，柯尔施所面向的到底是哲学的发展中所抽离出的实然传统，还是哲学本身之为哲学的应然本质？从逻辑的角度来看，作为一个黑格尔主义的马克思主义者，柯尔施实际也并未在这个问题上泥足自噬。首先，若我们依循黑格尔的思路，认可"实体即主体"，并从生成性、历史性的角度来理解实体的存在与实现，实体不再是那个隐匿在某处等待人去认识的秘密，而是能够自我生成，

---

① ［德］柯尔施著：《马克思主义和哲学》，王南湜、容新海译，张峰校，重庆出版社 1989 年版，第 37 页。

自我展开，自我实现的存在。那么，此处所提出哲学的发展与哲学本身实际上便是一体的了；同时，在"否定之否定"的思想之上，被"废除"之哲学之所以能发展到否定的阶段，正是由于哲学内部的矛盾性，这种"扬弃"之作为内在的源泉，既有内在联系性的保持，又有根本落脚点上的终结，否定中保持着肯定的因素，进而达到矛盾的扬弃和统一。如此，关于柯尔施回应中所可能产生的紧张关系，并将其转为一种思想张力——哲学的发展和哲学本身便处于统一的、正反合的辩证运动之中了。而正如前文所述，柯尔施也认同，在追问"是什么创造了这种历史"与"是什么在推进这种生成"时，马克思在黑格尔的"精神的展开"之下铺垫了一层"现实的跋涉"。但柯尔施此处所着重强调的是：如果马克思主义本身具有黑格尔哲学的影子，又为何不能用马克思的历史唯物主义同时对黑格尔哲学和马克思主义本身进行考察呢？

（二）革命的哲学——共产主义的现实效力

一旦提出关于"革命的哲学"这一概念，我们则必然要涉及马克思主义中共产主义的现实性问题。共产主义是否只是无神论的衍生品？它又是否是一种无法实现的预言？革命所活跃地指明的方向到底具有怎样的意义？也有不少人更为严肃地指出，包括共产主义在内的诸多政治设定为何是能实现的？这对于柯尔施问题的回应而言也是必要的，柯尔施始终将共产主义作为社会革命之职责目标并强调其自由意义，而共产主义的现实性问题，实际上也能用以回应柯尔施那种现实革命活动与思想革命活动之间的联系何以可能。

马克思、恩格斯在《德意志意识形态》中指出，"共产主义对我们来说不是应当确立的状况，不是现实应当与之相适应的理想。我们所称为共产主义的是那种消灭现存状况的现实的运动。这个运动的条件是由现有的前提产生的"。① 此处现存状况正是资本主义和一切剥削制度及其存在的基础，这也是上文柯尔施所赞赏的那种"超越哲学"所有的效力。简言之，共产主义的出现不是一个选择，而是一个事实，它不应被狭义地理解为一种社会形态，而应被理解为一场现实的运动。共产主义既是一种自然主义，也是一种人道主义：它不仅仅是对上述异化劳动的积极扬弃，更是对一切异化的积极扬弃，那些耸立在经济基础上的上层建筑，将无一逃过被批判的历史命运。这是真正"全面的合乎人性的存在即社会存在的复归"，人既是个体，也要通过获得社会性，成为总体，最终使"每个人的自由发展是一切人的自由发展的条件"②。同时，共产主义不仅有着理论的可能和应然，更有着现实的可实现性：它必然是现实生活的实践道路而非只是理论世界的知识捷径。它最重要的

---

① 《马克思恩格斯文集》(第一卷)，人民出版社 2009 年版，第 539 页。
② [德]马克思、恩格斯著：《共产党宣言》，人民出版社 2016 年版，第 51 页。

现实依据便在于，人的处境是具有普遍性的，只要人需要去生存，并具有理解力，这种普遍性便是存在的——人的企图是为了超过或者扩大生存带来的限制，而不是向生存中的附庸、人以外的事物进行妥协。

而对共产主义现实性的质疑，往往是以一种"未来国度里谁会去擦靴子"的提问方式呈现出来的，它到底是不是一种乌托邦式的愿景？这便在最根本上提出了哲学的革命效力及理想与现实关系的问题，如果说"对哲学的革命"是可把握的，那么关于革命的哲学当中"哲学如何具备生命力和革命性"，则充满了对某种哲学愿景或政治设定的不信赖感。

事实上，这些力图实现革命效力的哲学愿景或政治设定并非只是某种令人满意的心像。当革命思想修改现实活动，这种革命的哲学所注重的事物和价值便恰恰是现实所尤为缺乏的，或者说，不正是因为现实的瑕疵、缺陷、贫乏和不完满，我们又如何会有与之相填补、充实、契合的革命期望与愿景？康德在《纯粹理性批判》中讨论"理想国"时也指出，上述问题或应被修正为"某种政治设定为何是不能被实现的"："假如各种制度是根据那些理念设立而不是根据粗糙的观念设立时，这些所谓的相反经验多半根本就不存在了。"①

社会革命家似乎总在把不可能的事情当作仿佛可能一样对待。然而，人远远不是一个扁平化的事实与理想、此岸与彼岸的关系，塑造一个我们愿意面向的社会所采取的各种革命行为，无一不是在创造着一个我们认为应当如此的社会的形象。如果马克思放弃了共产主义的目的，并似乎谦虚被动地接纳关于资产阶级社会的一切真相，而不愿以某种革命愿望制御这一切真相和现状，那么马克思不但不能成就对共产主义目的的讨论，也甚至无法认识那些属于资产阶级社会本身的事物是什么。如此，我们还能展开上述的种种讨论吗？

如果问"某种政治设定为何是不能被实现的"，最切中肯綮的回答即：从理想国到共产主义，那些政治设定的意义本就不一定在于实现，事实上，任何想象中的完满理想，在思想中反而是残缺的。理想之作为某种形象，是历史之流动生成中所浮现出的一种高度或一个参照，它们是用以采取任何最切近、最切己行动的据点，但却不能被一劳永逸地停靠。它们的伟大使命就在于为可能性开拓地盘，反对对当前事态的消极默认，而是以一种更为积极的姿态去讨论"什么是值得过的"。而人之存在，便是去争取在这一广袤深邃的空间中清醒地觉察到我们的可能性，成为其企图成为的存在，在这个过程中，人亦被赋予一种新的能力：一种善于不断延拓自身可能、更新人类世界的能力。

五、结　论

在对柯尔施问题的回应中，柯尔施承接马克思所述之"废除哲学"，以思想运动和社会

---

① ［德］康德著：《纯粹理性批判》，邓晓芒译，杨祖陶校，人民出版社 2004 年版，第 271~272 页。

革命运动之间相互融摄的深透"联系"构建其总体辩证法。柯尔施既以马克思之历史唯物主义方法考察马克思主义本身，又以"主体即实体""否定之否定"的思想进路强调了黑格尔哲学与马克思主义之间既联系，又超越的关系。为厘清这种"既联系，又超越"的紧张关系，确信马克思主义对社会革命活动何以可能及其期待目标的讨论应运而生。是以对柯尔施问题的回应以"革命"为入口的真正端倪，与其说是对柯尔施和马克思二人理论中应有之义的精练，毋宁说是对"哲学的革命"和"革命的哲学"之统一性的充实。

"哲学的革命"以辩证法和形而上学之焦点对立，在马克思对黑格尔哲学之继承基础之上说明其对辩证法的倒置及其实践基础，并以此既联系，又超越的视阈，将柯尔施之回应中的紧张关系转化为一种思辨张力：哲学本身即是一个能动的、自我否定的历程；而"革命的哲学"作为对理论派价值阙如的回复，则将共产主义作为彻底的现实运动，并说明柯尔施之总体辩证法何以可能：共产主义认为实现人的自由全面发展是一种内在的、持续的愿望，而价值则是社会每个人的完满生长中选择的那种意义，其现实贡献既在于对阻碍这种选择的生活方式的反对，又在于对人之存在及其可能性的延拓。

历史唯物主义中的"物"

屈文鑫①

【摘　要】

　　纵观整段哲学史的发展，"物"是哲学家们在思考和探讨问题过程中必然涉及的概念，更关乎哲学基本问题、存在论等核心观点。在马克思哲学的历史唯物主义体系中，"物"不仅本身就被包含于该体系内，也在其中占据关键地位，对历史唯物主义中的"物"的分析具有较深刻的学术意义和现实意义。"物"的本质蕴含和变化是由历史唯物主义的体系内容映射出的，对历史唯物主义中的"物"的理解并不是定义出其具体内涵，应通过引入作为历史唯物主义出发点的"现实的人"，即尝试由"人"的外延更全面地理解"复合之物"的本质内涵，揭示"物"与"人"的内在必然性的辩证统一。在分析"人""物"的内在必然的辩证统一关系上，更加全面地理解历史唯物主义中的"物"，进而批判在资本主义社会中资本逐渐统治"人"。

【关键词】

　　历史唯物主义；物；人；马克思

　　纵观整个哲学史，马克思之前的哲学家们在解释世界或寻求世界之本源时，不自觉地预设了一个前提，即"物"与"人"是相互对立的。将马克思哲学前的哲学史以近代为节点划分为两个阶段，即近代前和近代后：由古希腊到中世纪，哲学家们致力于以本体论的方式为世界统一性提供图像，"物"与"人"相对立的思维具有形而上的普遍性，精神世界与物质世界前提性地截然分开，如柏拉图的"理念世界"与"感性世界"，亚里士多德"形式因"与"质料因"；近代后形成了一种认识论的导向，哲学家们倾向于探究思维与存在的关系问题，对存在论的研究进一步引入了人对"物"的认识方式和认识能力的思考，如经验派和唯理派关于人的认识能力之争、康德"现象界"与"物自体"二元对立的观点等。尽管表

---

　　①　作者简介：屈文鑫，武汉大学哲学学院哲学基地班 2016 级本科生。

面上近代哲学引入了"人"这个因素即人对"物"的认识，但本质上仍是先假定思维与存在内在的对立，进而放大对立而去寻找外在形式上的统一。

马克思哲学的革命性便体现在思维与存在是任何内在性地必然的统一，对"物"的探究需要"人"的显现，在人的维度上理解"物"，不能够遮蔽马克思哲学中先在设定的"人"的优先性。历史唯物主义出发点便是从事实际活动的人，只有站在历史唯物主义的理论高度，才能通过引入现实的人而理解"物"的整体内涵。

一、"人""物"辩证统一关系的内在必然性

（一）"人""物"两种概念框架

马克思对"人""物"关系的分析具备革命性，在历史唯物主义理论体系中，"人""物"关系更是内在必然的统一。在探讨二者关系前，先要分别了解所探讨的对象——"人""物"两种概念框架。

以"现实的人"作为历史唯物主义的出发点，首先需要简单地明确"现实的人"所指对象，为何不是抽象的人？是作为个体的人，还是普遍的人类？马克思"现实的个人"一方面是针对费尔巴哈、鲍威尔、施蒂纳等人对"个人"的错误理解而讲的，他们所探讨的"人"是脱离现实社会的、纯粹的意识、抽象的人的本质，另一方面，在个体和类的关系上，费尔巴哈直接把抽象孤立的个体归结为"类"的做法是错误的，马克思在 1844 年年初《论犹太人问题》中提出了"人是类存在物"的命题，在《1844 年经济学哲学手稿》中他又进一步考察处于现实生活中的人，结合共产主义的设想与实践提出了人的"类本质"的问题，以"自由的有意识的"特征从本体论的高度提升了对"类本质"的探讨，并提出实现全人类解放的理想目标。人作为"类"是同源的，因为在同一发展阶段，人类具有相似的需求和同样的心理作用，这种天然的心智能力和逻辑属于人的"类本质"，且主导着整个人类社会的发展途径和方式。

"物"是一个有意义的"概念词"，而不是抽象的"语义词"，它包含了丰富的事实知识。在马克思的理论中，"物"是多种多样的事实经验的结晶且其内涵由历史的进程所安排，绝不是框定在某一时空坐标内的既定概念。观"物"之较复杂的理论和历史背景，从古代唯物主义开始，其所运思的核心是宇宙运作的法则，研究的"物"是宇宙万物，哲学本体论层面则是"理念""一"等抽象提升的概念；到近代形而上学唯物主义，受当时的自然科学的影响，对事物的研究，只注重彼此间的区别、单个事物的局部，以一种机械论的方式形成对事物片面的理解；而作为旧唯物主义高峰的费尔巴哈，则成为马克思直接批判和超越的对

象，历史唯物主义中的"物"便是扬弃和超越费尔巴哈的感性直观自然物。针对费尔巴哈的先在自然，马克思指出周围的感性世界不是一经形成就不再改变的，而是世代人们实践的产物，是"人化自然"。正是因为引入了人类实践、社会历史，历史唯物主义之"物"才具备超越性及革命性，在实践的基础上建构社会历史，主体与客体、思维与存在、人与自然的辩证统一才得以显现。马克思历史唯物主义中"物"的概念的形成，不仅是批判改造既有的思想资源，而且是通过剖析资本主义社会存在以及解剖社会存在物这一"人体"最终完成的，不是简单的抽象之物，而是与社会存在物息息相关、紧密联系的复合之物。

在经验主义者和实证主义者看来，"物"是一种确定性的感性直观，是永恒不变的存在。经验主义作为一种认识论的学说，探究人类对事物的认识或知识的起源，认为知识来源于感觉经验。经验主义希望发觉知觉的作用机能，将观念的知识进一步划分为简单观念，从而追溯知识的起源。如在休谟那里，人的知觉可以被还原为彼此间具有明确界限的"原子"，但在实际理解中，获取对事物的经验则是围绕着一个主体进行组织式的综合。经验不是每个人孤立的感觉的总和，实际上恰恰相反，人本身是连着经验来感觉万事万物的，"人"与"物"在这个过程中具备着动态的关系，而不是简单地以知觉为中介；在实证主义看来，一切都应以现象为出发点，只有能看到的才能进行观察，从而对观察到的做出相应的解释以形成知识。逻辑实证主义将一切还原为观察，看似科学合理，实则忽视了观察本身的主观性、偶然性，疏于分辨"观察"的一系列变化，使得"观察"成为一个可以用单一定义限定的纯理论概念。经验主义者和实证主义者对"物"的认识，都是在寻求抽象的既定性，通过人的感性知觉寻求物与物之间可证实的、恒久不变的、通化的简单组合排列，认知物与物的相互关系乃至"物"的本质内容。但这种静态的认知显然是抽象的、片面的、偶然的，无法形成对"物"的正确全面的理解，更无从深入"物"的本质。历史唯物主义视阈中的"物"是动态全面的，是随着人类历史发展的漫长过程而前进的，是展开的，而不是还原的。

（二）在辩证统一的视阈中看待"人""物"内在必然的关系

历史唯物主义不是辩证唯物主义的分支，也绝不是与辩证法完全独立的，"历史唯物主义（应当）是一个以辩证法为重要启端和重要归宿点的伟大理论"。① 马克思超越了以往经验主义、实证主义的知性思维，遵照辩证思维审视蕴涵错综复杂的历史关系的复合之物。

自然在某种意义上归属于广义的"物"，在探讨"人"与自然的关系时，马克思以人对

① 《马克思恩格斯选集》（第二卷），人民出版社 1995 年版，第 32 页。

自然选择性地改造以及改造后的自然对人类产生影响为核心，论述了人的"感性活动"与其"感性对象"间的辩证统一关系。人周围的感性世界是历史的产物，在人们不断延续的实践活动中，下一代人类会立足于上一代人创造的成果基础上，继续发展社会工业和交往，上一代人对自然的改造为下一代人提供了具备"感性确定性"的对象。自然与人是辩证统一的，两者是相互影响制约的，绝不是像鲍威尔在《评路德维希·费尔巴哈》中所说的"自然和历史的对立"。"物"与历史的关系亦然，"物"及其活动的表现形式和机制是与"人"及其实践活动内在融合的。"物"的一些关键特征原先并不会显现，是借助人的一系列操作才逐渐表现出来的，且比普通的日常现象要更为昭明，而"物"的这些新表征又反过来影响和制约着人下一步的实践，成为人活动的基础。

历史唯物主义中的"物"主题必然离不开作为历史唯物主义出发点的现实的人，即由"人的本质"的论述对"物"的概念进行剖析。如上文所述，在马克思那里，"人的本质"包括实践和社会关系：第一，在马克思那里，实践不仅仅是一个包涵具体内容的概念，更是一套思维方式和哲学视野。马克思的世界观正是建立在实践之上的，无论是自然界抑或是人类社会皆是实践的："自然界"是与人和人的劳动彼此紧密联系的，不是人类未触及的未知世界，是"人的现实的自然界"；人类社会本质上也是实践的，实践（物质生产活动）是社会生活最深刻的基础和发源地，人类社会是人的劳动的产物。第二，人的复杂的社会关系是由实践活动的展开派生出来的，首要的是人和自然的关系，"人只有凭借现实的、感性的对象才能表现自己的生命"。[①] 为了进行生产，人们相互之间也会发生一定的联系和关系，当劳动结束时，"他（人）不仅使自然物发生形式变化，同时他还在自然物中实现自己的目的"。[②] 这个"目的"是指对于人来说"被意识到的需要或需要意识"，因此社会关系中还包含了人与其意识的关系。

人的本质的展现也就是现实的生命意识的表现，是人的合乎目的式的生产生活，而这种展现必然是一段伴随历史展开的过程，历史唯物主义正是从历史的角度、以人类社会发展的视野考察和理解人的本质。在最初的原始社会，人们对"工具"的使用使其区别于其他动物，随着社会的演进，人类实践的发展带来了生产力的进步，人们的"交往"[③]也逐渐地扩大，人与人之间形成了不同的关系，在精神层面上的本质即生命意识也不断随着现实而

---

① ［德］马克思著：《1844年经济学哲学手稿》，人民出版社2000年版，第29页。
② 《马克思恩格斯全集》（第四十四卷），人民出版社2001年版，第208页。
③ 交往（Verkehr），是赫斯在《货币的本质》中提出的一个重要的概念，交往不仅有物与物之间的"运输""联通"等的意思，还包含人与人之间的"交际"、思想的"交流"等多重含义，是广义的交往。在赫斯看来，人们在社会中的交往是每个人"不可让渡的社会的生命要素"，也就是"个人的现实的本质（wirkliches Wesen），是他们现实的能力"。参见［德］赫斯著：《赫斯精粹》，南京大学出版社2010年版，第138页。

进化，进一步推动人的生命活动的演变。在这个过程中，人与"物"也产生了一定的联系，人的本质的完善改造着"物"，"物"作为感性对象也影响着人的本质的显现。

二、"人""物"辩证统一关系的理解框架与价值

"人""物"具有内在必然性的辩证统一关系，即二者的统一是非外在、非抽象的统一，二者关系的内在必然性解释了在辩证统一视阈看待"人""物"关系的缘由。以何种方式建构起二者辩证统一关系的理解框架则是探讨历史唯物主义中的"物"的核心问题：从横向维度看，作为人的本质组成部分的实践和社会关系与"物"是相互联系与展开的；从纵向维度看，在历史唯物主义理论结构中，无论是人的本质抑或是"物"都是具有随时间推移而生成变化的特性。且从多维度、全方面地理解"人""物"辩证统一关系，具备深刻的批判意义和现实价值。

（一）实践、社会关系与"物"

实践是人的现实活动，作为哲学对象的不是抽象的人，而是现实的人，应当将对象当作"感性的人的活动、当作实践去理解"①。在马克思哲学理论体系中，实践作为一个核心概念，不仅是人的本质之一，更是连接人和自然的纽带。以人是与自然界不同的东西为前提，"人"的生产、劳动是整个现存感性世界存在的前提，哪怕人的实践只中断一年，自然界就会发生巨大的变化，人的直观能力、人本身的存在、整个人类世界也都会逐渐消失以致不复存在。马克思哲学视野中的"自然"是具有社会-历史性质的，他在对费尔巴哈直观唯物主义进行批判时，批判其"感性直观"，将自然当作单纯直观的对象，而且与人类实践相脱离。马克思将自然界界定为一种与人类历史共存的，即"先于人类历史而存在的自然界为无"，当然，与人类历史共存的自然仍具备着自身的外部优先性，但这种自然也是一种"人化的自然"，而不是抽象的自然，因此，与实践作为感性世界存在的基础并不矛盾。正如施密特经考察马克思"自然"概念，所得出的结论：马克思将"一切自然存在"都看作人们社会劳动的结果，实践将人和自然高度地统一起来。同施密特以"实践的具体性"作为"物质"的出发点相似，葛兰西认为实践哲学对物质的考察，除了物质本身作为"经济要素"的物理性质之外，还要兼顾其社会历史性质来进行组织考察。如在商业和工业领域，人们通过感性活动获得了相关材料并达到自身目的，将感性世界中的"物"赋予了商品的表现形式。然而，劳动者逐渐与生产资料相分离，出现社会阶级的划分，而在以私有制为基

---

① 《马克思恩格斯选集》(第三卷)，人民出版社 1995 年版，第 3 页。

础的商品经济中，人们的社会关系被遮蔽在商品背后，生产者的命运便取决于商品世界的变化。乃至之后随着货币的发展，由货币转换的资本也开始具备支配"人"的力量，一切都将由资本所权衡。

从"人"的出现到现在，"人"的概念和存在都离不开自然的影响和制约，而以人的实践活动为中介加之人"感性活动"的主体性，对自然界施予了非自然本身的力量，造成了更多的可变因素以及众多矛盾。"物"便随着人类历史发展矛盾的产生而逐渐变化和展开，"人"和"物"的辩证关系也在"人"实践活动的主体性下进一步显现。

实践当中发生着主客体双向运动和双向改造，旧唯物主义展现的是一种由客体向主体的片面的单向运动，而客体中无法映射出主体的存在。马克思批判继承和发展了黑格尔"主客体双向运动"的思想，黑格尔认为客体渗入主体和主体规定客体是相统一的，只不过这种客体、主体都是绝对精神的派生物，是他唯心主义抽象理论体系的产物。马克思从人的现实实际出发，认为主客体间存在着双向关系：由主体向客体运动的能动关系，以及由客体向主体运动的受动关系。因此，对客体"物"的理解，也要从两方面入手，即在实践当中发生着主客体双向运动和双向改造：一方面，人的活动要受到客观自然规律的限制，人不能完全按照自己的主观意识活动，进而不断出现"人客体化"倾向；另一方面，"物主体化"对应地发生，"人"通过实践对"物"进行改造，并在直观自身实践本质的同时，也可以赋予"物"以现实的价值和意义，进而避免"物"抽象概念化。

在马克思主义哲学中占据着重要地位的实践是连接着主体与客体的中介，旧唯物主义对事物的理解没有从主体的角度去理解，只见物不见人，遵循的是客观性原则。而在马克思看来，对事物的把握应当从实践出发，确立主体性原则，实践是对象化和人的自我确证的过程，从主观来看，强调人的自我意识，是一种关系式的为我存在，从客观来看，物被规定为感性活动的对象，成为人的实践的确证。

实践使得主体成为一种对象性的存在，人以"物"为对象而存在，也便是确立了"人"与"他物"的关系式地存在方式。随着实践的发展，人们不再像动物式地本能地慑服于自然界，而是与感性世界中的"他物"关系式地存在，而凡是有"关系"存在，都是一种"为我"的存在，进而形成人的"我"意识，人在社会关系中确证了其社会主体性，同时也突出了"他物"的对象性。

社会关系既是"人"本质的具体确证，也是对象"物"外化的表现形式。"人"是一个巨大的聚合体，但人的本质绝不是聚合体中单个个体所固有的特定抽象物，而是一种现实的本质——一切社会关系的总和。社会关系多种多样，马克思在《1844年经济学哲学手稿》中将其大致分为了人与自然、人与人、个人与自身、人与意识等几种类型的关系，而每一种关系的展开都是"物"外化的具体表现形式。

首先，人和自然的关系中，在人自身之外有自然界的存在，且人参加着自然界的生活，人作为一种具有对象的存在物，也成了另一种存在物的对象，人是一种受动的感性、现实的存在物。但"人不仅仅是自然存在物，而且是人的自然存在物，就是说，是自为地存在着的存在物，因而是类存在物"。① 人要通过自为自由的生产实践活动满足自己的本质，在这个同时，也使得"物"作为现实的对象而显现存在。其次，在人和人的关系中，"社会存在物"才是人更本质的存在，一方面，在社会中，人的自然存在变为了真正人的社会存在，社会性得以显现，另一方面，在社会中，自然界才能成为人的现实的生活要素并且成为合乎人性的存在，"是人的实现了的自然主义和自然界的实现了的人道主义"。② 再次，在个人与自身的关系中，作为社会存在物的个体，其表现形式也是社会生活的表现和确证，个体生活是类生活较为特殊的表现方式，但本质都是社会存在物的生活存在方式。个体承载了历史韵味和自由思想，是"全部历史的第一个前提"，是指代社会历史中现实的人的普遍概念，马克思欲跳出市民社会的框架体系，站在人类社会的角度，由现实个体出发，以探索个体和共同体的最佳组合，而不是简单地抽象集合。最后，在人与其意识的关系中，人作为"类意识"，确证自己现实的社会生活，具有社会性的人的意识是区别于"动物式的本能"的，人的生命活动被赋予了意识，且通过实践证明了自身是有意识的类存在物，意识是实践中对象进行改造的产物。

马克思是从实践展开到每一条具体的社会关系，"自然存在物""社会存在物"和"有意识的存在物""个体"和"类"的统一，把握人的现实的本质以及"物"作为对象的展现。

反之，"物"的展开同样也对人的实践、社会关系产生本质影响。在实践层面，"物"展现了人的实践发展过程，"物"不仅是人生产生命活动的对象，也是其外化的结果。"劳动过程结束时得到的结果，在这个过程开始时就在劳动者的表象中存在着，即已经观念地存在着"③，早已存在的"物"是劳动的展开，贯穿于整个实践活动的过程，并推动人的生产能力迅速进步。起初人只是拥有狭窄孤立的活动地点，随着生产工具的演变带来新的环境和条件下的劳动资料，从而展现出新阶段的生产力水平。然而，受资本统治下的资本主义社会，"物"展现的是一种荒谬的实践，即出现异化的劳动，实践成了一种剥削他人而利己的活动，"物"便是当时社会中现实矛盾的承载点，解决利益难题必须分析其背后的深刻原因，私有制前提下人们对金钱无限制地崇拜，打破了"物"与人类实践发展间的平衡关系，劳动不再是人的本质的确证，人不再是本真和全面的人。因此，一方面，在漫长的人

---

① [德]马克思著：《1844 年经济学哲学手稿》，人民出版社 2000 年版，第 79 页。

② [德]马克思著：《1844 年经济学哲学手稿》，人民出版社 2000 年版，第 104 页。

③ 《马克思恩格斯选集》(第二十三卷)，人民出版社 1995 年版，第 202 页。

类社会历史中,"物"是推动社会进步的积累物,是提升生产能力水平的垫脚石。人类的物质生活和精神生活皆为实践的生产性成果,在物质生活中"物"呈现了人的实践创造的成果,在精神生活中人们则把情感、愿景等寄托于"物",赋予"物"以象征意义以及人类不同文明承载者的地位和作用。另一方面,"物"又是实践发展过程中矛盾的争论点,展现了异化劳动出现的原因,人的本质确证的再实现所要扬弃和消除的正是这种异化以及资本主义社会的私有制。

在社会关系层面,"物"除了展现人的实践性之外,还体现了人身上众多的关系。随着实践的发展,人类社会形态也发生着质变,而每一种社会形态都蕴含着复杂的社会关系。"物"是导致人类社会中阶级关系产生的重要原因,也是阶级划分的根本衡量标准,是否占有社会生产资料是区分资产阶级与无产阶级的决定性条件。基于普遍物质利益之上一群人的"生活方式""共同关系"等也是划分阶级时的综合要素,"物"的背后展现了人与人阶级、身份、角色的差异。"物"更是凸显了人作为"社会存在物"的社会历史性,人的社会属性是以"物"为基础的。在最初,"物"推动了孤立的人与人间交换关系的形成,接着由物质生产资料等众多条件构成的复杂的社会体系慢慢产生并成熟,"物"的价值随着人类社会发展而变化与量化,成为各类社会关系建构起来的桥梁,更是明确了人的社会性的本质属性。

在人类文明产生的过程中,人们不再满足于大自然天然的给予,而是自己创造与自身需求相适应的对象,如饲养牲畜、种植农作物作为食物、创造工具以减少人力的消耗等,随着对象物的改变,人类社会也立即对其作出了迅速的反馈,被改造过后的环境使得人类人口迅速增加,生存的实践方式由原来的狩猎变为了定居,众多新的实践活动的出现为新的社会关系和地位创造了条件,进行手工劳动的手艺人、进行管理的行政组织和人员、进行精神说服的宗教神职人员,等等,在人类文明发展的每个阶段,都不可避免地经历着新的对象"物"给"人"带来的革命性的巨变。

(二)"人""物"关系的历史性

"人"和"物"的统一是在每个时代随着历史状况的发展而不断改变的,就像人与自然的关系,一方面,两者辩证统一的关系促进着社会生产力的发展,另一方面,在社会变化发展的基础上,人和自然又进一步辩证统一地相互影响和制约。就人的本质来看,无论是实践还是社会关系,具备同一种的性质,即历史性。人们的实践是历史发展的物质资料的生产活动,是随着时代变迁而不断变化的;如上文所述,人们的社会关系可以大致分为人和自然的关系、人和社会的关系、人与自己意识内东西的关系、人与其他人的关系,与这些相对应的便是人所显现的状态,即人作为"自然存在物""社会存在物""有意识的存在物""个体"和"类"的统一，这些状态又都具备着现实的、历史性的本质。因此，人的本质是具有历史性的。"人"和"物"相统一的历史性则包含着两层含义：一由"人"映入"物"，人既是自己实践活动的产物和结果，又是社会关系的主体显现，正是因为这两点，"人"才能成为人类历史上的"经常前提"，而作为人的本质的确证以及本质外化显现的"物"，必然会随着人的实践在不同历史条件下的改变，以及人的所有社会关系在历史进程中的发展，在不同时代下变更着其具体内涵。二由"物"映入"人"，资本家们运用的是"物"本身固定的物理属性，使其发挥所谓的价值，使得劳动者与他们生产出的劳动产品相分离，劳动出现了异化，在劳动中人们是不断地自我否定的，人所创造的整个世界都变成异己的存在，资本家离开了"物"的历史性的探讨，没有全面地看待"物"，以致"人"会慢慢地被"物"奴隶。"人"与"物"的统一不是"人"和"物"同一化，而是从人类历史的角度出发，更清晰地认识"物"的属性和本质，扬弃异化从而实现人的自由全面发展，也便是一个由"人"到"物"，最终回到"人"的过程。

"物"在发展过程中显现的"人"应当是历史发展着的"现实中的人"，不是抽象的、个体的人，也不是单个阶级的人，而是作为"类存在物"的人，然而在资本主义社会中，利己主义的资本家们为"物"所统摄，对无产阶级进行剥削，人的"类本质"无法通过劳动得到确证，在迈向"真正的共同体"的过程中，需要对"物"全面把握，使其展示出以人的本质复归为标志的人的解放的最终目标。

"人"和"物"的统一是随着技术或慢或快的发展或是发明发现的多少而变化的。纵观整个人类文明历史，文明的奇迹乃是成千上万名平凡的个人无声息奋斗的结果，人们从发展的底层阶梯向更高一级上升。由最早时与其他动物一样，随着生活资料基础的扩大，到比其他动物更加高明，在发展的每一阶段，都经历了与"物"难解难分的关系，对"物"进行改造而又对它产生占有的欲望。人类社会在进步过程的某一阶段停步不前，直到"物"出现新一轮的更新，才又产生一股有力的冲动力推动人类社会向前迈进。然而，在这段漫长的历史阶段，"物"与人的本质的关系也出现了负面的偏差。纵观人的本质发展的形成史，人最初来到这个世界上时还不具备完成了的人的本质，随着历史的发展，在市民社会中人开始为了异己和外在的财富，与他人进行利己主义的斗争，这是一种自我毁灭的残酷斗争，其造成的严重后果会使一些人产生有关"类本质"的意识，进而能够设定一个合乎人的目的性的社会。在这个社会中，个人间的限制被打破，每个人不再是孤立的个体，而是作为"社会存在物"而存在。从根本上看，人们可以突破市民社会中私有财产对人"类本质"的束缚，人的本质也会逐渐完善并回归自身，扬弃"异化"，使得劳动产品不再是异己的存在物，劳动对象化不再是"物"对"人"的奴役。能够实现这一切的那个社会，便是共产主义社会。

(三)"人""物"关系的现实批判及价值

马克思以"人""物"的辩证统一关系所捕捉到的复合之物,尚没有具体所指,随着马克思对政治经济学深入研究和探讨,意欲对资本主义经济生产关系进行进一步现实层面的批判,他将历史唯物主义的微观落脚点定位于资本主义社会内具体的"物"。马克思以"由抽象到具体"的研究方法,加之主体的概念框架对感性材料和对象加工整理的作用,但即使落到具体的"物",也绝不是作为固定研究对象的既定之物,仍是一种处于复杂的社会生产关系中的复合之物。在那些经济学家的研究视野内,资本主义社会的"物"便是普遍存在于社会之中的商品。在私有制和资本主义社会关系下,商品逐渐被盖上了一层神秘的面纱,统治制约着人们,马克思要超越经济学家们对商品或经济现象的浅层表面分析,寻找和揭示商品背后所隐藏的东西。"物"也不是简单地局限于人们可感官的商品,而深刻地指向超感觉的、渗透于交换价值之中的社会关系。将历史唯物主义中的"物"落实到政治经济学中,为马克思核心批判工作奠定了基础,看似围绕有形的"物"商品展开,实则核心工作是批判商品拜物教以及资本主义经济的弊端,使作为在场性社会关系的无形之物浮现出来。

国民经济学理论将以物为本作为基本原则,其理论体系虽不是只探讨"物"的一元论,而包含了"人"的因素,可惜当涉及人的问题时,他们并没有把人看作人,而是把人作为物来看待。以"物"定义"人"是资本主义社会下,受资本统治而表现出的特征,也正是马克思所要批判的,作为个体的人,其实践活动被限定在由"物"所划定的坐标之内。对于工人来说,这个坐标空间便是资本家对他们剩余价值的剥削,劳动出现了"异化",成为一种"异己"的力量,制约和压迫着人"类本质"的实现,无论是个体意识抑或"类意识"都在逐渐被磨灭。"李嘉图在他的书(地租)中说:各国只是生产的工场;人是消费和生产的机器;人的生命就是资本;经济规律盲目地支配着世界,在李嘉图经济学体系中,人是微不足道的,而产品则是一切。"[①]在一些资本家看来,"物"就是某种可以被预测出发展轨迹,通过对其表现出来的经济现象和规律的研究,而被掌控和运作的。而在资本主义社会,人正是在逐渐沦为这种"物",工人们在精神和肉体上被贬低为工具性的存在。

但是,作为社会存在物的人,是具有"类意识"的"类存在物",需要扬弃异化而实现人对自身本质的真正占有,由资本主义向共产主义发展,以"人"为主体和目的,将"人"从"物"中真正解放出来。要想完成这种解放,使人能够建造自己自为生命世界,需要进行两方面的建构,一是人的问题或实现人的解放如何确立为历史唯物主义的终极关怀;二便

---

① [德]马克思著:《1844年经济学哲学手稿》,人民出版社2000年版,第106页。

是"物"性需要如何规定和理解。一方面，有关人的自我能动意识以及个体解放的关系，马克思在其博士论文《论德谟克利特的自然哲学和伊壁鸠鲁的自然哲学的差别》中进行了建构，由伊壁鸠鲁原子运动的能动原则推至人的感性世界的本体论研究，"通过强调个体的形成是历史发展的标志，从而把人的发展看作一个生生不息的创造过程"。原子有了"本原"和"元素"之分，也就使得单个原子具备了"质"，而众多原子间相互排斥则是自我意识的最初表现形式，自我意识在排斥中得到确认、实现自由，也便是个体意义上的自由。对于人类来说，人不仅仅是归属于具有类种属之分的生物体，这种生物体产生了自我意识，成了"一种超生物性的精神性存在"。随着马克思对现实的深入了解，马克思由意识转入异化的现实世界，"用实物的方式改变实物的现实"，人是通过其自为的有意识的实践活动对感性世界进行改造，并获取一切经验和知识，那么人就应该是以"合乎人性"的方式来安排周围世界，从而能够真正意识到自己为人的存在。

马克思在《德意志意识形态》中进一步提出了分工与意识二者相互佐证的观点，起初人们拥有的只是如动物本能式的"自然地"形成的分工，在这个阶段，自然界尚未被人类历史影响或改变，自然界和人的统一性表现在：人们与自然界的关系和人类间的社会关系互为决定性因素。随着人类历史深一步地介入，人们之间产生了"关系式"的分工，当时存在的社会关系同当时存在的生产力发生矛盾，伴随矛盾逐渐地展开，人们不再像动物一样臣服于自然界，而是拥有了自己作为社会个体而存在的意识，对自然界的关系也更加复杂，唯且只能唯人类所具备的意识便是实践的结果，是社会和历史的产物。人类多向度的"心智""情感"以及实践，推动着人类秩序的辩证发展，自我意识也在此过程中逐渐产生并得到充实，随着人们本能地追求和反思，自我意识为人们搭建了一座认识自我存在和他者存在的桥梁，人类精神也开始超越本能而形成自觉，自我与他者之间的共在关系便会发展成为一个共同体，最终形成更高层次的共同体自觉。

另一方面，将"人"从"物"中解放出来不仅要明晰人的自我意识，也要以人观物，全面把握"物性"。这一点在之前有所论述，要想实现人的解放，需肯认并对物的历史性加以运用，国民经济学依附于"物"的物理属性，如他们关注的只是一个商品表面表现出来的固定属性。但商品对于马克思来说，更需要深挖的是遮蔽在其后的在场性的社会关系，是资本主义社会下劳动异化的根源，是私有财产对于人的本质的对象化和异化的关系。经济学对"物"的探讨实则是"敌视"人的，这样只会使人沦为生产工具和商品似的物件，而"物"则成为片面的而可以统治和定义人的概念，"人"和"物"的辩证统一的关系也不复存在。只有"自我意识"的充分获得，才能对"物"形成更全面的认识，把握其历史性，实际上随着历史矛盾的展开，人们会不断对自己实践的结果进行反思，当大部分人的精神世界与现实的物质世界不完全契合时，人类反而会对"他物"形成更深刻的认识，令"自我意识"更加充实，令蠢蠢欲动的"自由"更加饱满而获得解放。

马克思的历史唯物主义理论体系不是抽象的理论展开，而是将经验事实的批判作为一切的核心。对"人"和"物"的理解同样如此，在对既有现象的深入分析和批驳的基础上，以否定的方式揭开向未来敞开的历史。马克思在形成自身科学世界观时，超越了赫斯人本主义价值论的表层批判，与赫斯提倡要创造一种让现有现实去适应的理想社会不同，马克思直接对现有现实的弊端进行消解，从对现实的批判出发、以消灭现存状况为着眼点。正如马克思在《德意志意识形态》中所说，共产主义"不是现实应当与之相适应的理想"，而是那种"消灭现存状况的现实的运动"。具体到二人在"人的本质"产生异化这个观点上的区别，赫斯的价值批判认为人的内在道德至善可以打破"异化"，回归到"自由就是道德"，仍是在肯定现实条件的前提下以抽象的人类"共同活动"破除"异化"；而马克思则深刻挖掘作为导致"异化"的根本原因的私有制，消灭资本主义社会消极的现存状况，从而扬弃"异化"。

马克思在《论犹太人问题》中指出人的解放才是当代最关键的问题，"解放"这个词本身就包含了对现实的否定意，马克思正是希望作为市民社会成员的人，能够不再被异己的"物性"所束缚、孤立，实现其本质的复归。在真正政治国家中的人过着双重生活，一方面，人们作为社会存在物生活于政治共同体中，另一方面，人们沦为工具生活于市民生活之中，市民社会中的"人权"仅仅是市民社会成员的权利，是利己的人的权利、是脱离共同体的个人的权利，市民社会的"精神"则是人和人相互疏远的表现，个体同共同体相分离，每一个人沦为了非社会形式的人，原本仅仅属于个人的市民活动和地位却变成了他的普遍的活动和社会地位，个体仅仅局限于其自身的特定事务之中，依赖于个人自身的特殊利益之上，对国家事务及共同利益置之不理，从而无法成为现实的类存在物。从本质上来看，在市民社会中个体被提升是为了目的，而类反而被贬低为手段，然而，在人本真的自然生活里，应当是以关心维持类生活、关心真正的生命活动作为满足自身的欲望的结果，通过个人的思维、意识、愿望等完成类活动，这样的生活正是与利己主义状态盛行的市民社会相对的正确的世界状态，在实践上类是生活的目的，而个体才是生活的手段。在利己主义的理论和逻辑下，其实践会导致个体的量化，在资本主义社会中，人被金钱所奴役，工人们的劳动产品不再是满足其自身的对象，劳动也不再是合乎人性的生产生命活动，"物"成了控制人的"世界势力"，作为异己的本质统治了人，人还对它顶礼膜拜，"一切生灵……都成了财产"，人的一切联系都被资本主义的利己主义扯断。只有在共产主义社会中，现实的个人复归类存在物，人拥有自身固有的社会力量，而不是在"物"的统治下，为了一己私利而仅以单个的、独立的个体形式存在，在无阶级对立的自由人联合体之中，每个人的生命都具有自身不可让渡的生活资料，而不是成为为利己需要所支配的异化对象，这样人的解放才能完成，"类存在物"才能实现，人的类本质才能真正得以复归。

马克思哲学强调要回到"此岸世界"，真实的人类社会是一个结构极其复杂的系统，社会往往呈现出不同发展阶段和发展类型。在《政治经济学批判（1857—1858 年草稿）》中马克思提出社会发展的三个历史阶段，第一个是传统社会，人的生产力限制于狭窄的范围和地点；第二个是资本主义阶段，人的生产生活以对物的依赖为基础；第三个是新的社会阶段，即人从共同体、物中解放出来，以物质的丰富为基础，人的全面发展的原则。纵观中国，中国在东亚大陆的土地上，经历了数千年多元体系的历史运动过程，在迈向近代时期时遇到了物质和精神上的双重困境：在物质方面，过剩人口带来低廉的劳动力，无法从农业经济内生性地过渡到工业经济；精神层面上政治的压制使得"信徒"们的期望逐渐落空，于是中国开始了内向外向并举的自我整合，逐渐进入开放的世界经济体系，并成就了超前的经济奇迹。随着历史的发展，作为"概念词"的"物"也在逐渐地变化，原有的内涵可能部分地在新的格局中慢慢失效，影响着人们的精神资源，需要新的"物"的概念作为人认识自身与世界关系的所依据的参照系。如今我国迈入了一个承前启后、继往开来的时代，"物"的具体内涵也有所丰富，进入新时代，我国社会主要矛盾已经转化为人民日益增长的美好生活需要和不平衡不充分的发展之间的矛盾。"人民日益增长的美好生活需要"是一个更全方位的概念，它不仅包括"物质生产力"一个方面的要求，也包含了社会公平、正义、环境等多个方面的特征，正是基于对新时代的历史要求和对"物"的新的历史内涵的把握，正如十九大报告强调创新、协调、绿色、开放、共享的新发展理念，"五位一体"总体布局和"四个全面"的战略布局。对"物"的理解全面丰富化，使得国家在以经济发展为中心的同时，也可以兼顾"人的自由全面发展"以及"精神文明"的进步。马克思在《1844 年经济学哲学手稿》之中，通过自然主义和人道主义的关系描述和论证了理想的未来共产主义社会，"这种共产主义，作为完成了的自然主义＝人道主义，而作为完成了的人道主义＝自然主义，它是人和自然界之间、人和人之间的矛盾的真正解决。"①共产主义正是在人们改造自在世界基础上所构建的自为生命世界，是一段未来展开的历史，在这个理想的"自由人联合体"社会中，人们才能真正自然地复归"人的本质"，扬弃自身的异化。在个人自由个性、以人为目的实现的基础上，国家才能真正做到一切权力归于人民，物质文明和精神文明才能更高质量地提升。

人类历史本质上就是人类在物质生产基础上的种种构建和发展，物质生产实践是人类社会发展的决定力量。在马克思那里，"物"是包含主体性要素的，是一个历史性的范畴，不仅贯穿于整个历史活动，而且还延展着整个历史过程。在马克思的论述体系中，历史本

---

① ［德］马克思著：《1844 年经济学哲学手稿》，人民出版社 2000 年版，第 81 页。

身是一个矛盾不断生成和展开的过程，对历史本质的把握不能仅仅停留在知性思维的"物"，而应引入作为主体的"人"。人是一种对象性的存在，在对自为意识世界构建、创造新生命的同时，也作为未来展开的历史，建造着自为生命世界。在资本主义阶段，人的生活以对物的依赖、以异化的形式展开，而在共产主义这个新的社会历史阶段，表征着未来的历史，根本目的是要使得人从物中解放出来，实现全人类的全面自由发展，实现这一切的哲学和现实的前提便是要正确理解"人"和"物"的辩证统一关系，进而全面把握"物"的本质和内涵。

三、结　　论

历史唯物主义中的"物"是从"人"的角度理解的"物"，历史唯物主义以"人"为出发点且在马克思哲学体系中"人"和"物"具有密切的关系，因此探究"物"的概念必然要建立在透彻的"人"和"物"的关系上，即二者间内在必然性的辩证统一关系。历史唯物主义体系的"人"是现实中的人，是具有"类本质"的"类存在物"，绝不是抽象孤立的个体，而是从历史展开和实践发展的角度显现出的多维度全面的自由人，人的本质即实践和社会关系也是在社会演进的过程中逐渐完善的，只有对当时资本主义社会下的现存状况进行有选择的消灭，即达到共产主义的条件，人的"类本质"才得以复归和完成，历史唯物主义体系的"物"是联结了各种社会关系并内含了众多事实经验的复合之物，"物"无论是在价值论抑或是存在论层面上，都应具备社会历史性，离开"人"的"物"便是一种"无"。在人类起源时，每个人以个体的形式而存在，如坐标系中两个互不相干的定点，然而随着人对工具的使用、实践的发展以及社会关系的蔓延，人与人之间产生了联系，最初的联系便是以"物"的交换作为中介的，人们拿着自己生产出的劳动产品自由地与他人进行相对的等价交换，"物"成了连接人与人的外在介质，同时"人"也在不断创造新的"物"，下一代人在这些新的"物"的基础上又进行更高层次的实践并形成更多样的社会关系。然而，当历史进入市民社会，由于生产资料私有制的产生，大工厂制度下资本家们以利己主义原则经营着自己的生意，并对工人们的剩余价值进行无情的剥削，劳动出现了异化，拜物教占领了思想的高地，人逐渐被"物"所控制，一切都被金钱所量化，资本至上或商品主义等弥漫在资本主义社会中，"人"的本质已被淹没。

人的本质与"物"之间存在的内在必然性的辩证关系，即两者相互影响，且具有历史性，如果在社会发展中忽视了"人"，将"物"看作目的性的存在，像经济学家们那样将"物"作为一切生命活动的目标，而不是从历史、社会的角度来看待，那"人"终将会沦为工具式的存在，"人性"被"物性"所统治和奴隶。马克思从对现实的批判入手，为我们揭示了对"物"的理解必然不能缺少"人"的因素，从历史发展的角度，阐释了人的本质从"物"中解放出来的重要性，在共产主义社会中，人的本质得以复归，人创造着"物"且尊重"物"，"物"影响着"人"的生产生命活动，同样也推动人类文明的进步，而"物"的变化和发展终归是要以具有"类本质"的"人"为核心的，是人类社会赋予了原先冰冷冷的"物"以人性，总的来说，作为"类"的人是"物"的出发点，也是"物"的回归地。

市民等级能否变体为政治等级

——试论马克思对黑格尔法哲学构想的批判

龙飞凤①

【摘　要】

　　黑格尔在《法哲学原理》一书中，提到他对"市民等级与政治等级"二者关系的看法。他认为，市民等级指的是私人身份，代表个人特殊利益，而政治等级则是纯粹普遍性的化身，以普遍物为其本质活动的目的。如果市民等级想要转化为政治等级，只能通过行政权与立法权两条途径。马克思在《黑格尔法哲学批判》中对此持反对态度，认为行政权中的具有形式化和封闭性特征的官僚政治来源于利益冲突，其组成成员具有私人化特征，无法代表普遍利益；立法权中的等级要素具有虚幻性，国家对选举权进行财产限制，议员也无法成为纯粹普遍的代表。马克思通过对黑格尔的批判，得出"市民等级无法转变为政治等级"的结论。

【关键词】

　　市民等级；政治等级；行政权；立法权；选举权

　　《法哲学原理》一书系统地反映了黑格尔的国家观，是人们研究黑格尔晚年政治思想的重要依据之一。该书包括抽象法、道德与伦理三大部分，其中的伦理部分包括家庭、市民社会与国家这三个环节。马克思批判继承黑格尔的法哲学思想，他并没有对此完全否定，也没有完全肯定。《黑格尔法哲学批判》这一著作，是马克思针对《法哲学原理》一书中阐释国家问题的部分进行的理解与批判，主要围绕市民社会与国家两个概念而展开。他着重批判了黑格尔"政治国家决定市民社会"的观点，认为政治国家从属于市民社会，肯定人民群众的力量。有学者甚至认为，马克思之所以能够创立唯物史观，从根本上说得益于他借

---

　　①　作者简介：龙飞凤，武汉大学弘毅学堂 2019 级本科生。

助《黑格尔法哲学批判》完成了这一转变。① 无论从理论上还是实践上来说，这两本书于历史与现实而言，都意义重大。

黑格尔与马克思在哲学上都有着极为重要的历史地位，目前，学界对于他们各自的国家观有了较为完善的论述。在阅读黑格尔《法哲学原理》与马克思《黑格尔法哲学批判》时，笔者对"市民等级能否转变为政治等级"这一问题产生了兴趣，想对此进行深度研究，以求得对黑格尔与马克思于"市民等级与政治等级"关系的观点有一个清晰的认识与梳理，达到个人学习的目的。

笔者认为，阐释与理解市民等级与政治等级概念及关系，对于构建现代国家具有十分重要的政治意义。在国家建构的过程中，不可避免会出现腐败等问题，这极易影响社会体制的正常运转，并侵害作为社会主体的个人的权利；同时，还可能导致国家难以体现个人的特殊诉求、个人的主体地位无法得到保障的局面。而一个强大的现代国家，不仅应有先进的经济体系和政治制度，还应拥有主观自由发达的个人。② 因此，廓清市民等级与政治等级的关系，即厘清本文所探讨的"市民等级能否转变为政治等级"这一问题，会更有利于现代国家的良性构建与发展。

目前，国内学术界对于"市民等级能否转变为政治等级"这一问题的研究较少，大部分都是在论述其他主题时简略提及。比如，清华大学韩立新教授是从对立宪君主制的批判、对官僚政治的批判、对等级制国会的批判三个方向去论述马克思思想的重要转变。在对等级制国会的批判中，韩立新教授提道，黑格尔提倡的是等级制，因为作为立法机关的国会是由来自各个等级的成员组成，但这些议员代表的不是私人等级，而是一种普遍性的政治等级。接着指出，马克思对此的批判是因为他认为市民等级在本质上是私人的，如果要获得政治意义必须抛弃私人等级，这种国会制度则是代议制。最后，他得出马克思得益于借助对黑格尔法哲学的批判来完成从国家到市民社会的转变这一结论。③ 武汉大学哲学学院副教授盛福刚将马克思《黑格尔法哲学批判》中的民主制理论视为"去政治性"的哲学方案，提到黑格尔让市民等级转化为政治等级的方式之一是等级代表制（等级要素），即市民等级以单个人的形式被选举成为立法权中的普遍事物。他同时指出，马克思对黑格尔的观点表示存疑，认为在政治国家与市民社会分离与对立的前提下，会出现国家成员是通过议员参与还是一切人都参与的问题，从而导致政治国家发生异化。马克思的民主制理论将市民等级变身为政治等级的政治行动定义为变体，倡导全民（不受限制）的选举与被选举，都参与

---

① 韩立新：《从国家到市民社会：马克思思想的重要转变——以马克思〈黑格尔法哲学批判〉为研究中心》，载《河北学刊》2009 年第 1 期。

② 韩立新：《黑格尔法哲学研究的当代意义》，载《学术月刊》2019 年第 4 期。

③ 参见韩立新：《黑格尔法哲学研究的当代意义》，载《学术月刊》2019 年第 4 期。

到立法中，认为只有人自身有意识地参与政治行动，并去私人性特征，市民社会中的等级成员才能由私人存在变体为政治存在。① 北京航空航天大学马克思主义学院教授王代月从黑格尔与马克思在社会历史等方面的理论关联角度出发，比较并研究二人在市民社会问题上的不同解决路径。黑格尔将现代市民社会的发展导致共同体失落的原因归结为普遍性与特殊性的分离，他试图通过理性国家来教化市民等级，通过有产者的思想改变来维持市民社会的存在。马克思提出了与黑格尔不同的市民社会问题解决路径，他深入具体的市民社会，通过改变资本主义生产关系，实现自由人的联合体和个人的全面发展，在更高的层面上挽救经济意义上的市民社会。② 南开大学李淑梅教授在论述马克思对黑格尔国家观的批判时，以等级要素作为切入点，先详细阐明黑格尔的"等级要素"概念指的是工商业者选派的参加国家立法的代表，并试图将此作为中介，消除市民社会与政治国家的二重性，再从等级要素的性质、来源、基础三方面揭露其矛盾性，并从现实出发，说明等级要素虚幻的中介性，最后提出马克思建立社会不同等级、不同群体阶级的立法权的观点，阐明了马克思的民主政治观点及其构建方式。③

除此之外，其他学者也谈到了市民等级和政治等级，但在他们的文章中，市民等级与政治等级只是作者用来证明自己结论的工具，虽有相关论述，但所花费的笔墨并不多，还未出现对这一主题的系统论述。

基于以上对相关学者观点的解读，笔者将分别阐明黑格尔与马克思对于"市民等级能否变体为政治等级"该问题的不同回答路径，经过详细论述后再得出立场。黑格尔与马克思都认为，近代市民社会与政治国家存在对立与分离，并试图将其消除。他们都探讨了市民等级如何变体为政治等级这一问题。黑格尔在《法哲学原理》中认为，这一变体是可行的，并指出了行政权与立法权两条路径。而马克思在《黑格尔法哲学批判》当中认为，黑格尔给出的路径是无效的，因为市民等级是私人利益的代表；若欲其从事普遍性的立法活动，则必须抛弃市民社会，而使自己成为纯粹性的普遍个体，但市民等级无法做到这一点，所以二者之间是对立关系。

研究马克思主义哲学，一直是我国哲学界的重要工作，也是新时代下更好地发展中国特色社会主义的基本要求。如能廓清黑格尔认为能够解决"市民等级是如何转化为政治等级"和马克思认为"市民等级不能转化为政治等级"的观点，以及两种观点之间的关系，则

---

① 参见盛福刚：《政治理性视阈下的民主制理论——兼论费尔巴哈人本学对青年马克思的影响》，载《现代哲学》2021 年第 6 期。

② 参见王代月：《黑格尔与马克思市民社会问题解决路径比较研究》，载《湖北大学学报》2009 年第 4 期。

③ 参见李淑梅：《马克思对黑格尔国家观代议制因素的批判》，载《江西社会科学》2014 年第 2 期。

对马克思主义哲学领域研究具有重要的理论意义，也为解决现代国家中的组织结构、腐败等现实政治问题提供一定的启示和思考。

一、何谓等级

（一）等级概念

黑格尔认为市民社会包括三个环节——需要的体系、司法与警察同工会。在需要的体系这一部分中，人因为具有主观性，其需要与动物的直接性自然需要并不相同。人的需要是多样化的，为了满足这些需要，手段也被细分、被精致化。"为特异化了的需要准备并获得适宜的、同样是特异化了的手段，其中介就是劳动"①，所以，人的需要的发展会使劳动方式发生变化，劳动分工由此出现，个人的劳动会因此变得相对轻松与简单，劳动效率得到提高。分工的细化使得不同的人从事不同的职业，同时，不同职业带来的收入也不同，这说明，分工的细化会使人们的财富收入出现差异。黑格尔也承认，每个人在基础资本上的拥有程度是不一样的，在技能上的掌握与擅长程度也是不一样的，受到自然体质、精神禀赋等发展差异的影响，再加上先天性格、教育、文化等背景环境的因素，随着时间的推移，人与人在财富上的分化也会越来越明显。以上等共同因素，导致市民社会中的人出现差异化，于是形成等级差别，这就是等级产生的过程。也可以这么理解，如果一个社会以个人占有为基础，存在对私人利益的追逐现象，等级的出现就无法避免，这会是一个必然过程。

在《法哲学原理》一书的伦理部分，黑格尔提出了家庭、市民社会、国家三个实体阶段的概念，与这三个实体相对应的分别是三个等级——"从概念上说，等级得被规定为实体性的或直接的等级，反思或形式的等级，以及普遍的等级"②，即农业等级、产业等级与普遍等级。黑格尔所说的"实体性的或直接的等级"是以土地为私人的"所有物"、以家庭生活为基础的等级，即农业等级；"反思或形式的等级"便是产业等级，它主要是依靠自己，这些群体以对自然物体的加工与制造作为职业，并以别人的需要与劳动作为中介，内部可进一步分为手工业、工业和商业三种等级，相比于农业等级，它更加自由；最后一个等级——普遍等级——便是以社会的普遍利益为职业，可以理解为当今社会中的公务人员群体。这一等级对应的生活领域是国家。

① [德]黑格尔著：《法哲学原理》，邓安庆译，人民出版社 2016 年版，第 340 页。
② [德]黑格尔著：《法哲学原理》，邓安庆译，人民出版社 2016 年版，第 343 页。

(二)市民等级与政治等级

市民等级，指市民社会成员所组成的阶层，所承载的是一种私人的身份。黑格尔所说的与霍布斯、洛克、卢梭等社会契约论者所说的市民社会并不相同。后者将市民社会等同于一般社会，而黑格尔持反对态度。他明确指出，他所说的市民社会就是现代社会，是人们进行物质生活的领域，是满足其个人需要的场所，是特殊领域的集合，所强调的是私权。就黑格尔的时空背景而言，可以将市民社会具体理解为欧洲封建社会解体之后形成的近代资本主义社会，所以在《黑格尔法哲学批判》中，马克思也把"市民社会"叫作"物质国家"[1]。为了保障其个人的人身安全与私有财产，市民社会中的成员实现了联合，所形成的即是市民等级。既然市民社会是近代的产物，那么市民等级也是近代的产物，每个个人都是作为独立的个体而存在。

政治等级并不等同于普遍等级，它含载着比普遍等级更广泛的意义。普遍等级常常被理解为公务员等级，而政治等级除了包括公务员等级外，还指政治国家的公民群体。它与市民等级相对应，所体现的是一种公的身份。黑格尔把政治国家定义为一种普遍性伦理实体，因而无法成为特殊性要素，而只能是"普遍性与特殊性的统一"，是"客观精神"发展的顶点和最高体现，是一种"绝对自在自为的理性东西"[2]。作为政治伦理实体的成员，每个人都会是纯粹普遍性的化身，在观念上扬弃私有财产，不带一己私利，变成普遍性实体的一员。由于黑格尔的英雄史观，"公民"这个概念在黑格尔的理论体系中确实并非十分重要，但不能忽视的是，市民在进入政治国家后会体现出公民身份的一面，只有将"公民"概念展现出来，才能使抽象的、被异化的政治国家复归到市民社会，从而从整体上让政治国家与市民社会合二为一。

二、市民等级向政治等级转化的可能性及其路径

(一)转化前提

市民等级在市民社会内部存在矛盾。黑格尔指出，一方面，在市民社会中，市民等级以满足自身的利益为目的，比如个体为了让自己活下去，必须考虑自身吃穿住行等问题；另一方面，市民等级之间会因有限资源发生冲突，市民社会成了私人利益的"战场"。这说

---

[1] 《马克思恩格斯全集》(第一卷)，人民出版社2002年版，第282页。
[2] [德]黑格尔著：《法哲学原理》，邓安庆译，人民出版社2016年版，第383页。

明了市民等级在市民社会中的特殊性，可是这种特殊性容易导致战争、贫困、异化等个体间的冲突问题。所以为了避免混乱，保证自身生命安全，或者为了有正当理由占有财产，又或者为了提高生产效率——总的来说，为了实现市民等级的全部目的——他们需要在社会中与他人发生关系，如合作关系、亲密关系等，通过这种关系更好地满足自身需求，这便是一种自身取得普遍性形式的过程。但是，由于人本身的特质决定，欲望是无止境的，每个人都希望自己得到更全面的发展，而这种不可抗、不可控的人性特征却受到特殊公共事务的制约(比如人的健康、财产等事物的安全需要普遍性作为保证，否则无法缓解冲突，也无法完全保障目的的实现)。这说明，在市民等级中，其普遍性与特殊性存在彼此依赖与制约关系，但市民等级却无法在市民社会的环境下解决这种关系所带来的矛盾。

这个时候便需要在"政治国家"中解决这种矛盾。黑格尔以一种"个体独立性和普遍实体性在其中完成巨大统一的那种伦理精神"①的原则来构建政治国家。在他看来，国家代表真正的普遍性，高于市民社会这个特殊领域，同时，普遍性与特殊性的统一只有在普遍性领域才能得到实现。这便要求，一方面，个人的特殊意志需要与国家的普遍意志一致，另一方面，国家不是为了其他目的而存在，它的目的就是最高的目的，所以"达到普遍性和特殊性的统一是一切"②。如果政治国家做不到普遍性和特殊性的统一，那它则是不现实的，也无须进一步讨论了。

(二) 转化途径

黑格尔认为，只有将个体的身份从市民社会成员转换为政治国家的成员，即从市民等级转化为政治等级，才能解决这类矛盾。针对这一点他提出两种途径——在行政权方面，通过考试成为公务员；在立法权方面，通过选举成为议员。

黑格尔在《法哲学原理》中写道："政治国家就这样把自己分为三种实体性的差别：(1)立法权，即规定和确立普遍物的权力；(2)行政权，即使各个特殊领域个别事件从属于普遍物的权力；(3)王权，即作为意志最后决断的主观性的权力，它把被区分出来的各种权力集中于统一的个人，因而它就是整体，即君主立宪制的顶峰和起点。"③显而易见，如果个体想要进入政治国家化身为政治等级，只有通过分享或拥有立法权、行政权和王权三种途径。

---

① ［德］黑格尔著：《法哲学原理》，邓安庆译，人民出版社2016年版，第80页。
② ［德］黑格尔著：《法哲学原理》，邓安庆译，人民出版社2016年版，第390页。
③ ［德］黑格尔著：《法哲学原理》，邓安庆译，人民出版社2016年版，第414页。

1. 王权

王权即君主权，在黑格尔的话语体系中，它指的是君主立宪制的政治国家中君主的权力。由于王位继承制的制度保障，王权可以顺利并理所当然地从上一位君王传承至他的至亲。如果普通的市民等级想通过王权的途径进入政治国家，只能以反抗、起义等方式。该形式容易导致社会的混乱及战争，危及社会稳定，与其他两条途径相比并不占优势。因此，以获得王权来化身为政治等级的方法并不被提倡，市民等级几乎不可能通过这条途径进入政治国家。

2. 行政权

在政治国家中，行政权力是维护既定国家法律与制度的权力，行权主体是官僚。官僚的工作属于公职范畴，与一个人的出生并无多大联系，不由自然决定。按照规定，官员既要处理政府内部的行政事务，又要处理政府外部的社会公共事务，这需要他们合理、正确、有效地贯彻和维护现行的法律制度，进而要求他们拥有超出一般市民等级的能力与知识，并代表一种普遍利益行事。某个个人是否具备此等能力，可通过考试选拔的方式做出判断。同时，"恪尽职守"是他们的基本职责，这就要求他们既不可以不作为，也不可以乱作为，否则都是对其基本职责的违背。在行使公共的行政权力时，一方面，他们只应作为单纯的职能履行者而存在，而不应带有个人的特殊利益，可另一方面，由于公私身份集于一身，他们实际上确实带有特殊性的私人利益。由此，他们面临私利私心与制度良知的冲突，会倾向于利用公共权力为谋取私利，进而走向腐败。并且，官员代表政府的形象，公民通过他们的能力与态度去形成对政府的一个大致印象。若感受到了官员自私的一面，公民可能会对政府进而对整个政治国家形成负面的情感体验。所以，需要致力于减少甚至杜绝他们的滥权行为。这就需要官员有着严格的道德标准，如大公无私、乐于奉献、有责任心等积极品质。这可通过"伦理教育"和"思想教育"[1]实现，前者让他们在伦理关系中明白和铭记行政权源于公共生活；后者让他们拥有良好美德及品质，树立为群众服务的意识。

在黑格尔的论述中，若想从市民等级变体为政治等级，个体可以通过行政权这条路径，以后天努力，在知识和能力方面进行学习和完善，通过考试证明自己有处理政治事务的才能，并对行政权力的来源及合法性有着正确认识，拥有乐于奉献、大公无私、恪尽职守等优秀品质，从市民社会中的普通成员成为政治国家中的官僚，成功从市民等级变体为政治等级，进入政治国家行使行政权。

---

① [德]黑格尔著：《法哲学原理》，邓安庆译，人民出版社 2016 年版，第 438 页。

3. 立法权

黑格尔认为，立法权以国家制度为前提，应该体现普遍意志，它既规定了公民应该为国家做什么，也规定了国家可以给公民带来什么(好处)。在作为总体性的立法权中，黑格尔额外提出了"等级要素"的概念，指的是专门的立法部门，即由市民社会的农业等级和产业等级所组成的等级会议和上下两院。它处于政府与市民之间，作为中介环节而存在，简而言之，它是市民社会当中普遍等级以外的其他市民等级的政治代表。黑格尔阐释说："等级要素的作用就是要使普遍事务不仅自在地通过它来获得存在，也就是要使主观的形式的自由这一环节，即作为多数人的观点和思想的经验普遍性的公众意识通过它来获得存在。"①

"等级要素"作为中介环节，既可以防止王权变得极端，也可以防止市民沦为流氓。在君主立宪制国家，如果不允许群众组织起来的"等级要素"即中间等级的存在，君王就很有可能会独断专制，在政治上任性胡为，这无形之中会迫使群众站在国家的对立面，以一些自发的、野蛮的行为进行对抗。而作为中介出现的"等级要素"，一方面既可使国家通过它进入市民的主观意识中，② 去了解群众是如何思考的，在一定程度上避免随意性的统治；另一方面可使群众更有序地参与到政治国家当中，积极投身国家建设，而不至于在混乱中与国家对抗，沦为"流氓"。所以，"等级要素"的存在是必要的。

如果市民想通过拥有立法权的方式来参与国事，他们则应成为议员。但是黑格尔认为，不是每一个体都能成为议员，针对"一切人都有权参与国家事务"的观点，他持反对态度。黑格尔认为"人民"这个词语实际上是用来描述并不知道自己的意志是什么的那部分人，并且在参与政治普遍事务中时，私人等级一定是以单个人的形式而出现，如果一切人都有权参与，最后也只不过会演变为无定形的群众形式罢了，黑格尔对此还给出了一个定义，即合众——"他们的运动和行为正因此只是自发的、无理性的、野蛮而恐怖的"③。一旦国家政治事务与这类群体相结合，结果并不会客观。因此，他认为市民社会中的市民等级只能通过选举的方式，让部分成员成为议员，参与政治生活。

议员产生于私人等级中(除了普遍等级以外的其他市民等级中)，是为了决定政治国家中的普遍事务而存在，说明他们不能带有一己之私，不能为了个体自身或所属的同业公会与自治团体的特殊利益去反对普遍利益。在众人都明白这一点的前提下，市民会更倾向于

---

① ［德］黑格尔著：《法哲学原理》，邓安庆译，人民出版社 2016 年版，第 442 页。
② ［德］黑格尔著：《法哲学原理》，邓安庆译，人民出版社 2016 年版，第 444 页。
③ ［德］黑格尔著：《法哲学原理》，邓安庆译，人民出版社 2016 年版，第 446 页。

选举他们更信任的人与更理解他们的人成为议员。首先，"代表制的基础是信任"，在平时的日常生活中，人们通过接触发现某人可以较完美地处理事务、解决问题，在相处的过程中感受到对方的才识与能力，所以会更信任他，从信任他的处事原则到信任他的具体品行，再到信任他整个人，人们相信他有比别人更强的处事能力，可以在处理普遍事务的会议中发挥比别人更大、更有效的作用，那么选举他成为议员来行使立法权，对每一个相信他的个体来说也是一层保障。其次，既然议员是由人们选举出的，说明他比起其他人更能代表市民社会中的某个群体，因为他既熟悉自己所处的环境，又明白这个团体有着哪些困难与需要。比如，某议员在市民社会中处于商业领域的同业公会，他则是作为该公会的代表来参与国家政治，使得同业公会的特殊利益不至于被孤立，他切实了解商业这一部门，可以补充一些高级官僚并不全面的见解。

总之，黑格尔认为，就立法权这一方面来说，市民社会中的部分群众，由于自身能力获得其他成员的信任，借助选举成为议员，在议会中行使立法权，在群众的拥护下，将多数人的意志制定为法律，并有效监督王权与行政权的行使，最终成功从市民等级变体为政治等级。

三、政治等级的去私人性及其界限

(一) 对行政权的批判

按照黑格尔的理解，代表特殊利益的市民社会与代表普遍利益的政治国家是二元对立的，他在《法哲学原理》中提道："市民社会也是私人利益跟特殊公共事务冲突的舞台，并且是它们二者共同跟国家的最高观点和制度冲突的舞台"①，行政权就是在这种对立中出现的，它实际上是以国家与市民社会的对立、普遍利益与特殊利益的对立为出发点。在历史的进程中，由于社会分工、分化的发展，需要专门的人从事专门的职业，在政治国家中就体现为，需要专门的人掌握统治与管理职能，这就是官僚机构，具有行政权。同时，当市民社会中的不同部门之间存在矛盾，且凭自身能力无法解决时，就需要一个代表社会全体利益的事物来调解，使社会保持协调统一的稳定状态。因此，黑格尔之所以认为市民可以通过成为官员掌握行政权的途径来完成从市民等级到政治等级的转化，是因为他认为官僚政治可以代表普遍利益，可以实现市民社会与政治国家的统一。

针对黑格尔对行政权途径的论述，马克思认为，官僚政治并不能代表真正的普遍利

---

① [德]黑格尔著：《法哲学原理》，邓安庆译，人民出版社 2016 年版，第 433 页。

益。首先，官僚政治是因为市民社会中不同部门之间的矛盾冲突才得以存在，因此，为了保证自身的存在，它不可能让利益冲突完全消失，反而，在特定情况下，它甚至会"复兴"这种矛盾。所以，官僚政治在处理国家事务时不可能永远立足于普遍利益这一出发点，它仍然是从特殊利益出发。其次，官僚机构是由单个的官员组成，他们是活生生的人，其现实生活是物质性，并没有一种事物可以去除他们的特殊利益。当市民等级处于官员的职位时，其目的仍是个人目的，并非国家目的或者整体目的，甚至，他们的权力变成了获取钱财、提高地位的手段。比如在地区遇到灾荒时，官员不一定会先去考虑群众的利益得失，而是想着自己是否会因此丢掉官职、损失钱财，他们不一定会去思考已经制定好的国家政策制度是否存在问题，因为这样会恼怒上级，那么只能要求当地的群众进行改变，这使本来就生活艰难的弱势群体陷入更困难的境地，一切的行为只是为了保证官员自己的利益罢了。如此一来，国家的普遍事务不再是目的，而是被私人化，成为活动的对象。所以马克思认为，官僚政治是作为特殊利益的集团，不代表普遍利益。

马克思还指出，官僚政治具有形式化和封闭性两个特征。在形式化特征上，黑格尔认为，官员应该是维护国家的普遍利益。但这只是一种"形式"而已，当市民的部分人成为政府官员后，他们这些人会在政治国家中形成一个以自身特殊利益为核心的小团体，并对此加以伪装，形式上的目的仍是维护群众的利益，但实际上的目的只是维护官僚机构的特殊利益，使得其形式上的目的与实际上的目的显然是对立的。为了让其谋私行为具有合法性，他们会把自己的目的伪装成国家的目的，把其所追求的私人利益伪装成群众的普遍利益，让国家为官僚机构服务。就封闭性特征而言，可以这么理解。官僚政治明白自身所代表的并非普遍利益，但需要用手段加以粉饰，最好的手段就是封闭自身，保持神秘性。马克思在《黑格尔法哲学批判》中提道："公开的国家精神及国家信念，对官僚政治来说就等于泄露它的奥秘。"①如此一来，内部成员无法将官僚政治的本质泄露至外部，否则将会受到惩罚，外部成员也无法触碰到官僚机构内部之中。因此，官僚政治可以持续保持披着普遍利益的外衣，却实际谋求自身的特殊利益的状态。

如果官僚政治的本质的确无法代表普遍利益，那么能否通过黑格尔提出的考试、教育等方式进行改变，使他们能站在普遍利益的立场用权履职？马克思给出了否定的答案。固然，考试确实是对知识与能力的选拔，能从市民社会选出更具有处理事务能力的市民，但官员具有管理能力不代表官员会代表普遍利益，"知识与能力"只是进入官僚政治的一个必要却不充分条件。经过考试选拔成为官员，并不是说明个体完成了从市民等级到政治等级的转变，只不过是他们从一个阶层到了另一个阶层，获得新阶层的权力与地位，甚至可以

---

① 《马克思恩格斯全集》(第三卷)，人民出版社2002年版，第60页。

说，考试是从制度上确认了官员知识属于特殊权利，其本身合理性有待考量。既然考试是选拔出有知识与能力的人，那么再对他们进行伦理教育和思想教育，培养其政治德性，是否就可确保让官僚机构以普遍利益为出发点？马克思仍然认为不能。只要官僚政治的本质是特殊利益，再多的教育也可能被抵消，无法从根本上保证能够提高其道德素质。用教育的方式让官员以普遍利益为出发点只是黑格尔的一种理想化设定，不一定能实现。官员作为一种等级，无法成为真正的普遍等级，只能是虚幻的代表者。

综上，关于黑格尔——从行政权这一途径可完成从市民等级到政治等级的转变——这一观点，马克思认为是错误的。他从官僚政治本质、特征及黑格尔提出的改变方式等角度论述，官僚政治不可能代表普遍利益，只是维护小团体的特殊利益的化身。政治等级应是代表普遍利益的等级，需要去掉私人性的特征，可是部分人进入官僚政治体系后，只是从一个阶层到了另一个阶层，仍然代表特殊利益，并未将自身的私人化特质去除，自然无法完成从市民等级到政治等级的变体。

（二）对立法权的批判

官僚政治不是出于群众的承认，无法完全维护普遍利益，那么在立法权部分，通过人们选举产生的议员是否代表他们获得了群众的承认、代表的是普遍利益，并且完成了从市民等级到政治等级的转变呢？马克思仍然反对黑格尔的相关观点。

黑格尔在立法权中引入了"等级要素"的概念，其内涵在上一小节中已明确说明。他认为等级要素是政府和市民的以及君主和市民的中介，调节其矛盾，避免其分离，化解了政治国家和市民社会的对立冲突，让二者重新统一。在他看来，与行政权一样，等级要素捍卫的是普遍利益，它的存在意味着市民利益与国家利益是同一的。

对此，马克思承认，在古代和中世纪，政治的等级要素确实意味着市民社会和政治国家是同一的，但这是因为那个时候的社会等级就是政治等级，它"并不是因为参与立法而成为政治等级要素，相反，正因为它们是政治等级要素，所以才参与立法"①。以古希腊为例，当时市民社会并没有成长起来，或者说，古希腊的政治社会就是他们的市民社会，所以城邦里的每个人能够参与不同的政治活动，立法权只是其中的一种。但是当市民社会在现代生活中发展后，等级要素就难以调和它与政治国家之间的对立了。

其次，马克思指出，等级要素并不是普遍理性的化身。"等级要素是作为人民的事务的国家事务的虚幻存在"②，在《黑格尔法哲学批判》一书中，"幻想"一词反复出现，这说

① 《马克思恩格斯全集》（第三卷），人民出版社2002年版，第92页。
② 《马克思恩格斯全集》（第三卷），人民出版社2002年版，第78页。

明在马克思看来，黑格尔的观点具有虚假性，等级要素不过是"虚幻"的事物。一是因为，等级要素出自市民社会，市民社会代表的是个人特殊利益，这就不可避免地使等级要素具有追逐个体利益的本质特征，市民等级如果渴望获得政治意义，必须放弃特殊利益，这说明他们不再是市民等级。但在黑格尔的理论中，等级要素是市民社会中不同部门的代表，这说明人们只有作为市民等级才能进入政治领域。这就形成一种十分矛盾的状态。黑格尔强行把从特殊利益当中产生的等级看作普遍理性的化身，让他们不在意特殊利益，而是将与特殊利益对立的普遍利益作为目的，这明显脱离现实性。二是因为，马克思认为，黑格尔提出"等级要素"的概念，只是将此作为中介，使理论逻辑达到自洽，而并非真心寻找代表普遍理性的因素。"等级要素"并没有实际内容，只是君主立宪制国家自欺欺人的形式，所以马克思指出，"等级要素是市民社会的政治幻想"①，普遍事务不会是市民的现实的事务。

在立法权中，选举选出的议员（立法权下院代表）是否能够代表普遍利益？对此，马克思持有一定的肯定态度，毕竟议员由市民选出，需要获得市民认可，在一定程度上表明权力源于市民。这无疑是一种进步，但他们仍然无法代表市民的整体利益。一方面，议员有着双重身份，他们既是政治国家中的代表，又是自身所在同业公会的成员。黑格尔"议员不会为了特殊利益反对普遍利益"的观点，实则将议员与同业公会或自治团体的关系割裂开来，是对市民社会即现实的物质基础的否定。选举是市民等级的政治行动，产生的代表必然以自身所处同业公会或自治团体的特殊利益为出发点，无法做到跨越特殊利益去维护普遍利益。另一方面，由于有财产资格限制等相关规定对议员的财产情况进行限制，并非人人都能成为议员。19世纪中期时，普鲁士就有法律规定，参加选举的公民必须拥有一定财产，并要缴纳一定数量的税额，缴纳税额多的人被选出成为议员的概率更大。这暗示着，无产者或者贫困者根本没有机会通过成为议员而进入政治国家体系中。议员既然来自有产者群体，其代表的只是有产阶级的特殊利益，而无法代表市民社会的所有成员。有人可能辩解说，贫困者连吃穿住行等基本生存问题都难以解决，自然不会花更多的时间和精力提升行使政治权利的能力，也不会投入较多时间和精力关注国家公共事务。但如通过财产限制等手段使无产者无法当选议员，那么谁会真正知道他们的境遇与困难？如何将他们这个庞大群体的意志提升为国家意志？这种实质上排除非有产者的国家与议会并不是理性的，其立法权仍是私人利益的化身，政治权利只是维护特殊利益的工具而已。

---

① 《马克思恩格斯全集》（第三卷），人民出版社2002年版，第79页。

四、结　　语

对于"市民等级能否变体为政治等级"这一问题，黑格尔在《法哲学原理》中给出了肯定的答案。市民等级是私人的身份，若想从特殊利益的代表化身为普遍利益的代表，通过王权的方式很难行得通。但通过考试成为官僚掌握行政权的方式进入政治国家与通过选举成为议员获得立法权的方式进入政治国家是被允许的，并且在黑格尔看来是有效的。通过这两条路径，市民等级都可以摆脱自身私人化的特征，成为纯粹的普遍代表。

但从《黑格尔法哲学批判》中可以发现马克思对此存有质疑，他认为黑格尔所论述的行政权与立法权两条途径都具有虚假性，因为他没有看到人——作为活生生的存在——的本质特征。在市民等级成为官僚或者议员后，无论是在行政权方面还是在立法权方面，该个体并没有脱离市民社会而存在，他仍然需要满足自己吃穿住行等需求与欲望。因此，其私人化的特征并没有完全消失，也没有中介能真正保证其不带有私人利益，该个体仍然不是纯粹普遍性的化身。甚至，个体可能会借助行政权与立法权，打着普遍利益的旗号为自己谋私利，造成更不良的后果。因此，马克思认为黑格尔提出的途径是无效的，市民等级是无法变体为政治等级的。

近年来，随着中国社会的迅猛发展，以及黑格尔和马克思政治哲学的强势复苏，"国家与市民社会"论题又一次成为中国学界所关注的焦点，[①] 了解"市民等级"与"政治等级"的概念与关系，对于构建"国家与市民社会"的良性关系及内部结构，具有重要意义。在笔者看来，对于历史上留下的每一种哲学，都应该抱着尊重的态度，避免极端批判，要看到该哲学理论背后的合理性，看到它对那个时代的问题解决是否具有合理之处。黑格尔对该问题的论述，以"理念"为出发点，以构建理想国家为目标，是对当时各国政治法律理论与实践的反思，也是对普鲁士专制制度的辩护。[②] 这与他所生活的时代背景息息相关。他固然毋庸置疑是位伟大的思想家和基本制度设计师，但其构建方案过于理想化。马克思认为他所维护的普鲁士国家只是一种过去式，若从现实的角度出发，则无法得出"市民等级可以变体为政治等级"这一结论。这对马克思向历史唯物主义学说迈进起着关键的推动作用。笔者也赞同马克思的观点。

本文所论述的马克思对黑格尔的批判，充分说明了黑格尔的国家概念的阶级性，表现

---

① 韩立新：《黑格尔法哲学研究的当代意义》，载《学术月刊》2019 年第 4 期。

② 陈雪艳：《马克思对黑格尔国家观的批判——以〈黑格尔法哲学批判〉为例》，天津商业大学 2018 年硕士学位论文，第 27 页。

出对一切人民在国家中主体地位的重视，说明了人的解放同政治解放的一致性。平等经济地位固然重要，对平等政治权力的诉求也不可缺乏。这对满足人民根本需要、拓宽人民参与国家管理有效路径、促进国家体系良性构建等，都具有启示作用。

中国哲学

熊十力生死观蠡测

江妞①

【摘　要】

熊十力作为现代新儒家的重要代表人物，其最重大的贡献便是创立了自己独特的本体论体系，而其本体论、宇宙论、人生论三者又是融为一体的。本文试图以其人生论中的生死观为探究对象，将其生死观概括为"生生"。"生生"一方面在熊十力哲学体系中有其大化周流的本体论基础，一方面在中国传统哲学思想中有其坚实的理论根据，此即孔子的"未知生，焉知死"和《大易》的"生生"之道。熊十力正是在破斥佛家出世法体系中一步步确证其生死观，以儒家之生生对抗佛家之轮回。

【关键词】

熊十力；生死观；生生；本体论；出世法

死亡是任何人从一出生就要面临的问题，按照海德格尔的说法就是，人是"向死而生"的存在。② 但死亡问题其实并不能单独成立，有死必有生，有生必有死，因此死亡问题也可以说是生死问题。③ 生命是什么，死亡是什么，我们如何对待生死，面对"人皆有一死"的必然事实，我们如何向死而"生"，这便是生死观包含的内容。一个人的生死观即是他对生命和死亡的根本看法和态度，是其人生观的具体表现和重要组成部分。生死观涉及对生、死问题之整体把握和根本认识，本身具有哲理性，也可以依超越信仰而具有宗教性。

熊十力（1885—1968年）作为"中国现代哲学史上最早创立独特的本体论体系——'新唯识论'的哲学家"④，被尊为现代新儒家的开宗大师。《新唯识论》（包括文言本和语体本）即为其代表作之一。他曾指出："《新论》（指《新唯识论》，下同）直将本体论、宇宙

---

① 作者简介：江妞，武汉大学哲学学院哲学基地班2015级本科生。

② ［德］海德格尔著：《存在与时间》，陈嘉映、王庆节译，生活·读书·新知三联书店2016年版，第297~298页。

③ 傅伟勋著：《死亡的尊严与生命的尊严》，北京大学出版社2006年版，第59页。

④ 郭齐勇编著：《中国哲学史》，高等教育出版社2015年版，第426页。

论、人生论融成一片，此是老夫苦心处，亦是不失吾先圣哲精神处。"①由此观之，本体论、宇宙论和人生观三者在熊十力的哲学体系中不容割裂。熊氏虽以构造了独特的本体论体系而为人所称，但人生观在其哲学中的位置实不容小觑。在《唯识学概论》的绪言中熊十力提道："真正哲学，必自唯一问题而出发，曰人生问题。"②对于熊十力来说，哲学是与人生密切关联的。回顾熊十力的人生经历，会发现他的哲学体系在很大程度上是在与佛家思想的互动中渐臻成熟。熊十力在晚年之作《存斋随笔》中提道："佛家视生命为迷闇，为如幻如化。通玩其一切经论，无不如此。"③他常说："佛氏出世法之完整体系，实以轮回信念为其骨髓。"④轮回意味着永生，众生不知解脱之法，故陷溺其中没有穷尽之时。轮回观念作为佛家持有之生死观，依信仰而具备宗教性。而既是在与佛家思想的互动中形成自己的哲学体系，那么熊十力对于生死问题必然有他自己的思考。据熊十力的学生高赞非记载，熊先生一开始是轮回论者之信徒，后则自称打破了轮回观念。⑤ 从对轮回观念的坚持转而破之，到对"先圣哲精神"之自觉传承，熊十力的生死观经历了由佛到儒的转变。

通过上文分析可知，熊氏哲学与其人生紧密联系，一方面人生观在其本体论、宇宙论、人生观三位一体的哲学体系中占有相当重要的位置，而生死观是人生观的具体表现和重要组成部分，另一方面熊氏由笃信轮回到打破轮回观念而自觉传承"先圣哲精神"，其生死观经历了由佛到儒的转变。由此，集中、系统地探究熊十力的生死观，不仅对于我们通过人生观切近其独具特色的哲学体系，而且通过其对生为何、死为何，如何向死而"生"等问题的前后思考之不同脉络把握到其作为一个儒者的人生关切，都大有裨益。

自 20 世纪 90 年代至今，国内学者关于熊十力之人生哲学、生命哲学陆续产生过一些研究，但直接将眼光聚焦于熊十力生死观确属罕有。据笔者所见，学界对于熊氏人生哲学的研究可概而分为三种路向：第一种力图直接阐述熊氏人生哲学⑥或生命哲学⑦，剖为几大板块。第二种旨在探寻熊氏人生哲学的思想来源，既有留心于熊氏对西方哲学的会

---

① 熊十力：《摧惑显宗记》，载《熊十力全集》（第五卷），湖北教育出版社 2001 年版，第 539 页。

② 熊十力：《唯识学概论·绪言》，载《熊十力全集》（第一卷），湖北教育出版社 2001 年版，第 414 页。

③ 熊十力：《存斋随笔》，载《熊十力全集》（第七卷），湖北教育出版社 2001 年版，第 687 页。

④ 熊十力：《存斋随笔》，载《熊十力全集》（第七卷），湖北教育出版社 2001 年版，第 717 页。

⑤ 熊十力：《十力语要》，载《熊十力全集》（第四卷），湖北教育出版社 2001 年版，第 454~455 页。

⑥ 如将熊十力对于人生问题的省思分为人生意义论、价值论、理想论几部分，参见周德丰：《论熊十力的人生哲学》，载《南开学报》1997 年第 3 期。

⑦ 有根据《十力语要》一书将熊十力生命教育分为生命之基核、滋长、迷失、养护、宏扩与理想六项义涵，参见黄文树：《〈十力语要〉中的生命教育义涵》，载《北商学报》2018 年第 33 期。

通，① 也有呈现熊氏人生哲学对于传统中国哲学思想资源的借鉴。② 第三种则试图从熊氏本体论、宇宙论、人生论三而为一的哲学体系内部出发，基于"生命本体论"探究熊十力生命哲学的内容及意义。③

由于熊十力生死观一题指向更明确，因此本文的探究不妨结合上述对熊氏人生观的几种研究路向之长，一方面力图直接呈现熊十力的生死观，另一方面注意将之置入熊氏哲学体系之中，同时注意与中国儒家、佛家生死观念比照，考察熊氏生死观形成的形上基础和理论来源。据此，本文的基本思路是首先阐述和分析熊氏生死观本身，将之归结为《大易》的"生生"观念；接着探寻熊氏生死观的形成依据，在熊氏哲学体系内部为其"生生"观念找到其大化周流的本体论根据，同时熊氏"言生生便无故故"④的看法破斥了佛家的轮回观念，而与孔子的"未知生，焉知死"（《论语·先进第十一》）一语相映照，从而寻得其生死观的理据；最后的结语部分则是对前三部分的总结。

一、"生生"：熊十力之生死观

熊十力的生死观以万物流变、无有暂住为逻辑起点，以此为基，"虚幻"中进求真实是他的思考着力处，立足真实的人生再去观生灭变化，从而观得万物生生不息、进进不已；"生生"即熊氏之生死观。说生时便已包含有死，说生生便无故故，那么面对每个人的生理意义上的必然消亡，个体应如何向死而"生"？熊十力认为此"生生"贯穿于人的整个生命，生命状态当是这般新新的、日进的，而人不应执着于躯壳的存毁。以下将依据文本顺次进行探讨。

（一）万物流变、幻中求真

把握熊十力的生死观需首先借助"变化"这一概念。对于变化，熊十力的基本看法是一切物都无常住或暂住，万变常新。从自然现象来看，日月交推、寒暑更替，宇宙从来没有一刹那停止过变化。从人类社会来看，每个个体从他躯壳的所谓产生到毁灭，中间没有一刹那可以重新来过，甚至于在当下喊出一句"现在"，所谓现在也会在说出口的刹那变成过去。从人的主观世界来看，个体脑海中的念头呈现亦是顿起顿无。总之在熊十力这里，

---

① 参见王建光：《伦理生命的智识转向——熊十力人生哲学的"物性"构建》，载《南京农业大学学报》2008 年第 3 期。

② 参见杨丹荷：《熊十力哲学人生论中的道家思想资源》，载《哲学研究》2000 年第 1 期。

③ 参见刘风雪：《熊十力生命哲学研究》，南开大学 2014 年博士论文，第 32 页。

④ 熊十力：《十力语要》，载《熊十力全集》（第四卷），湖北教育出版社 2001 年版，第 441 页。

"宇宙人生本浑然同体，不容割裂"①，天地万物皆是这般变化莫测，无有暂住。熊氏借用"电光闪现"的例子来阐释变化之义："实则他(指天地万物)是刹那刹那、别别顿起，就和那电光一闪一闪似的了。"②这里的顿起，"元不曾有所经行，不可夹杂时空的观念去推想他"③。

熊氏此种关于宇宙人生万变常新、无物暂住的看法不少人会赞同，"浮生若梦""人生无常"早已成为许多人面临美景不复、时光流逝和人生变故生出的共识。熊十力比常人更加敏锐，"年十三岁，登高而伤秋毫，顿悟万有皆幻。由是放浪形骸，妄骋淫佚，久之觉其烦恼，更进求安心立命之道"。④ 面对浩浩宇宙，流变与无常中是否有真实存在的东西？人之生命是否有安顿之所？对于"万有皆幻"，我们可以提出两个问题：第一，何谓虚幻？实则虚幻总与真实对，没有真实，何来虚幻？无穷万变亦有其法则，便是相反相成，"说到变化，必是有对，易言之，即有内在的矛盾以成其发展"⑤。可见在言万有皆"虚幻"时必定有一个真实与其对照，因此可以说真实首先是存在的。第二，如何得到"万有皆幻"？如果没有一个能觉的我，真幻之知何来？此能觉之我，便是真实。"我"之为真，在于我"能觉"。《十力语要初续》载熊十力读完陈白沙之作后，"忽起无限兴奋，恍如身跃虚空，神游八极，其惊喜若狂，无可言拟。当时顿悟血气之躯非我也，只此心此理方是真我"。⑥总之如此一来，熊十力便在虚幻中求得一个真实，诚如郭美华先生所言，"熊氏将从幻中求真视为自己哲学思考的出发点"。⑦ 而人之生命安顿处将在下一部分讨论。

(二) 言生生便无故故

我们可以再看熊十力是如何看待生灭变化的。熊氏在其《新论》的"转变"章中释生灭义最精辟：

(1)一切物都是刹那灭。云何刹那灭？谓凡法，于此一刹那倾才生，即于此一刹

---

① 熊十力：《摧惑显宗记》，载《熊十力全集》(第五卷)，湖北教育出版社2001年版，第546页。
② 熊十力：《十力语要》，载《熊十力全集》(第四卷)，湖北教育出版社2001年版，第400页。
③ 熊十力：《十力语要》，载《熊十力全集》(第四卷)，湖北教育出版社2001年版，第400页。
④ 熊十力：《心书》，载《熊十力全集》(第一卷)，湖北教育出版社2001年版，第5页。
⑤ 熊十力：《新唯识论》语体文删定本，载《熊十力全集》(第六卷)，湖北教育出版社2001年版，第76页。
⑥ 熊十力：《十力语要初续》，载《熊十力全集》(第五卷)，湖北教育出版社2001年版，第280页。
⑦ 郭美华著：《熊十力本体论哲学研究》，四川出版集团巴蜀书社2004年版，第30页。

那倾便灭，决不会有一忽儿的时分留住。①

（2）凡物之灭，却不待有坏因而始灭，只是法尔自灭。②

（3）凡物之灭皆不待因，这个道理须深切体认而后觉义味深远。大化流行刹那刹那革故创新，一切物都在革故创新的进程中，所以凡物之灭只是法尔自灭，非待因而后灭。③

（4）刹刹灭灭不住，即是刹刹生生不息，生和灭本互相涵，说生已有灭在，说灭已有生在。④

（5）应知一切物，刹那刹那故故灭尽，说一切物无有常；刹那刹那新新突生，说一切物无有断。⑤

明确了万变常新和变必有对的内涵，上述熊十力对于生灭的论断便不难理解：第一，一切人、事、物都处在刹那刹那革故创新的进程中，因此万物刹那生刹那灭，才生即灭；第二，有生必有灭，说生时已包含灭，说灭时也包含了生，因此万物之灭只是自然地自身消失；第三，一刹那倾灭灭故尽，便是一刹那倾生生不息，因此一切物无常亦无断。对第三层意思，熊十力借助"川流"的例子进一步阐发："夫前水方逝，后水即生，是不断也；前水才生即逝，未曾留住，是不常也。不断不常，即刹那灭义。"⑥在水的才生即灭、才灭即生的变化过程中，"化化之妙，灭灭不停，即生生不已"⑦。

若是仅仅依据万物流变、无有暂住去理解上述生灭义，事实上对于生死问题可能会形成两种论断：以窗前绿草为例，它经过无数刹那，即总是每一刹那才生即灭，那么我既可以从其"灭灭不停"的角度去观它，说万物就是一个灭，刹那不住，灭而又灭，终究是无生；我又可以从其"生生不已"的角度去观它，说绿草在每一刹那才生即灭，在每一刹那才灭又新生，这样说来，万物一方面自是故故不留，另一方面更是新新而起。从"灭灭不停"

① 熊十力：《新唯识论》语体文删定本，载《熊十力全集》（第七卷），湖北教育出版社 2001 年版，第 87 页。

② 熊十力：《新唯识论》语体文删定本，载《熊十力全集》（第七卷），湖北教育出版社 2001 年版，第 89 页。

③ 熊十力：《新唯识论》语体文删定本，载《熊十力全集》（第七卷），湖北教育出版社 2001 年版，第 90 页。

④ 熊十力：《新唯识论》语体文删定本，载《熊十力全集》（第七卷），湖北教育出版社 2001 年版，第 91 页。

⑤ 熊十力：《新唯识论》语体文删定本，载《熊十力全集》（第七卷），湖北教育出版社 2001 年版，第 93 页。

⑥ 熊十力：《十力语要》，载《熊十力全集》（第四卷），湖北教育出版社 2001 年版，第 430 页。

⑦ 熊十力：《十力语要》，载《熊十力全集》（第四卷），湖北教育出版社 2001 年版，第 430 页。

的角度观万物生灭实则是佛家的观法，此点将在本文第四部分详细讨论。但熊十力既已从虚幻中求得真实，他便必然地立足于能觉之真我、真实无妄之人生来观生死，也即是生生二字，生而又生。那么何谓"生生"？在《十力语要》卷三中可以看到学生王准的记语：

> 夫生生者，大用之谓，本无实物，即无时间空间可言。生生之流，刹那刹那，灭故生新，无物暂住，故知生而不有，则于生而已识其本无生矣。……故知刹那灭义非是玄谈，于此不生执着，即悟生而不有也。生生化化即是空空寂寂，神乎神乎！①

由此可见，生生即指不断不常的变化不息、流行不已。从万物刹那灭义来看，无物暂住，生生化化即是空空寂寂；从方生方灭、灭故生新的角度看，万物生而不有，其本无生。简言之，一切物都是刹那灭，说生时已包含有灭，故故灭尽即是新新突生，于此而识得本无生，一切流行不息、化化不已：此乃"生生"，即熊十力对生、死为何的看法。"生生"的说法出自《周易·系辞上》："日新之谓盛德，生生之谓易。"在熊十力看来，"只言生生，其义更美。言生生便无故故也"。②

(三) 如何对待"生"

上文即是熊十力对于生、死问题的根本看法。从万物流变、无物暂住中寻得一个终极真实，此即能觉之真我，立足真实无妄的人生再来观生与死，万物都是刹那刹那，才生即灭，才灭又即生，因此熊十力只说一个"生生"，故故灭尽即是新新突生。那么对于个体而言，应如何"生"？

此"生生"亦当贯彻于人的生命状态之中。一方面不应执着于躯壳的存与毁，另一方面万物之生命皆当新新而日进。由刹那灭义，熊十力批评世人执着于生死："凡夫迷执躯壳，只堕溺无常之生死海中。"③由生而不有义，本无生故不可推求为何而生。熊十力一友人苦于追究人生意义为何和人为何而生的问题，熊十力就告诉他："在生活上追求意味，此是由于有我之私无形在里面作祟，务须放下一切追求，不然，被他纠缠到死，不得解脱。若问何为而生？此问无理。生岂有所为乎？有所为者是人意之私，不可以推求生理也。"④生之为何虽不可推求，对于生命如何被加以滋养熊十力则有其一番认识："凡人真能蓄积义理以悦心，使其生活内容日以充实，即神澄而明，气盛而畅，人格日以庄严伟大，穷足以

---

① 熊十力：《十力语要》，载《熊十力全集》（第四卷），湖北教育出版社2001年版，第430~431页。
② 熊十力：《十力语要》，载《熊十力全集》（第四卷），湖北教育出版社2001年版，第441页。
③ 熊十力：《十力语要》，载《熊十力全集》（第四卷），湖北教育出版社2001年版，第435页。
④ 熊十力：《十力语要》，载《熊十力全集》（第四卷），湖北教育出版社2001年版，第462页。

善身，达足以善天下。不然则日就萎靡销耗以终，同于块土顽石无生命之物。人生何可遽如是乎？"①可见熊十力认为人不可迷执躯壳，言生生便无故故，因此生与死皆无须执着。面对人皆有一死的客观必然事实，如何向死而"生"呢？生命只当生生不息、健行不已。对于不同个体之间的差异，如孟子所说，"夫物之不齐，物之情也"（《孟子·滕文公上》），但不论其如何不齐，日进、生生之功是当然贯彻于生命始终的。熊十力借用《庄子·逍遥游》中大鹏与斥鸋之例来说明此点："大鹏翔乎九万里，斥莺抢于榆枋间，各适其性，各当其分，不齐而齐矣。榆枋之间，其近不必羡乎远也；九万里，其远不必骄于近也。"②大鹏与斥鸋，前者能飞到九万里高，后者至多腾跃数仞而下，但若是二者皆奋其自力，便是值得肯定的健动不息的生命状态。推之极端，对于圣哲和庸众来说也是如此，"继今以往，圣与庸在进进之长途中终古不齐，圣与庸之各尽其力以求进者，亦终古无已。"③总之个体充盈的生意、创造不已的努力在熊十力看来是"生生"的表现，也是人生当有之态。

关于生死问题，与执迷躯壳相对，我们还可能会发问：人自当尽其日新、生生之功，那么人的躯壳毁灭之后，人是否有灵魂留于世间？熊十力也思考过这一问题。《十力语要》载熊氏在三十岁到四十岁之间思考有关不朽的问题非常深入，但最终得不到答案，于是停止了追问。④他在与学生周开庆的回信中说："吾不欲断言灵魂之为有为无，但确信人皆有灵魂永存之要求。此等要求恒伏于潜意识，而人或不自觉。"⑤正因为人不自觉，所以灵魂有无"终是信仰上之事，而不是知解可以解析之事"。⑥正如庄子所说，"知止其所不知，至矣"（《庄子·齐物论第二》）。对于灵魂是有是无这一无法用知解推论出来的问题，能知道的只是人皆有对于灵魂不朽的要求。

由上述阐述可知，熊氏之生死观可用"生生"二字概括：首先从万变常新、无物暂住出发，同时注意到变必有对、幻中有真，观得一切物刹那生刹那灭，而在此种刹那刹那灭故生新的进程中，化化之妙即是生生不已，说生时已摄有灭。一言以蔽之，言生生便无故故；此"生生"即是熊十力的生死观。而对于"生"的态度则是，"生生"贯穿人的整个生命，人不应迷执于躯壳，不论个体之间如何"不齐"，皆应当各适其性、各当其分以求进。

以上即为本文第二部分。将熊氏生死观以"生生"二字概而言之，接下来则有必要探求其生死观形成的理据。熊氏在《新论》赞语中明确提道："吾人生命与宇宙大生命本来无

---

① 熊十力：《十力语要》，载《熊十力全集》（第四卷），湖北教育出版社 2001 年版，第 136 页。
② 熊十力：《十力语要》，载《熊十力全集》（第四卷），湖北教育出版社 2001 年版，第 464 页。
③ 熊十力：《十力语要》，载《熊十力全集》（第四卷），湖北教育出版社 2001 年版，第 415 页。
④ 熊十力：《十力语要》，载《熊十力全集》（第四卷），湖北教育出版社 2001 年版，第 166~167 页。
⑤ 熊十力：《十力语要》，载《熊十力全集》（第四卷），湖北教育出版社 2001 年版，第 167 页。
⑥ 熊十力：《十力语要》，载《熊十力全集》（第四卷），湖北教育出版社 2001 年版，第 464 页。

二……故真治哲学者，必知宇宙论与人生论不可判而为二，非深解人生真相，决不能悟大自然之真性。尽己性以尽物性，此圣学血脉，本论所承也。"①此段话包含有两层意思：其一，人和宇宙在熊十力这里不可析为二片对待，其生死观必在熊十力哲学体系中有形而上之根基；其二，熊氏自言承"此圣学血脉"，即其生死观于中国传统儒家思想有继承关系。因此本文第三部分将试图从熊十力哲学体系内部出发，从本体论、宇宙论、人生论三位一体的角度为其"生生"找到形而上之基础，第四部分则着力在儒佛对抗中展现熊氏之"生生"对圣学之继承。

二、"生生"的形上基础：大化周流的本体论

如何奠定熊十力之生死观的形上基础？此部分的基本思路是首先论证人生论与宇宙论何以不可析为二片，其次讨论宇宙与人生是否有其本体，如果有本体则何为本体，最后通过证得本体的性质如何，来为其以"生生"二字观生死问题提供形上依据。

（一）人生论、宇宙论的不可二分

人生活在这个宇宙中，是天地万物的一分子，即是熊十力所说的"吾人生命与宇宙大生命元是浑一不可分"②，此点毋庸置疑。

熊十力的学生周通旦在《熊先生哲学释疑》一文中提道："夫哲学，果何学乎？扼要言之，不外对宇宙人生的意义别有一番认识而已。"③熊十力本人也在答复意大利米兰大学教授马格里尼时言及："哲学所穷究者，则为一切事物之根本原理。易言之，即吾人所以生之理与宇宙所以形成之理。"④

由人之生命与宇宙之大生命不可二分，可知人所以生之理与宇宙所以形成之理亦非二致。因此哲学所穷索之根本原理，正是人所以生之理，此即人生论；亦即宇宙所以形成之理，此即宇宙论。故而人生论与宇宙论才不可析为两片，就根本之原理这一层面而言，人之生命与大自然互相交融而不可二分。

（二）宇宙、人生之本体

那么宇宙是否有本体？生命是否有本体？在《体用论》中熊十力提到自己的思想前后经

---

① 熊十力：《新唯识论》语体文删定本，载《熊十力全集》（第六卷），湖北教育出版社 2001 年版，第 4 页。

② 熊十力：《十力语要》，载《熊十力全集》（第四卷），湖北教育出版社 2001 年版，第 445 页。

③ 熊十力：《十力语要》，载《熊十力全集》（第四卷），湖北教育出版社 2001 年版，第 315 页。

④ 熊十力：《十力语要》，载《熊十力全集》（第四卷），湖北教育出版社 2001 年版，第 202 页。

历了三次重大的变化，到第三变始成定论：一者，假设有造物主。二者，造物主既不容成立，姑且假设万物无原。三者，复为穷原之学，深信万物必有其本体。① 此前后之转变得益于熊氏近取诸身、远取诸物，触处即穷理，最后才深悟、深信万物必然有其本体。据熊十力学生王准记其师语："（本体）虽无形象，而实为宇宙万物之源，不得目以为无。若无本体，则万物何自而形成乎？"②在熊十力看来，宇宙定有其本体，即是宇宙所以形成之理；人也有其本体，即是人所以生之理。此两者不可二分，所以本体既是宇宙所以形成亦是人所以生之理，即为哲学所当穷究之事。

那么本体应从何处寻得？是否本体存在于心物万象之外？如若在心物万象之外设立一个圆满无缺的本体，万物全部禀此而生，那么万物无须自己努力，无须自己创造，只是皈依此实体，如皈依上帝便可。这是熊十力所批评的。熊氏继续指出："宇宙人生非可剖析，云何可于吾性命外别寻本体？"③天地万物之本体便是吾人之本体，而吾人之本体，也即吾人所以生之理，不可能存在于吾人的性命之外。本体内在于吾人之性命，熊十力直截了当地点明：

（1）吾人所以生之理，即此明觉昭显者是；宇宙所以形成之理，亦即此明觉昭显者是。何以故？就明觉的本体言，吾人与宇宙无内外可分故。此明觉凭吾人之官能而发现，以感通乎天地万物；天地万物待此明觉而始显现，足征此明觉为一切形物之主宰。④

（2）本心即是性，但随义异名耳。以其主乎身，曰心。以其为吾人所以生之理，曰性。以其为万有之大原，曰天。故"尽心则知性知天"，以三名所表，实是一事，但取义不一而名有三耳。尽心之尽，谓吾人修为工夫，当对治习染或私欲，而使本心得显发其德用，无一毫亏欠也。故尽心，即是性天全显，故曰知性知天。知者证知，本心之炯然内证也，非知识之知。……吾心与万物本体，无二无别，其又奚疑？⑤

由上述第一条可知，此明觉即是吾人与宇宙之本体，吾人凭借此明觉之心感通于天地万物。但是有人可能会问：人有形体之限制，每个人各各独立，如何能够相感通？熊十力

---

① 熊十力：《体用论》，载《熊十力全集》（第七卷），湖北教育出版社2001年版，第127~128页。
② 熊十力：《十力语要》，载《熊十力全集》（第四卷），湖北教育出版社2001年版，第428页。
③ 熊十力：《十力语要》，载《熊十力全集》（第四卷），湖北教育出版社2001年版，第429页。
④ 熊十力：《十力语要》，载《熊十力全集》（第四卷），湖北教育出版社2001年版，第221页。
⑤ 熊十力：《新唯识论》（语体文本），载《熊十力全集》（第三卷），湖北教育出版社2001年版，第19页。

的回答是："形虽有限，性是一体，不曾尔我性上可分疆界，一体如何不感通？"①此处的"性"指的是本性，也即本心，正如上述第二条所说，本心便是性，便是天，名称不同实皆指本体，吾人之本心与万物本体，无异无别。从清净之本心的角度讲，个体与个体之间便是一体流通，没有障隔。此本心即明觉，天地万物有待于此明觉方可显现，正如"你未看此花时，此花与汝心同归于寂；你来看此花时，则此花颜色一时明白起来"。②从此种意义上讲，心外无物。因为万物如果是在本心之外，心如何去与之感通？所谓智周万物，更见天地万物不在此心之外。所以熊十力认为，"克实论之，无所谓万物，其所谓万物，只是本体呈显而已"③。若识得本心，则没有物我、内外之别。天地万物无非本体之呈显，熊十力常常借用佛家的沤海喻来表明此义：海水是本体，海面上浮现出众多浮泡，即是世间万物万象，世人执之为有，而浮泡幻起幻灭，无所谓有，实无非海水之呈显。海水存则有浮泡幻现，若海水无存则无浮泡可言，"万化生于人心，人心正则万事万物莫不一于正，人心死则乾坤息尚何事物可言"？④此处也印证本文第二部分熊十力于幻中求真的思想取向，虚幻总有一真实与之相对，而能觉之我即为真。

(三) 熊氏生死观的本体论依据

以上我们讨论了人之生命与宇宙之大生命不可二分，从而人生论与宇宙论不可判而为二，通过穷理溯源，确证宇宙和人生有其本体。本体是吾人所以生之理，曰性，也是本心；是宇宙所以形成之理，乃万有之大原，曰天。吾人凭借此心之明觉感通万物，万物待此心之明觉而昭显，尽心则知性知天。有本心便有本心之呈显，有本体则有本体呈显之现象，由此要在熊十力哲学体系内部为其生死观寻得理论依据，须从证得本体如何入手。本体若证得为空寂或是健动，相应地人生观也会偏向空寂或是健动，生死观则主"生"或主"灭"之一方。对此熊十力有具体说明："夫于本体，证到空寂，则其人生态度亦倾向空寂去，而末流将不胜其弊。于本体证到刚健与生化，则其人生态度亦倾向刚健去，而免于萎靡。"⑤

从宇宙万象观之，日月交替，寒来暑往，前一刹那之日月并未延续到后一刹那，后一刹那之日月便是新生，虽说保持着与前一刹那日月相似的情状，但其实质是新生，由此可识得日月现象实则是新新健创、生生不已之表现；从本心观之，返求己心，可证得本心一

---

① 熊十力：《十力语要》，载《熊十力全集》（第四卷），湖北教育出版社2001年版，第480页。
② 陈荣捷著：《王阳明〈传习录〉详注集评》，重庆出版社2017年版，第270页。
③ 熊十力：《十力语要》，载《熊十力全集》（第四卷），湖北教育出版社2001年版，第432页。
④ 熊十力：《十力语要》，载《熊十力全集》（第四卷），湖北教育出版社2001年版，第450页。
⑤ 熊十力：《十力语要》，载《熊十力全集》（第四卷），湖北教育出版社2001年版，第447页。

日之间亦万起万灭，即"本心者，生生不息的实体也"①。但是本体并非只有刚健，就其昭显之明觉而言可证得其未尝不寂然。此点熊十力也有其独到见解："实则本体元是亦空寂亦刚健。空寂者，言其无迷暗，无方所也；刚健者，言其生生之盛，升进无坠也。吾人证得本体亦空寂亦刚健而自我实现之，观空而不住于空，体健而克尽吾性，则德盛化神，维皇建极矣。"②熊十力谈到宋、明理学家一味主静，以寂静言体，其学"多缘于道，而稍参以禅。往往求所谓静若镜，而失其所谓动若水，此其流弊甚大"③。可见在熊氏看来本体既是静若山，又是动若水，既空寂，又刚健。体用非二，根据以上两方面分析，可证得本体之生生不息、浩浩大化，如此则为熊十力的生死观，也即生而又生、生生化化也是空空寂寂，奠定了形而上基础。

从本体的健动一面讲，如观前水后水自当以"生生"二字作主，前水方逝、后水即生，才逝又新生，万事万物新新而起；从本体的寂然一面讲，观空而不为之执着，说生时已包含有灭，言生生便无故故也。至此可见，熊十力大化周流、生生不息的本体论为其"生生"之生死观奠定了形上基础。熊十力在讲述其作《新论》的旨意时提道："《新论》全部旨意，只是即用显体。易言之，只是谈本体之流行。……应知流行定不是单纯的势用。即此势用决定有一个翕。……不翕，便莽荡空虚，哪有宇宙人生？宇宙没有一刹那空虚过的。"④不论是本体论意义上的体用不二，还是宇宙论层面中的翕辟成变，抑或人生论角度里的天人不二，熊十力都一并证得了其并非莽荡空虚，而是生生不息之流行。

三、"生生"与轮回：儒家与佛家

以上是从熊十力哲学体系内部为其生死观寻得的形上基础，而从外部看，生与死作为千古圣凡共同面临的问题，熊十力提出的"生生"二字实则借助于儒家《大易》传统。此部分试图充分展示熊十力生死观与佛家生死观的互动，在以熊氏之生生对抗佛氏以灭尽为主旨的轮回中显示其以儒批佛的思想脉络。

《存斋随笔》为熊十力先生的最后一部著作，写成于1963年。此书的全部内容是释佛家十二缘生。熊十力认为佛家生命论实际上是以《杂阿含经》十二缘生论为根本，他通过考释释迦牟尼十二缘生义，发现佛家言及人本有的生命，实际上是以迷暗势力为导首，专从坏的一面去看宇宙和人生的根源，是出世法之思想。而在此出世法之思想架构中，轮回观

---

① 熊十力：《十力语要》，载《熊十力全集》(第四卷)，湖北教育出版社2001年版，第495页。
② 熊十力：《十力语要》，载《熊十力全集》(第四卷)，湖北教育出版社2001年版，第447页。
③ 熊十力：《论关老之学书》，载《熊十力全集》(第八卷)，湖北教育出版社2001年版，第287页。
④ 熊十力：《十力语要》，载《熊十力全集》(第四卷)，湖北教育出版社2001年版，第59页。

念为其骨髓。易言之，佛家对于整个世间的观法是：万物缘生—观空得灭—轮回，佛家的旨趣则归于断轮回—消灭生死海—反人生、毁宇宙，而熊十力的思路则是破缘生—破空与灭—破轮回观念—破出世法，以《大易》之生生对抗佛氏之轮回，观得人生宇宙生生之健。我们可以具体考虑两个方面的问题：第一，佛家如何通过万物缘生观得空灭，熊十力又是如何破除空与灭？第二，轮回观念如何得以成为佛家出世法体系的骨髓，熊十力又是站在何等立场上破斥之？

"诸行无常"是佛家和熊十力共同的逻辑起点，基于此佛家观其空与灭，熊十力则观其有与生。何谓诸行无常？即是"一切心和物诸现象皆无固定性。易言之，皆是刹那刹那，生灭灭生，相续流而不暂停的东西"。① 我们先看二者对于空、有之观法，再看二者对灭、生之阐释。

（一）空与有

佛家从"缘生"的角度看诸行无常，再依缘生义得万有皆空。此缘生之"缘"即因，是助因义，即万物皆是由众缘会聚而生，没有独立和固定的自体。譬如一般人可能会认为眼前的一片麦苗、一张桌子都是实实在在存在的东西，但细思之，有麦种、土壤、阳光、空气、水分、肥料、人功等众因会合，方有此麦苗生起；有树木、斧头、拉锯、油漆等众缘集聚，方有此桌子现起。而只要某一缘稍加改变，此眼前之物便不复存在。世间绝无常存而不灭之麦苗和桌子，由此推至万物，无不如是。可见正是从万物缘生的角度佛家认为凡物无有恒常，宇宙万物有没有一物可容暂时存在。因其缘生，所以为空，"佛之立教，欲人对于宇宙人生，一切都作空观。若不能观空，而执之为实，将如蚕作茧自缚耳"。②

而对于熊十力来说，正如本文第二部分讨论过的，其从"万物流变、无物暂住"的角度观诸行无常，即一切物都是刹那刹那、别别顿起，但他于万有皆幻中又进求真实，否定一切皆空，"物若无元，便是佛氏所说为如幻的物。如幻即无所有，凭何说发展乎？今见一切实物皆是发展的，以此证知万物皆禀受一元而生起，故有无量发展的可能"。③ 熊十力批评佛家未悟得缘生之法实则共有一元，也即有实体，认为物都是真真实实的。

以上即是佛氏和熊十力观万有之结论，前者观空，一切是空，后者幻中求真，空中观有。

① 熊十力：《存斋随笔》，载《熊十力全集》(第七卷)，湖北教育出版社 2001 年版，第 734 页。
② 熊十力：《存斋随笔》，载《熊十力全集》(第七卷)，湖北教育出版社 2001 年版，第 688 页。
③ 熊十力：《存斋随笔》，载《熊十力全集》(第七卷)，湖北教育出版社 2001 年版，第 748 页。

（二）灭与生

佛家和熊十力都认同诸行无常，但是佛家是从万物皆依缘而起、待缘而生得来，同时缘生是空；熊十力则从万变常新、无有暂住得来，同时肯定真有，能觉之我即为真。由于他们思路的不同，在面临同是一切心和物现象都是刹那刹那、生灭灭生的时候，仍以窗前绿草为例，佛家只提一个"灭"字，绿草经过无数刹那，而总是在每一刹那才生即灭，"这样看来，便将万物归结到一个灭字而止矣……于刹那不住，观其灭而又灭，究归无生"。①熊十力据《大易》来看，则恰恰和佛家观法相反。绿草经过无数刹那，总是在每一刹那方生即灭，方灭又新生，于是提出"生生"二字，生而又生，提生生实已包含故故在。

由此，对于上述第一个方面的问题，我们可以说：佛家由缘生义，凡物没有固定和独立的自体，得一切皆空，生命皆是如幻如化，又从空之观法观万物刹那生刹那灭的过程得出一个"灭"字，灭而又灭，一一灭尽，终是无生。熊十力认为缘生和一切皆空之间有一鸿沟，缘生法有其实体，即万物皆禀受一元一生，此一元就是本文第三部分提过的本心、本性、本体，这样一来每一物都是真真实实，由此从变动不居中观得生生不已。前者于刹那刹那观得一一灭尽，后者于刹那刹那观得生生不已，我们会问熊十力用生而又生去破除佛家灭而又灭的理据是什么，这说明此第一方面问题依赖于第二方面问题的解决，第二方面的问题是轮回观念如何得以成为佛家出世法体系的骨髓，熊十力又是站在何等立场上破斥之？

（三）轮回：出世法之骨髓

依据《杂阿含经》说十二缘生，分立十二支，分别是：无明支、行支、识支、名色支、六处支、触支、受支、爱支、取支、有支、生支、老死支。熊十力认为释迦氏倡导十二缘生之论，本有二门深意，一者流转门、二者生灭门。流转门观生相，从无明支至老死支，此生故彼生，彼生而彼彼俱生，此为流转。还灭门观灭相，此生故彼生、彼生而彼彼俱生的缘生即是空，空故可灭，十二缘生一一灭尽、息没，一切惑皆灭，众生和世界皆灭，此是佛法旨归。正是在此重意义上熊十力说佛法实是出世法，最终是主张人和天都要灭度。

熊十力指出，"释迦首以厌苦求乐开导众生。厌苦则不乐无明，求乐即断灭无明而生明。通玩大乘小乘一切经典，始终是此意一贯。"②易言之，开度众生离苦得乐是佛家一贯意旨，《杂阿含经》于老死支作结论云"缘生老死，忧悲恼苦，如是如是，纯大苦聚集"，

① 熊十力：《存斋随笔》，载《熊十力全集》（第七卷），湖北教育出版社2001年版，第749~750页。
② 熊十力：《存斋随笔》，载《熊十力全集》（第七卷），湖北教育出版社2001年版，第724页。

老死支以"纯大苦聚集"作结，"正谓众生不知出离之法，此没彼生，漂流生死海中，无有止期"①。由"纯大苦聚集"之"纯"字，意味着完全是大苦集聚，没有一毫乐处可言，意指众生生命终结之时，才从此处死，便从彼处又出生，无有止期，此即为轮回。轮回信念，"自释迦至小乘、大乘各宗，始终持守不渝"②。那么众生为何流转生死海中不得解脱？原因是众生有人我执。"凡人皆自以为我是一个实在的人，我是实在而独立的我。因此乃于自我和世界发起极炽热的贪爱，而即以此流转生死海，不可救拔。"③众生有我执是为死后再生之因。

以上即是说，众生有人我执，故沉溺生死海中不得解脱，陷入轮回，而佛家立足生命本如幻如化，其根本意旨在导引众生解脱生老病死、忧悲恼苦，此唯一解脱之法即是众生"一旦自悟，修清净行，则无明灭而行灭，行灭而识灭，乃至诸缘灭尽，归于无生。浩然大空，一切苦固尽，而人生实已俱尽，无量器世间亦俱尽"④。基于此，熊十力断言："佛氏导化众生修清净行，观空、断惑，乃至舍神我、断轮回、消灭生死海"⑤，依据佛家教义，其本旨无疑在于反人生、毁世界。

（四）灭尽与生生

熊十力反对佛氏出世法体系，佛家认为观生即是苦，而深厌之，因厌而思离，此出世法被熊十力斥为"确是反人生、毁宇宙，而敢于抗拒造化"⑥的。其立足儒家《大易》传统，对佛家的批判就从破缘生—破空与灭—破轮回观念—破出世法这一脉络展开。

缘生义上文已经阐释过，缘生是说万物皆依缘而生、待缘而起，在佛家看来，这就等同于万物都没有固定而独立的自性，从而对之应持空观。熊十力则认为将缘生义与没有自性等同是没有理据的，万物依缘而生有其事实支撑，如上文列举的麦苗和桌子，但这是否就能说明万物没有自性？熊十力是否认的。如果万物没有自性，如何解释世间万物之发展现象？熊十力断定万物共禀一元而生，此一元就是乾元。"'易有太极'，太极即乾元也，非更有为乾元之所从出者名太极也。乾道进进也，变动不居也，生生不息也，故谓之元。"⑦简而言之，熊十力将《大易》之"乾元"视作万物共禀受以生之元，实是言进进不穷、

① 熊十力：《存斋随笔》，载《熊十力全集》（第七卷），湖北教育出版社2001年版，第717~718页。
② 熊十力：《存斋随笔》，载《熊十力全集》（第七卷），湖北教育出版社2001年版，第723页。
③ 熊十力：《存斋随笔》，载《熊十力全集》（第七卷），湖北教育出版社2001年版，第725页。
④ 熊十力：《存斋随笔》，载《熊十力全集》（第七卷），湖北教育出版社2001年版，第727页。
⑤ 熊十力：《存斋随笔》，载《熊十力全集》（第七卷），湖北教育出版社2001年版，第752页。
⑥ 熊十力：《存斋随笔》，载《熊十力全集》（第七卷），湖北教育出版社2001年版，第755页。
⑦ 熊十力：《十力语要》，载《熊十力全集》（第四卷），湖北教育出版社2001年版，第461页。

生生不息是天道与人道共同实具和当具之性，而正是赖此进进之乾道，绝不可说万物没有自性。

而往后再推导一步，观空亦不成立。从逻辑的角度考虑，一者空与有对，幻与真对，没有"有"何来"空"，没有真实何来虚幻？二者知空是空，故是有，知幻是幻，固是真。从熊十力的内在思路来看，万物所共秉之一元即为有，即为真。此真在人，是能觉之真我，是吾人之本心本性，此真在万物，是万物之本体。万物又依赖于吾人之本心之昭显，因此本体、本心、本性其实为一，为真，从而万有皆空亦不成立。面对一切物刹那生刹那灭，佛家观空而归于灭，熊十力继承《大易》传统，观有而识生生。空既已破斥，灭就失去了根据。这是其一。熊十力一方面运用《大易》之生生传统去批评佛家观空而归寂："佛家观空虽妙，而不免耽空；归寂虽是，而不免滞寂。夫滞寂则不悟生生之盛；耽空则不识化化之妙。"①另一方面也多次提及《诗经》中的丰富、有生意之生活来肯定真与有："《诗》则极人情之真，而人生意义之丰富，于兹可识。"②"《三百篇》皆直抒性情，无有矫揉造作，情深而文明，如天地自然之美，一真之流行故耳。"③

面对生死问题，熊十力以生生破斥佛家的灭尽路向有二：一是在于灭之根据在空，上文对万有皆空幻已经破除，二是在于佛家——灭尽导向的是反人生、毁宇宙，最终形成其完整的出世法体系，而这一点才是熊十力极力去反抗的。从理论层面来说，儒家之思想确是熊十力用来批评佛家出世法的利器。"（易）以不居显其生生不已，佛以无常而作空观"④，反映在生死观上，儒家于变动不居中识得生而又生，佛家于诸行无常中观得——灭尽，佛家思想之根本始终在于为生死发心而归趣出世，前者尽生之理，后者逆生之流。众生有人我执，长久漂浮于生死海中，轮回之观念自呼之欲出，但需注意佛氏之本旨在断此轮回、阻遏此生死海，从而导引众生实现真正的离苦得乐。因此熊十力基于窥破佛氏反人生、毁宇宙之归趣，借助《大易》生生之道破除佛氏出世法体系，自缘生—观空得灭—轮回，又由断轮回—消灭生死海—反人生、毁宇宙。熊十力认为儒家《大易》之了义在于："儒之道，惟顺其固有生生不息之几，新新而弗用其故，进进而不舍其健，会万物为一己，于形色识本性，流行即主宰，相对即无对。"⑤生生不息之人道与化化不已之天道在熊十力这里是圆融无碍的，如此一来，"生生"观对抗佛氏主旨在"灭尽"的轮回观便获得了易道

① 熊十力：《十力语要》，载《熊十力全集》（第四卷），湖北教育出版社 2001 年版，第 305 页。
② 熊十力：《十力语要》，载《熊十力全集》（第四卷），湖北教育出版社 2001 年版，第 179 页。
③ 熊十力：《十力语要》，载《熊十力全集》（第四卷），湖北教育出版社 2001 年版，第 284 页。
④ 熊十力：《新唯识论》（语体文删定本），载《熊十力全集》（第六卷），湖北教育出版社 2001 年版，第 9 页。
⑤ 熊十力：《原儒》，载《熊十力全集》（第六卷），湖北教育出版社 2001 年版，第 435~436 页。

刚健新新、化化不穷的理据。而再从现实层面观之，熊十力多次提到佛法出世之精神的弊端：

(1) 佛法无论若何高远，而其出世之宗教精神，终无可振起衰疲之族类。①

(2) 自佛教入中国以来，轮回之说普遍于社会，鬼神和命运的迷信日益强盛，人生屈服于神权，沉沦于鬼趣，侥幸于宿定，这不能不说是佛教之赐。②

"衰疲之族类""沉沦于鬼趣"，结合近代中国风雨飘摇、动荡不安的社会背景，熊十力对佛家出世法体系的强烈反抗似乎有依可循。在《十力语要》中常常可以看到熊十力先生悲切忧国的意识：

(1) 今外侮日迫，吾族类益危，吾人必须激发民族思想，念兹在兹。③

(2) 老来何所冀？唯于人类之忧患不能无系念。然亦以此，信真理无一息或亡也。④

(3) 余年逾六十，复何所私冀？惟于人类之爱，自莫切于其近者，种族垂危，尤所深痛。⑤

熊十力面对近代中国社会现实时生发的忧患意识让他在极力反对佛氏出世法体系，借助他七十年来所真正信服、所实际信守的儒家《大易》传统，他提出"生生"二字既是直接对于生死问题的回应，只是生而又生，"观灭，而知灭者所以舍故生新。灭之为用，乃生生不已之至妙也"⑥，又是对于生命状态理当如何的回答，孔子说"未知生，焉知死"，从某种程度上说由这句话奠定的中国儒家传统是此世性的品格，而绝不是有轮回、有宿命。个人只此一生，个体之生命，当且必当是生生不息、创造不已，诚如郭齐勇先生所言，"维护'人道之尊'，必须破除出世或遁世思想，批判宿命论，自强不息，积极入世。这既是对刚健天道的回应，又是对人的价值和存在根据的肯定"⑦。

---

① 熊十力：《新唯识论》(语体文删定本)，载《熊十力全集》(第六卷)，湖北教育出版社 2001 年版，第 11 页。

② 熊十力：《十力语要》，载《熊十力全集》(第四卷)，湖北教育出版社 2001 年版，第 510 页。

③ 熊十力：《十力语要》，载《熊十力全集》(第四卷)，湖北教育出版社 2001 年版，第 47 页。

④ 熊十力：《十力语要》，载《熊十力全集》(第四卷)，湖北教育出版社 2001 年版，第 368 页。

⑤ 熊十力：《十力语要》，载《熊十力全集》(第四卷)，湖北教育出版社 2001 年版，第 451 页。

⑥ 熊十力：《存斋随笔》，载《熊十力全集》(第七卷)，湖北教育出版社 2001 年版，第 735 页。

⑦ 郭齐勇著：《熊十力思想研究》，天津人民出版社 1993 年版，第 69 页。

综合以上空与有、灭与生、轮回为出世法之骨髓和灭尽与生生诸方面，我们可以形成如下结论：佛家之完整出世法体系是推导式链条结构，即万物缘生—观空得灭—陷溺轮回，而推佛家之思想旨趣在于去苦得乐，即断轮回—断绝生死海—无生灭尽而得乐，从而走向反人生、毁宇宙的道路。熊十力借助儒家《大易》传统，提出"生生"二字对抗佛氏之出世法，直接以生生对抗佛家之轮回观念，亦以生生回应了个体应处于何种生命状态，即如何"生"。此"生生"义涵丰富，熊十力借之沟通宇宙与人生，对佛氏出世法体系一一击破，具体是破缘生—破空与灭—破轮回观—破出世法。

四、结　语

综观前三部分，主要是紧扣本文"熊十力生死观蠡测"一题，基于熊氏《新唯识论》《十力语要》《存斋随笔》三本著作，对其生死观进行了简要的探究和梳理。笔者将熊氏之生死观归为"生生"二字。"生生"二字既是熊氏对生为何死为何的看法，亦是对人如何向死而"生"的态度。乍看似乎生生，即生而又生，只是解答熊氏对于生的看法，未包含死。这个问题我们可从两个方面来看：一方面正如本文多次引用的，说生生便没有故故，万物刹那生刹那灭，总是才灭又新生，于是提出"生生"二字，所谓灭或者死，不过是生生的条件，舍故方能生新。另一方面，就人有限性之躯体而言，人终有一生与一死，但就人之本心本性而言，人的生命是无限的，自然也没有一死。唐君毅先生的一句话似更贴近此义："人更当信其本心本性，自有其悠久无疆之精神生命，永是朝阳，更无夕阳。"[1]本文第二部分"熊十力之生死观"主要是在讨论上述第一方面的问题，第三部分"熊十力生死观的形上基础"则主要讨论上述第二方面的问题。

本文第二部分重在直接揭示熊氏生死观的内涵。首先从熊十力变化观着手，即万变常新、无物暂住，同时注意探寻熊氏的思想脉络，总结出变必有对、幻中有真两点，再基于此指出：一切物刹那生刹那灭，而在此种刹那刹那灭故生新的进程中，化化之妙即是生生不已，说生时已摄有灭，此"生生"即为熊十力的生死观。且生生不仅仅是对生死问题的解答，也是对生当何如的回应：生生之功贯穿人的整个生命过程，人不应迷执于躯壳，不论个体之间如何"不齐"，皆应当各适其性、各当其分以求进。

本文第三部分旨在为熊氏生死观寻得一形上基础。此部分首先论证在熊氏哲学体系中，人生论与宇宙论何以不可析为二片，接着通过肯定宇宙、人生有其本体，且本心、本

---

① 唐君毅：《生命存在与心灵境界·自序》，载《唐君毅著作选》，中国社会科学出版社2014年版，第2页。

性即是本体，并且证得本体亦空寂亦刚健来为其以"生生"二字作主去观生死问题提供形上依据。总之不论是本体论意义上的体用不二，还是宇宙论层面中的翕辟成变，抑或人生论角度里的天人不二，熊十力都一并证得了其并非莽荡空虚，而是生生不息之流行。可以说"生生"沟通了天与人，大宇宙有此生生不息之生命，个人亦有此活泼泼的、健动不已的境地。

而本文第四部分则是立足儒家与佛家体系之不同，分析佛家出世法体系，一条是万物缘生—观空得灭—陷溺轮回，另一条是断轮回—断绝生死海—无生灭尽而得乐，接着展示熊十力立足儒家传统与之进行的对抗，以"生生"二字对抗佛氏之出世法，具体是破缘生—破空与灭—破轮回观—破出世法。熊氏既以生生对抗佛家之以灭尽为主旨的轮回观念，又以生生回答了生当何如，此点于前三部分均相呼应。总之熊十力的生死观——此"生生"二字义涵丰富，既是熊氏对生为如何、死为如何的看法，亦是对人如何向死而"生"的回应。熊十力借之沟通了宇宙与人生，沟通了天道与人道。陈永杰先生就认为，"唯有如此，才能为人类提供'精神家园'。无疑，熊十力凸显的是儒家价值指引的功能，旨在对治现代人所面临的人性的异化、人生意义的迷失"。[1]

---

① 陈永杰著：《现代新儒家直觉观考察——以梁漱溟、冯友兰、熊十力、贺麟为中心》，东方出版中心 2015 年版，第 138 页。

《庄子》中"机"概念的辨析

陈瀚钊①

【摘　要】

　　"机"概念在《庄子》中具有一定的哲学意义，且往往被用以阐释其他哲学概念与哲学问题。以考察战国时期其他哲学性的"机"/"几"概念的使用为基础，通过梳理《庄子》中出现的具有哲学意义的"机"概念，本文意图较为完整地呈现出"机"概念在庄子哲学中的可能位置，并最终从"机"的角度讨论天人关系问题，呈现出庄子哲学对于"人为机巧"的复杂看法。

【关键词】

　　庄子；机；天机；机心；天人关系

　　"机"或"几"是中国哲学史上的一个重要概念与范畴，而其作为哲学概念之出场，大体是在战国时期。《易传》中便有"几者动之微，吉之先见者也"②之说。"几"似乎指向了某种"有无之间"的难以言辩之状态，这使得其本身具有较强的哲学性。

　　"机"概念则多指弩机、织机等机械工具，似乎并不具有哲学含义。但由于其所指机械多有"发动"的特性，"机"便与"几"的"动之微"义相关联。战国时期已有"几""机"相互替换使用的情况。此外，"机"本身也以"机变""机数"等词汇的形式出现于诸子著作中，也具有独特的哲学意味。

　　澄清与展开"几"/"机"的哲学意涵是有必要的。这种澄清既有利于理解战国时期诸子的思想内涵，对其进行具体的哲学阐释，也能对理解战国时期的"几"与"机"及相关观念有所助益。

　　此外，"几"概念的哲学意义在后世得到进一步发展，如周敦颐《通书》中"几，善恶"的说法使得"几"成为宋明理学讨论的要点之一，明清之际方以智、王夫之等也就"几"概

---

　　①　作者简介：陈瀚钊，武汉大学哲学学院哲学基地班 2016 级本科生。
　　②　《周易正义(十三经注疏)》，北京大学出版社 2000 年版，第 363 页。

念提出了更为丰富和系统化的理论。那么对"几"概念原始哲学含义及其源流的梳理也有助于更清晰、准确地通晓后世哲学的发挥，呈现出"几"作为哲学概念的历史演变及其在不同历史情境与哲学问题视域下的意义展开。

在《庄子》的具体文本当中，"机"概念也呈现出一定的哲学意味。其或单独出现，如"万物皆出于机，皆入于机"；或与其他哲学概念交织出现，如"天机""机心"等。

而在后一种情况中，"机"往往与庄子哲学中重要的哲学问题相关联。如"天机"一词，意味着"自然之机"，是《庄子》中常见的"天"字开头的语词，涉及其对"天人"关系，亦即自然与人为之关系的探讨；"机心"则涉及庄子对于"心""知"，亦即认知能力与过程的看法；"气机"则关涉于"气"概念，进而与身心关系的讨论相联结。

由此看来，"机"概念涉及《庄子》中较多的关键性哲学问题，对文本中"机"概念的使用之辨析有助于深化对相关问题的考察与理解。本文便意图通过具体的梳理与阐释，由"机"概念及其所涉及的相关哲学问题，探讨《庄子》中对于"机巧""机械"等的看法，以展现庄子哲学对人为问题看法的面向。

一、战国"几"/"机"观念的背景概述

(一) 语文学线索①

1. 关于"几"的训释

现代简体字"几"，繁体字作"幾"。《说文解字》(以下简称《说文》)曰："幾，微也，殆也。从丝从戍。戍，兵守也。丝而兵守者，危也。"② 诸家对"几"的字面解释多本于此。虽然各家对其原始意义及其由来有争论，如以其从戍而推其本义为"察"，③ 以"絲"为"幽"省而推其本义为危，④ 以其金文从大或从人而"象以束絲懸人，戈加于絲"，推其本义为危，⑤ 说法众多，不一而足。但是统而观之，诸家大多认同"几"在战国时期有《说文》提

---

① 需要说明的是，本文只考察"幾"与"機"的意涵及哲学意味，"几"和"机"由于只具有具体意义 (如案几等)，不纳入本文的考察范围内。

② 丁福保编：《说文解字诂林》，中华书局1988年版，第4318页。

③ 丁福保编：《说文解字诂林》，中华书局1988年版，第4318页。

④ 古文字诂林编纂委员会编：《古文字诂林 (第四册)》，转引自 (清) 林義光著：《文源》，上海辞书出版社2001年版，第303页。

⑤ 季旭昇著：《说文新证》，福建人民出版社2010年版，第324页。

出的两种含义，亦即"微"与"危"，认可二义相关。① 且所列举实例多本于《易传·系辞》"几者，动之微"，此当是下文考察战国"几"观念之重点关注者。

而值得特别指出的是，王筠说："微也，是静词；殆也，是动词。"②这似乎提示了"几"的动、静两方面的含义指向。

由此，"几"之本然意涵主要有二：事物发动之预兆或状态、危殆的时机或情境。前者以其"微"义可引申出微小、多少、起初和隐微等意涵；后者其实也可以说是事物将近危险之预兆，故也可统一于前者，进而可引申出近、尽、终等意涵。此外，"几"亦有察知、要点等特殊含义。③

由下文可以看出，"几"之哲学意义的阐释与展开主要基于其最根本的"微"义。

2. 关于"机"的训释

《说文解字》曰："主发谓之机"，诸家皆本于此而推测其原始含义为弩牙或纺织工具，总而言之，"机"大体为以"发动""射发"为具体作用的器械。

围绕此原始含义，"机"便引申而有抽象意涵。正如沈涛所言："机本射发之机，而凡主放发者，皆谓之机……乃引申之义也。"④"机"所表示的器械之发动特性抽象而为"发动者""变动者"；器械有其核心部件，故可抽象为"机要"义；器械运作之性质亦可引申为"机变""机巧"义。⑤

而战国时期"机"的使用也已有与"几"近义乃至相互假借的情况，如"《礼记·大学》：'其机如此。'注：'发动所由也。'"⑥可见其与"几"之"微"义有相通之处。

(二)"几"/"机"作为战国时期的哲学概念

1. "几"之哲学意义

战国时期"几"概念的哲学意味，往往是附着于其他哲学概念，或在其他哲学问题的语

---

① 如段玉裁即认为："殆，危也。危与微二义相成。"丁福保编：《说文解字诂林》，中华书局 1988 年版，第 4318 页。

② 丁福保编：《说文解字诂林》，转引自(清)王筠撰：《说文解字句读》，中华书局 1988 年版，第 258 页。

③ 关于"幾"的各类具体解释，参见宗福邦、陈世铙、萧海波主编：《故训汇纂》，商务印书馆 2003 年版，第 689~691 页。

④ 丁福保编：《说文解字诂林》，中华书局 1988 年版，第 6099 页。

⑤ 以上"机"的各含义，参见丁福保编：《说文解字诂林》，中华书局 1988 年版，第 6099~6100 页。

⑥ 丁福保编：《说文解字诂林》，中华书局 1988 年版，第 16645 页。

境中显现出来的。其哲学性大致围绕以下三类原始含义展开：

（1）微小、微少。"几"以其"微"义而有"少"的意涵，在此意义上其只作为一般的形容词，但在《孟子》中却与人性论相关而凸显出哲学意味。在孟子看来，人之所以为人的根本特性，需在人与动物的区别中发现。而"人之所以异于禽兽者几希"①，人本身也具有与动物相同的欲求之性，与动物相去不远，而这"几希"之差便在于人本有的仁义之心或良心，亦即道德本性。若放失此良心本性，则"其好恶与人相近也者几希"②，其好恶欲求的表现便都近于动物，而背离人之根本。在此，"几希"便被用于推论之中，用以指向与突出人之道德性。

（2）隐微。《老子》王弼本十四章曰："视之不见名曰夷"，而范应元本"夷"作"几"，傅奕注曰："几者，幽而无象也。"③"几"以其隐微含义，而被借以说明"道"本身超乎视觉、无形无象的特点，甚至直接作为"道"的代名。

《管子·侈靡》曰："节时于政，与时往矣……避世之道，不可以进取，阳者进谋，几者应感。"④《管子》的作者认为，为政者须守静而顺应时变，不有意于进取，事态显明，则主动谋划，事态隐微，则随其自然发生而应对。"几"在此与"阳"相对，被用以形容事情隐微之状态，⑤ 并与"时"相关联，意味着事态之显隐乃是时变之不同情形，是在时间当中呈现出来的。这一点在下文讨论"机"的时机义时将更为明显。

（3）发动之征兆与萌芽状态。"几"作为典型的哲学性概念之呈现当是在《易传》。《易传·系辞下》中便明确有"几者，动之微，吉（凶）之先见者也"之说。韩康伯注曰："几者，去无人有，理而无形，不可以名寻，不可以形睹者也。"孔颖达疏曰："几，微也，是已动之微，动谓心动、事动……是离无人有，在有无之际，故云动之微也。"⑥"几"概念本身表征着"有无之间"、将动未动的状态，但其中已然蕴藏着发动之后的趋向。按韩注，"几"有着无形无名的特点，也便意味着这种状态是无法以感官知觉，亦不能以名言所规定的。而又如孔疏所言，"几"可意指"心"与"事"两类变动之征兆，这实际上提示了"几"本身表征意识开端与事物变动两方面的哲学意味。

"几"既然意味着事情发生之预兆与萌芽，则君子如能"知几"，察知此征兆，便可以

---

① （宋）朱熹撰：《四书章句集注》，中华书局 2012 年版，第 298 页。

② （宋）朱熹撰：《四书章句集注》，中华书局 2012 年版，第 337 页。

③ 高明由帛书作"视之而不见，名之曰微"，认为此处作"几"更接近原本。参见高明：《老子帛书校注》，中华书局 1996 年版，第 282~283 页。

④ 黎翔凤撰：《管子校注》，梁运华整理，中华书局 2004 年版，第 737 页。

⑤ 黎翔凤撰：《管子校注》，梁运华整理，中华书局 2004 年版，第 739 页。

⑥ 《周易正义（十三经注疏）》，北京大学出版社 2000 年版，第 363 页。

预测与把握事情变动的情形，合宜应时地采取措施，此即"见几而作，不俟终日"①。如此，君子所为便能无所不合宜，展现神妙莫测的功用。

那么如何"知几"呢？"夫《易》，圣人之所以极深而研几也。唯深也，故能通天下之志。唯几也，故能成天下之务。唯神也，故不疾而速，不行而至。"韩康伯注曰："极未形之理则曰深，适动微之会则曰几。"②在《系辞》的作者看来，这便是《易》成书之意义，圣人通过《易》中卦爻象、辞，穷极天下万物幽深之理，探求事物变动之征兆。前者意味着掌握万物变化之原理，落实到人便意味着通达天下人之可能意愿；后者则意指知晓万物变动之可能趋向，从而成就各种事务。由此则能展现出神妙功用。可见，"几"是处于未显现之"深"与已显现之"神"之间的过渡状态。而圣人之"研几"活动，结合前面孔颖达的说法，也意味着掌握天下人之意愿与天下事情之变动的征兆，这都依托于对《易》所揭示的原理之掌握。

由上，"几"处于"有无之间"，故而有动、静二重面向，也许我们可以在此将其阐释为动静之间的过渡状态。

《荀子·解蔽》中说："故《道经》曰：'人心之危，道心之微。'危微之几，惟明君子而后能知之。"③此处"危微"正是《说文解字》所认为的"几"之两个含义，而"几"在此正是萌兆义。④ 对此，张舜徽先生曾从黄老道家之"君道"的角度加以阐发："道心之微"指统治手段之隐秘不现，"人心之危"则指君王权势之尊高外显。其主要谈的是君道主术，但颇有启发意义的是其仍以显、外和隐、内两方面分别阐释"危"与"微"之意涵，可谓是"几"含义在"心"层面的具体展开。⑤

《管子·水地》曰："是以水者，万物之准也……万物莫不尽其几，反其常者，水之内度适也。"尹知章注曰："几，谓从无以适有也。"⑥此句意谓水适宜的浸润导致万物返归其生长之常态。"几"在此作为万物变动生长之萌芽，是"几"含义在"物"层面的展开。

由上述可见，"几"概念在战国时期已经具有一定的哲学性意涵。而由于其"有无之间"的模糊含义，其哲学意味往往具有某种二重性，就特征而言，即是动与静、显与隐；就所描摹之结构而言，即是心与事(或身、物)、内与外。

---

① 《周易正义(十三经注疏)》，北京大学出版社 2000 年版，第 363 页。
② 《周易正义(十三经注疏)》，北京大学出版社 2000 年版，第 335~336 页。
③ (清)王先谦撰：《荀子集解》，沈啸寰、王星贤点校，中华书局 1988 年版，第 400 页。
④ (清)王先谦撰：《荀子集解》，沈啸寰、王星贤点校，中华书局 1988 年版，第 400 页。参见王先谦注。
⑤ 参见张舜徽著：《周秦道论发微》，中华书局 1982 年版，第 212 页。
⑥ 黎翔凤撰：《管子校注》，梁运华整理，中华书局 2004 年版，第 814~815 页。

2."机"之哲学意义

"机"概念在战国时期则有较为广泛的使用，其主要指机械、机关等具体意涵。然而，如上文所说，"机"有"发动者"之抽象意涵，也能引申为"机要""机巧""机变"等含义，故而其往往也与其他哲学概念相关而具有哲学意味。而尤其是"发动"义，又与"几"相关，因而其也可能借用"几"之意义而"哲学化"。其哲学性主要围绕以下几类含义展开：

（1）发动者、枢机、机要。"机"既然是发动者，那么相对于其发动所产生的效果，"机"本身便是必要的前提，是决定发动结果的关键，亦即"枢机"或"机要"。"机"便由此在具体语境下展现出一定的哲学特征，其使用也往往与关于政治之讨论相关。

"机"关乎为政者自身。《易传·系辞上》曰："言行，君子之枢机，枢机之发，荣辱之主也。"①其中将言行视为为政者的外在表现，其发动外显即与他者相关联，会造成一系列政治后果。此处"枢机"作用是外向的，亦即言行由君子自身影响到民众。而《国语·周语下》曰："耳目，心之枢机，故必听和而视正。……听言昭德，则能思虑纯固。"②此处则将耳目感官视为"心"与外界联系的中介，既认为视听感觉由内心思虑所主导而发动，也认为前者会影响后者，进而影响为政者的决策及民心归属。则"枢机"之作用在此是双向、互动性的。

"机"也关乎具体的治理行为。《礼记·大学》曰："一家仁，一国兴仁；一家让，一国兴让……其机如此。"郑玄释"机"为"发动所由"③，意谓为政者施行道德教化需遵循由身至家再到国的序列、机制。《韩非子·八说》曰："任人以事，存亡治乱之机也。"④"机"即机要，用以强调人事任用在治理行为中的根本地位。

（2）机巧、机变。"机巧""机变"的这类含义之哲学意味往往呈现于"机"与"心"的关联当中，且其所表征的意识状态或思维方式多为论者所反对、排斥。

如《孟子》中说："耻之于人大矣。为机变之巧者，无所用耻焉。不耻不若人，何若人有？"⑤"耻"相当于孟子认为的"四端"中的"羞恶之心"⑥，而"机变之巧"意味着以功用为唯一准则的功利性思维，其忽视了行为中所蕴含的道德判准，故而背离了人的道德本心。此外，《淮南子》中也多有将机巧与自然本性相对的论述，如认为"机械之巧弗载于心"才

---

① 《周易正义（十三经注疏）》，北京大学出版社 2000 年版，第 325 页。

② 徐元诰撰：《国语集解》，王树民、沈长云点校，中华书局 2002 年版，第 109 页。

③ 参见丁福保编：《说文解字诂林》，中华书局 1988 年版，第 6100 页。

④ （清）王先慎撰：《韩非子集解》，钟哲点校，中华书局 1998 年版，第 423 页。

⑤ （宋）朱熹撰：《四书章句集注》，中华书局 2012 年版，第 358 页。

⑥ （宋）朱熹注曰："耻者，吾所固有羞恶之心也。"参见《四书章句集注》，第 358 页。

是"真人"之貌，① 认为"知机械而实衰也。巧诈藏于胸中，则纯白不备"②，等等。机巧之心知在于自然本性之外，是对后者的戕害与扭曲，这些正与《庄子》中的"机心"概念的相关论述相同。

（3）时机、萌兆。"机"的这一意涵与《系辞》中"几"的含义几乎相同，但相对而言，其"时机"的含义更加明显。这类含义的使用多见于与军事相关的讨论当中，且与"势"概念的关联较为紧密。

《管子·七法》曰："为兵之数，……存乎明于机数而明于机数无敌。……故明于机数者，用兵之势也。大者，时也。小者，计也。"尹知章注曰："机者，发内而动外，为近而成远，不疾而速，不行而至，见其为之，不知其所以为。"③尹注"不疾而速，不行而至"应是借用了《系辞》中"唯神也，故不疾而速，不行而至"的说法，联系《系辞》中该句上下文，则"机"应同于《系辞》之"几"，指事情变动的征兆。则尹注便意指：掌握事情变动之萌芽，预知其发展趋向，便能达到神妙的功用，而这种功用之缘由无法由经验观察与理性推论所探求，故而他人"不知其所以为"（《系辞》亦曰"阴阳不测之谓神"）。原文中的"机数"应即关于事情变动之征兆的原理。

"明于机数"在此被作为用兵的必要前提之一，对军情变动趋向的掌握，也意味着能把握变化发生后的形势，这其中包括对长时战备的统筹（"大者，时也"）与对短时变动的预估（"小者，计也"）。可见，"机"概念在此被置于时间变化的意义当中，有更为明显的"时机"含义。进而，"势"作为"机"随着时变而显明的阶段，也一并被提及。

《六韬》中则直接地将"机"与"势"并列使用："凡兵之道，莫过乎一。一者……用之在于机，显之在于势，成之在于君。"④此处梳理出"兵道"发生作用的三个阶段或方面，其运用于事情发生之萌兆，而随形势显明而展现，最终由君上之决策所完成。《淮南子》亦曰："故上将之用兵也……乃行之以机，发之以势，是以无破军败兵。"⑤此处更直接地将"机"与"势"两者绑定在一起，意谓凭借有所征兆而着手行动，在变动显现之时全面发动而出击。

可见，"势"即"机"的显现，意味着事情变动的可能性成为现实。"机"与"势"通过"时"而联系在一起，两者表征着事物变动所造成的两种不同的时态。在此意义上，两者便分别是"时机"和"时势"，而相应地在具体事务的处理中需采取不同的行为方式（如"行"和

① 何宁撰：《淮南子集释》，中华书局 1998 年版，第 521 页。
② 何宁撰：《淮南子集释》，中华书局 1998 年版，第 1428 页。
③ 黎翔凤撰：《管子校注》，梁运华整理，中华书局 2004 年版，第 116 页。
④ 徐培根注译：《太公六韬今注今译》，商务印书馆 1976 年版，第 101 页。
⑤ 何宁撰：《淮南子集释》，中华书局 1998 年版，第 1081 页。

"发")。这也许便是所谓"因时"原则更为具体的展开。

综上，"机"概念以"发动者""机巧"和"时机"等含义而具有哲学意义。"机巧"往往与"心"相关联，意味着"心"的功利性思维之发动；"时机"含义则提示了"机"内在具有的某种时间性意味。

二、《庄子》"机"概念分析

(一)《庄子》"机"概念通说

以上我们已经在一定程度上呈现了"几"/"机"的哲学意味及其相关性。下文将以此为基础，梳理与探讨《庄子》文本中各个"机"概念的哲学意涵。

"机"/"几"概念在《庄子》文本及其哲学思想中承担着相对重要的角色。从统计角度看，《庄子》全书中，"机"出现了25次，而"几"则出现了37次。

其中，"机"主要可分为三类意涵。第一类，其仍以机械器具的具体含义出现，如"机辟""机栝"；第二类，由于其"机变""机巧"义而已经与其他的哲学概念相关联，如"机心"；第三类，其具有类似于"几"的"动之微"义或上述"发动者"之意涵，而独立出现或伴随着哲学性较强的字出现，如"天机""万物皆出于机，皆入于机"。第二类以形容词出现，第三类则以名词出现。

而"几"也主要有三种意思。一是表"多少"义，如"几千里""几何"；二是表"几乎""将近"义，如"庶几"等；第三种唯有一处，似更接近于"动之微"的含义，即"种有几"。

由此可见，此中最可能进行哲学讨论的是"机"中的第二类与第三类，以及"几"的第三类。而"机"的第一类中也存在与哲学问题相关联的情况，亦应纳入考虑范围。总之，"机"的哲学性显然较"几"更为丰富，因此本文主要关注于前者，而在讨论"万物皆出于机，皆入于机"时也将考察"种有几"的意涵。

而从具体文本内容来看，如上所列，第二类的"机"往往与"心""知"等与认知相关的哲学概念及问题联系在一起，而第三类的"机"则涉及"天人""心形"等与存在相关的概念及其关系。这正与上文提及的"几"之二重性相关联，心与事（或心与身、物）、内与外的框架正有助于对"机"加以阐释。

下文将对《庄子》文本中具有哲学性的"机"概念加以全面梳理与阐发。而"机心"（包括与之语意相连的"机械""机事"）与"天机"两者，作为"机"与庄子哲学中的其他关键哲学概念的组合，又相对而言更复杂，故而将置于本文的第三部分加以详细说明。

本文并不想仅仅满足于简单地对"机"概念进行归类和字义的说明，更重要的在于呈现

《庄子》中"机"概念相互之间、与其他概念之间以及与"机"之本然意涵之间的关系。于是在此不得不加以考虑的便是《庄子》篇目的归属问题，因为文本时代之不同很可能造成概念意义之差异。刘笑敢先生曾细致考证了《庄子》内外杂篇的年代及其相互之间的关系与差异，甚至根据外杂各篇的内容划分了庄子后学的三个流派。① 故而本文将一定程度上对此进行参考，在下文的具体梳理当中注意所属篇目问题，一部分所属篇目之间关联较大的"机"概念之间便可相互印证与诠释，而有些所属篇目差异较大的"机"概念之间则需注意各自含义的可能差别，以期由此呈现"机"概念的不同层次。而尤其是分布较广的"天机"概念，本文将使用上述办法加以区分。当然，本文基本上还是将《庄子》全书视为一个整体加以考虑，在思想阐释上仍不进行特别的区分。

(二)"机"概念之具体分析

1."心"之"机"

"机"在《庄子》中的直接含义首先是发动之弩机，而正如上文所述，其抽象含义便是"发动者"，而"发动"便意味着有"机巧"。《庄子》中便以前者描摹人之"心"，而以后者表述其发动情状。此类概念所处的关乎"心"之哲学问题在于：一般的认知活动何以可能？合乎自然的认知活动是怎样的？

《齐物论》中在阐明"天籁"之后，详尽地描摹了人之心知发动的各种情形，其中便以"机栝"形容人之心知作用：

> 与接为构，日以心斗……其发若机栝，其司是非之谓也；其留若诅盟，其守胜之谓也；其杀若秋冬，以言其日消也；其溺之所为之，不可使复之也；其厌也如缄，以言其老洫也；近死之心，莫使其复阳也。②

关于"发若机栝"之"发"者为谁，各家注解有所不同。成玄英疏曰："发心逐境，速如箭栝。"③亦即认为是"心"考量对象而发动之作用。而陈鼓应则皆解之为言辩的迅速发动。④ 通观该段，上文本就描绘人之心知与外物相接并为其所扰动的情形，而下文亦极言"心"追逐于外物所终将导致的动、静之不同后果，故而本文倾向于"发"者为"心"。而即

---

① 参见刘笑敢著：《庄子哲学及其演变》，中国社会科学出版社1988年版，第3~101页。
② (清)郭庆藩撰：《庄子集释》，王孝鱼点校，中华书局2012年版，第57页。
③ (清)郭庆藩撰：《庄子集释》，王孝鱼点校，中华书局2012年版，第58页。
④ 陈鼓应注释：《庄子今注今译》，中华书局1983年版，第43页。

使释"发"者为"言"，也意味着先在的是非观念的主导，此仍根植于"心"。那么，"心"是如何发生作用的呢？

引段中已指出了一般的心知发生作用之前提："与接为构"，亦即与外物相接合，① 知觉外物。而要能达成这一点，又意味着"心"首先需要有彼此、物我相对的意识结构，进而才能主动与外物相接，此即容纳于《齐物论》后文所说的"成心"。"夫随其成心而师之，谁独且无师乎？……未成乎心而有是非，是今日适越而昔至也。"②在庄子看来，"成心"意味着彼我对待之意识，此中已然蕴涵着以自我为中心之偏见，也意味着由此而来的一切是非观念。由此可见，上文引段中的"发动者"即指向"心"，此"心"首先是执着自我之"成心"，而又是与外物相接的知觉之心，更是能够构建概念与造就是非观念的理性思维之心，③ 后两者皆源于"成心"。于是乎，其发动便意味着对外物的认知功能与形成是非对立的概念构建功能，两者相互影响固化："心"不断地认知并沉溺于外物，强化着彼我的对立与是非观念的生成；是非观念又反过来深植于认知过程当中，成见贯彻其中。由此，"机栝"在此乃形容的便是"心"之发动情形，"心"在两种功能的交织中如弩机一般快速发动，逐渐形成牢不可破的观念之网，彻底束缚心知，以至于沦为"近死之心"，无可救药。

《天道》篇"士成绮见老子"寓言中出现了与"发若机栝"几乎相同的说法，更为细致地描摹了心知作用的具体过程，"机"则以"机巧"的含义被使用。士成绮询问老子如何"修身"，老子却反向列举了一系列不合自然之神态与心知发动的外在表现，④ 其描述说：

> 动而持，发也机，察而审，知巧而睹于泰，凡以为不信。⑤

"心"与外物相接时，其发动之初已然有一定的约束（"动而持"），联系"发也机"下郭象注："趋舍速也"⑥，这种约束实际上便是"成心"预先设立的趋舍、好恶之倾向，亦即对认知活动方向之先在的限定。然而仅仅有认知方向的限定是不够的。《大宗师》中所说：

---

① 成玄英疏曰："构，合也。"参见（清）郭庆藩撰：《庄子集释》，王孝鱼点校，中华书局2012年版，第58页。

② （清）郭庆藩撰：《庄子集释》，王孝鱼点校，中华书局2012年版，第61页。

③ 原文中"司是非之谓也"，或解"司"为"主"，或解为"伺"。其实两种解释都意味着需要有先在的"心知"之作用，包括对于是非观念的成见，以及每时每刻是非观念在言语中的植入。关于两种解释，参见崔大华著：《庄子歧解》，中华书局2012年版，第46页。

④ 郭嵩焘以"与自然之性不相应"释"不信"，认为寓言中老子所言前半部分是"不能自信于心"，后半部分（本文所引部分）是"不能自信于外"，亦即与外物相接时不合于自然本性。（清）郭庆藩撰：《庄子集释》，王孝鱼点校，中华书局2012年版，第489页。

⑤ （清）郭庆藩撰：《庄子集释》，王孝鱼点校，中华书局2012年版，第488页。

⑥ （清）郭庆藩撰：《庄子集释》，王孝鱼点校，中华书局2012年版，第488页。

"夫知有所待而后当，其所待者特未定也。"①认知能力本身只是功能性的，必须有认知对象作为内容之支撑，以形成知识。但所谓的"对象"亦即事物又是流变不居，无法确定的。于是，"心"之上述功能便迅速交织展开，其将外物作为对象，不断精确地构建概念来定义、分辨事物，②以期把握外物。这种过程所造成的结果便是：一方面，此运思方式背离了"心"的自然状态；另一方面，其无法呈现出认知对象的本然样态，最终获得的认知也掺杂着先在的成见与立场，实际上是自己强加于物的。这种复杂的运思在此被称为"知巧"，这样的认知过程也就如同"机栝"发动一般，迅速且精巧。

再回到上文"发若机栝"一段的讨论中，若认为"发"者为"言"，其与"心"的关系又如何呢？其实言语也是概念性思维之表达，亦即"心"发动之外显。《齐物论》中说："夫言非吹也，言者有言，其所言者特未定也。"③言辩不同于自然之风，其具有具体意涵之指向，而"言"所指向之对象又非确定不移的，而是流变不止的万事万物。这便意味着"言"意涵之指向本身是被思维所构建的，而非万物之自然呈现，其中也预设了各类概念乃至于是非立场，④而这即是上述"心"的功能。可见，"心"相较于"言"更为根本，"发若机栝"者即便是"言"，从根源上说仍然是"心"之外显。

进一步的问题是：由"心"到"言"这一"发若机栝"的过程是如何展开的？在此可以引入的便是"意"这一概念。《天道》曰："语之所贵者，意也。意有所随。"⑤此处其实关乎"言意之辨"，是对于体道、识道的方式的讨论，但亦有益于我们探讨"心"之作用方式。言语之主要功能在于表意，是"意"的承载者，而"意"本身又是有所指向的，亦即有其对象。此外，"意"又会受到外物影响，乐音与美味会"感其意"（《盗跖》）；情意又会束缚人心，"容、动、色、理、气、意六者，缪心也。"（《庚桑楚》）由此可见，"成心"确立之后，便会产生有所指向的"意"或即意念，意念会受到对外物之知觉的扰动而改变其指向，也会牵引着"心"后续的概念与是非观念的建立，进而发动而外现为言语与行动。"意"只是纯粹的意念指向，故而先于且不依托于"言"而作用。

由此，在庄子看来，要避免"心"之沉溺外物与执着是非而造成的后果，根本方法便在

① （清）郭庆藩撰：《庄子集释》，孝鱼点校，中华书局2012年版，第231页。此句郭象注曰："夫知未能无可无不可，故必有待也。"似将"待"理解成对待。但考虑上下文，庄子随后即通过"知之所待者"之"未定"质疑所"知"之内容。故而此处"待"应当理解为依待，亦即"知"必须有相应的认知对象作为其内容。

② 林希逸释"察而审"曰："好明察又精审。"陈鼓应注译：《庄子今注今译》，中华书局1983年版，第353页。

③ 陈鼓应注译：《庄子今注今译》，中华书局1983年版，第68页。

④ 参见郑开著：《道家形而上学研究》，中国人民大学出版社2018年版，第126页。

⑤ （清）郭庆藩撰：《庄子集释》，王孝鱼点校，中华书局2012年版，第492页。

于去除"成心"，复归于无彼此对待意识的"心"之本然状态，"以其心得其常心"（《德充符》）。此即"心"的另一重向度，亦即"常心"①。那么，这种"心"之本然状态具体表现如何呢？

《盗跖》中明确地使用"机"概念指代这种"心"之状态。在其出现的语境中，子张与满苟得就仁义是非而相互辩驳，满苟得认为世俗对仁义善恶观念之推崇本质上是追逐名利，这导致对自然状态之扭曲，故而应当：

> 若是若非，执而圆机；独成其意，与道徘徊。②

成玄英疏曰："圆机，犹环中也，执于环中之道以应是非。"③此即《齐物论》所说："彼是莫得其偶，谓之道枢。枢始得环中，以应无穷。是亦一无穷，非亦一无穷。"④当通晓彼此对待意识与是非观念本质上的相对性，便能够破除之，以非对待的视角平视万物，从而应对一切是非观念，将其置于自然合宜的场合与情景当中。

单独考察"圆机"这一概念：所谓"圆"便是不执一方，不限于任何一种已有是非观念之中；而所谓"机"，便意味着"圆机"也指向"心"之"发动"，是其本然的"发动"状态。如《天道》篇所说："圣人之心静乎！天地之鉴也，万物之镜也，夫虚静恬淡寂漠无为者，天地之平而道德之至。"⑤"圆机"在此便有其静态面向，也即是说："圆机"之所谓"发动"本质上是虚静无为，是在心中反映与呈现外物之本然，而不植入任何先在的彼此对待意识与是非观念。

而既然要反映和呈现外物，便意味着此"虚静"并不等于慎到"弃知去己""泠汰于物"（《天下》）的无所作为的状态，而仍需有所"发动"。颇有意味的是，引段中使用了"独成其意"的说法，也即是说，即便是处于"圆机"的状态中，"心"仍然会产生"意"，然而此"意"远不同于"成心"之"意"，它是"独成"，亦即无指向、无对象的纯粹感应外物的意念。由于没有彼此、是非的参与，这种"意"有其自足性，不需要通过获取对象而得到满足（包括如获取欲求之对象、言语上的争胜等）。

---

① 关于《庄子》中"心的二重性"结构，参见郑开著：《道家形而上学研究》，中国人民大学出版社2018年版，第171~174页。

② （清）郭庆藩撰：《庄子集释》，王孝鱼点校，中华书局2012年版，第999页。

③ （清）郭庆藩撰：《庄子集释》，王孝鱼点校，中华书局2012年版，第1000页。

④ （清）郭庆藩撰：《庄子集释》，王孝鱼点校，中华书局2012年版，第71页。

⑤ （清）郭庆藩撰：《庄子集释》，王孝鱼点校，中华书局2012年版，第462页。

此外，对于两种"心"状态之外在表现，也可借由"机"之比喻呈现。"成心""发如机栝"，也便意味着其发动外显如同"机栝"一样每次只局限于单一对象，即便再迅速也仍然被限制于一定范围，这便是先在的彼此对待意识所造成的结果；而"常心"作为"圆机"，由于其去除了彼此对待意识，故而发动时无对象，始终处于圆满状态，由此便能顺应无穷变化，体现出一种无限性。

由以上论述，我们便可梳理出"机"概念所反映的"心"之结构：

$$\begin{cases} 常心(圆机)——"意"(无对象) & ——静 \\ 成心——"意"(有对象)——认知与概念建构(发若机栝/智巧) & ——动 \end{cases}$$

图 1　"机"与"心"的结构

此亦表现出"机"概念的动、静二重面向之特点。

2. "气"之"机"

以上已经梳理了与"心"或与认知相关的"机"概念，下文将对与存在相关的"机"概念进行阐发。这类"机"概念以"萌芽"的含义出现，与"气"概念紧密相关，因而意指"气"发动之萌芽，甚至直接指代"气"本身。"机"概念由此提示的关乎"气"的问题在于："气"的意义何在？其在形而上学、身心关系中充当了怎样的角色？

《庄子》中的"气"概念主要有宇宙论与养生论两方面的意涵。[1] 就宇宙论角度而言，万物生灭变化都是由气之聚散所造成的，正如刘笑敢所说，"气"是无形之道化生有形之物中的"过渡状态"。[2] 而从养生论角度来看，正因"气"构成了外在形躯，故需通过修养达到"纯气""心斋"等身心状态，从而使身体合乎自然。此两方面相互关联，后者进而涉及德形、身心关系等问题。下文与"机"概念相关的讨论中也将体现出这一点。

与"气"相关的"机"概念集中于《应帝王》"季咸见壶子"的寓言当中。季咸作为神巫能预知人之死生祸福，然而四次见壶子都观察不出壶子身体之实际状况。壶子俨然一位与道同游的"真人"，能自由地控制自己身体中的气化流变。寓言中出现了许多特殊难解之概念，本文并不期于对每个概念都提供准确的解读，只梳理大致意涵，而主要阐释与"机"相关的概念。兹按寓言叙述的顺序列表如下，以便下文详细阐述。

---

① 参见[日]小野泽精一、福永光司、山井涌编：《气的思想：中国自然观与人的观念的发展》，李庆译，上海人民出版社 2007 年版，第 116~124 页。
② 参见刘笑敢著：《庄子哲学及其演变》，中国社会科学出版社 1988 年版，第 137 页。

表1   "季咸见壶子"寓言的主要内容

	季咸所见	壶子实际表现	壶子对"气"的控制①
第一次	死/湿灰	地文/萌乎不震不正	杜德机
第二次	有生/杜权	天壤/名实不入	机发于踵/善者机
第三次	不齐	太冲莫胜	衡气机
第四次		未始出吾宗	虚而委蛇

    季咸初见壶子时，只察觉其"死态"，故而称之为"湿灰"，亦即毫无生机，连"死灰复燃"的可能都没有。而壶子实际上呈现的是"地文"，亦即所谓"萌乎不震不正"②，郭象认为是"至人无感之时"，成玄英疏则进一步说"以不动为地文"③，也就是壶子尚未接应外物、显露其"气"的不动之貌。此外，刘武还认为"正"指涉意识之主宰与预期，④ 这似乎提示着"心"之运作也会影响身体中"气"的流变。

    壶子称此时之状态为"杜德机"，钟泰明确指出："'德'，即'物得以生谓之德'之德，'德机'谓生机也。"⑤关于"德"，《德充符》中曾提出"德不形"的说法，意味着"德"作为物之普遍本性是不呈现于外的。⑥ 但问题在于：由"德"到"形"是何以可能的？《天地》中说："物得以生，谓之德……留动而生物，物成生理，谓之形；形体保神，各有仪则，谓之性。"⑦这表明，从"德"到万物有"形"及各自具体的"性"之生成过程中，"德"与"性"实际上规定了"形"之生成的具体理则，以形成差异的万物。而由无形之"德"的规定到"形"之

----

    ① 事实上，将关于"机"的此三个概念都归为描摹"气"之动者恐怕是有争议的。本文的理由在于：第一，"衡气机"显然是关乎"气"的；"机发于踵"可与《大宗师》"真人之息以踵"相互参照，故亦与"气"相关，则语意相连之"善者机"亦然。由此亦可推知"机"与"气"的关联。第二，如果"衡气机"和"善者机""机发于踵"与"气"相关，而季咸在此两种状态下均可有所觉察，可见其"相"壶子很可能是根据其"气"之动静显隐来推测其生命状态的。由此反推，当其闭塞"德机"，季咸只能推知其"死"，那么便意味着季咸察知不到"气"之流动，则"德机"不也应与"气"相关吗？

    ② 原文"萌乎不震不正"，或认为"萌"当作"芒"，"正"当作"止"，意为"至人不动不止，无知无识"。但后文亦有"太冲莫胜""衡气机"的平衡动静之状态，则说"不动不止"是指壶子起初不显其"气"的状态便很可疑。各解释参见崔大华著：《庄子歧解》，中华书局2012年版，第282~283页。

    ③ （清）郭庆藩撰：《庄子集释》，王孝鱼点校，中华书局2012年版，第306页。

    ④ （清）王先谦、刘武撰：《庄子集解 庄子集解内篇补正》，沈啸寰点校，中华书局2012年版，第189页。

    ⑤ 钟泰著：《庄子发微》，华东师范大学出版社2005年版，第176页。

    ⑥ 参见郑开著：《道家形而上学研究》，中国人民大学出版社2018年版，第213~215、226页。

    ⑦ （清）郭庆藩撰：《庄子集释》，王孝鱼点校，中华书局2012年版，第430页。

具体呈现，此中便需要某种中介性的事物，此应即现实构成万物之形的"气"。① 由此我们再来看壶子在此的说法，"德机"意味着本性发显之萌芽或端倪，这表明"德"是可以通过"气"而呈现，甚至可以说"气"本身也是"德"或"性"的表现，"气"实际上是处于不可见之"德"与可见之"形"之间的。于是，适宜调整身体中"气"之运行，也有益于保证合乎"德"的生命活动，如《刻意》中便有"邪气不能袭，故其德全而神不亏"②的说法。由此可见，"机"在此意味着"气"隐微的萌芽状态，也意味着本性显现之萌芽，并提示出"德"与"形"之间的潜在关系。

季咸第二次见壶子，便察知其"杜权"，亦即闭塞的"德机"或此"德机"之变动，③ 从而认为其有生命迹象。而壶子实际呈现的则是"天壤"，郭象注曰"应感之容"④，亦即解除杜塞、身体之"气"刚刚开始流变的发动之貌。此时，壶子之状态，就其"心"而言，"名实不入"，这是说壶子始应接外物，名实对待的认知思维模式并未进入壶子之心⑤；就其"身"而言，"机发于踵"，比较《大宗师》"真人之息以踵"⑥的说法可知，此处之"机"即指"气"或气息，壶子之身达到了"真人"状态，故气息之深异于常人。在此，由于"气"在有形无形之间，故以有隐微意义的"机"称之。壶子称此状态为"善者机"，成玄英疏曰："全然有生，则是见善之谓也。"⑦"善"意味着有生命活动之迹象，那么"善者机"便意味着"气"变动外显之征兆。

颇有意味的是壶子起初"不震不正"与"名实不入，而机发于踵"的对比。⑧ 壶子之"心"起初是不掺杂意识之支配，而后来则是拒斥对待性的认知模式，对照前文已经详述的"心"的状态，此处对壶子状态的描述其实是通过对"成心"发动的否定来表现的：在"地

---

① 郑开指出，道家哲学的言说中蕴涵两种模式的道物关系：以"气"为中介的宇宙生成论和以"德"/"性"为中介的形而上学方式，参见氏著：《道家形而上学研究》，上海古籍出版社 1988 年版，第 60~82 页。但本文在此想说明的是，这两种模式在《庄子》中似乎也应是相混合或相互作用的。从无形之"道"到有形之"物"的生成过程中，没有物质性之"气"，"德"/"性"是无法呈现为具体之"形"的，同样，没有"德"/"性"，有形之万物也会缺乏各自抽象的生成理则，而只是原始混沌之"一气"，缺乏差异性。由此，"德"与"气"之间应当也具有某种直接关联，"气"似乎便构成了"德"与"形"之间的中介。

② （清）郭庆藩撰：《庄子集释》，王孝鱼点校，中华书局 2012 年版，第 539 页。

③ 参见崔大华著：《庄子歧解》，中华书局 2012 年版，第 283 页。

④ （清）郭庆藩撰：《庄子集释》，王孝鱼点校，中华书局 2012 年版，第 307 页。

⑤ 参见刘武的相关论述。（清）王先谦、刘武撰：《庄子集解 庄子集解内篇补正》，沈啸寰点校，中华书局 2012 年版，第 190 页。

⑥ （清）郭庆藩撰：《庄子集释》，王孝鱼点校，中华书局 2012 年版，第 233 页。

⑦ （清）郭庆藩撰：《庄子集释》，王孝鱼点校，中华书局 2012 年版，第 308 页。陈鼓应也释之为"生机"，参见氏著：《庄子今注今译》，第 223 页。

⑧ 钟泰指出："'机发于踵'，与'萌乎不震'文对，'名实不入'则与'不正'文对"。参见氏著：《庄子发微》，上海古籍出版社 1988 年版，第 176 页。

文"的静态下涤除彼我对待之意识造成的先在倾向；在"天壤"的动态下则排除认知与概念构建的定向思维模式。而相应地，壶子身体中的"气"状态也由闭塞转变为有发动的征兆。由此看来，身心之间具有互动关系，其实现是依托于"气"而实现的。"心"之状态会影响"气"之流变，也进而扰动身躯。而另一方面，面对身体之病态，"心"也能独立地保持自然状态，而不陷入"成心"的纷扰，《大宗师》便说"阴阳之气有沴，其心闲而无事"①。

第三次见面，季咸所见为"不齐"，其实便是壶子身体之"气"时动时静。而壶子实际呈现的是"太冲莫胜"，也即调和阴阳二气，使身体处于两者不相争胜的平衡状态。② 由此，"衡气机"也便意味着身体之"气"平衡的征兆。而到第四次，壶子展现"未始出吾宗"亦即与道同游之状态，其"气"顺外物之自然而变化无常，以至于季咸"自失而走"，彻底无法推测壶子之状态。

可以发现，壶子对自己最后两次状态的描述中并没有提及"心"，这意味着随着修养之提升，"成心"之作用逐步被排除，"常心"之虚静特征逐渐凸显出来，"心"的作用逐渐退场，而同化于"气"的自然流行当中。与此相近，《人间世》描述"心斋"时说："无听之以耳而听之以心，无听之以心而听之以气……气也者，虚而待物者也。"③"听之以耳"，意味着声音停留于感官；"听之以心"，意味着有先在"成心"的认知作用。而"听之以气"，则意味着消融感官与认知功能，而同归于"气"，亦即身心统一于"气"的流变进程之中。④ 而在壶子最后状态的描述中，甚至"气"概念本身也退场了。壶子"虚而委蛇"，亦即"虚而待物"，意味着在合道状态当中，"心"顺乎"气"，"气"又反映着外物自然。

壶子四次身体之"气"的改变代表着其身心修养的四个阶段。从"杜德机""善者机""衡气机"再到最后"虚而委蛇"，身体之"气"经历了由隐、显、显隐不定到显隐随物，由静、动、动静不止到动静顺物的过程。其身心状态也实现了由"心"对"气"的影响到身心统一于"气"的转变。

总而言之，在上述文本中，"机"概念基本上是作为萌芽、征兆的"动之微"含义出现的，而在"机发于踵"中又直接作为"气"的代名。"机"由于与"气"紧密相关，因而涉及德形关系与身心关系的问题。具体讨论中也显示出"机"本身的显隐、动静的二重面向，亦即心与物两个向度。

---

① （清）郭庆藩撰：《庄子集释》，王孝鱼点校，中华书局2012年版，第264页。

② 刘武论证颇详。或者认为"胜"当作"朕"，应作朕兆解，刘武则联系上下文的"不齐"和"衡"，认为"胜"更符合上下文语境。参见（清）王先谦、刘武撰：《庄子集解 庄子集解内篇补正》，沈啸寰点校，中华书局2012年版，第191~192页。

③ （清）郭庆藩撰：《庄子集释》，王孝鱼点校，中华书局2012年版，第152页。

④ 参见张学智：《中国哲学中身心关系的几种形态》，载《北京大学学报（哲学社会科学版）》2005年第3期。

此外，在该寓言中，"机"其实也提示了对"气"的认知问题。壶子几次展现不同的"气"之流变的征兆，季咸却总是测度失败，这意味着"气"之"机"难以用感官、知性所观测与揣度，也是对季咸预知生死祸福的"相"人方式的拒斥。

综上，我们便大致可以呈现出"机"所提示的"气"概念在两个问题视域下所处的位置，如图 2 所示。

德机→气→形

心→气（机）←身

图 2 "机"与"气"的位置

3. "物"之"机"

前文已经说明，"机"本身也具有"事"或"物"的向度。就单独的"机"概念而言，最能体现此的莫过于《至乐》篇的"种有几"一段：

> 种有几，得水则为䗩，……程生马，马生人，人又反入于机。万物皆出于机，皆入于机。①

本段之解释向来争议较多，如胡适便认为"种有几"之"几"指的是胚胎，下文的"机"亦然，本段反映了某种生物进化论的观点，② 但文本中所呈现出来的更多是物之变化而非进化，所谓进化论之说恐怕不足为信。

关于"种有几"，《寓言》曰："万物皆种也，以不同形相禅。"③可见"种"是万物之统称。而考虑引段所述变化过程，"几"仍当解释为胚胎或某种极微的基质。

而本段之"机"，则未必与"几"同义，解释为"气"更好。首先，"种有几"指的是万物皆有"几"，亦即"几"是万物成形后之部分或基础形态。而"机"却是万物出入之所由，故而便是较万物更为本源的东西，"气"在《庄子》中处于道物之间，正符合此特征。其次，正如上文所述，"气""机"之相互替换是可能的，"机发于踵"即是其例。郭象注亦云："此言一气而万形，有变化而无死生也。"④

---

① （清）郭庆藩撰：《庄子集释》，王孝鱼点校，中华书局 2012 年版，第 624 页。
② 参见胡适著：《中国哲学史大纲》，岳麓书社 2010 年版，第 193~198 页。
③ （清）郭庆藩撰：《庄子集释》，王孝鱼点校，中华书局 2012 年版，第 942 页。
④ （清）郭庆藩撰：《庄子集释》，王孝鱼点校，中华书局 2012 年版，第 628 页。

《知北游》中说："通天下一气耳。"①"气"以其物质性成为道物之间的生化中介，成为有形万物之具体物质基础，万物经由气机不断生成变化，循环往复。而"气"也成为万物变动之征兆，亦即"机"。由此，"机"在"物"的向度也得到其诠释，而此也由于"气"的物质性而可以和"气"之"机"的意涵相通。

经由上文之梳理便可以得到"机"概念在《庄子》中基本的意涵及特点：

与"心"相关的"机"概念往往取其机械、发动者意涵，以及由此引申的机巧义，用以表征"心"之不同层次的结构与功能，且更偏向于具有动、静的二重特征。而与"气""物"相关的"机"概念往往取其"动之微"的意涵，而代表事物变动之端倪、征兆，又依托于"气"概念而补充德形、身心关系的讨论，且更偏向于具有显、隐的二重特征。

三、"天机"与"机心"："机"概念之延展

上文已经全面整理了单独出现的"机"概念，在此基础上，下文将进一步考察"天机"与"机心"这两个复合概念。它们集中地展现了庄子哲学对于机巧、机械的看法。

此两者与天人关系，亦即自然与人为之关系紧密相关。我们知道，天人关系是庄子哲学的核心问题之一，"天"与"人"代表着两种价值倾向，② 进而蕴涵着两种生存状态与行为方式。就生存状态而言，《秋水》曰，"牛马四足，是谓天；落马首，穿牛鼻，是谓人"③，"天"意味着符合自然本性的状态，"人"则意味着掺杂人为而反自然的状态；而就行为方式而言，《在宥》曰，"无为而尊者，天道也；有为而累者，人道也"④，"天""人"分别对应于"无为"与"有为"，亦即顺应自然和掺杂先在目的之两种行为方式。《庄子》中显然更提倡前者，而极力抨击后者造成的对自然本性的戕害与扭曲。

由此，"天机"意即"自然之机"。而结合前文对于"机"意义的分析，则"天机"就生存状态而言即"自然枢机"，就行为方式而言即"天然机巧"，后者是前者的发动状况。相应地便有"人为枢机"和"人为机巧"。下文的论述将表明，"天机"通过与"欲"相关联而展开天人关系问题的讨论，而"欲"贯通了"人为枢机"与"人为机巧"。

需要提前说明的是，自然与人为并非决然对立，故严格地说，本文所使用"人为枢机"仅仅是为了强调天与人的对立方面，应意指"非自然枢机"，下文会进一步说明。

① （清）郭庆藩撰：《庄子集释》，王孝鱼点校，中华书局 2012 年版，第 730 页。
② 杨国荣称之为"自然原则"与"人文原则"。参见杨国荣：《天人之辩：〈庄子〉哲学再诠释（上）》，载《学术月刊》2005 年第 11 期。
③ （清）郭庆藩撰：《庄子集释》，王孝鱼点校，中华书局 2012 年版，第 589 页。
④ （清）郭庆藩撰：《庄子集释》，王孝鱼点校，中华书局 2012 年版，第 408 页。

另外，此区分进一步的目的是处理"机心"概念。从概念本身的语义来看，"天机"概念在具体文本中其实仅有"自然枢机"的含义，而"机心"为"机巧之心"，其实便可归为"人为机巧"，下文将具体阐述。总之，"机心"在此意义上被统合于与"天机"概念相关的天人关系问题之讨论当中。

（一）"天机"

如上文所说，狭义的"天机"即"自然枢机"，与"欲"及其背后的"成心"所代表的"人为枢机"相对，而《庄子》的具体论述中也一定程度上涉及其相应的"天然机巧"。而结合上文所梳理的"机"之意涵，"天机"也分别以"气""心""物"作为具体形式呈现出来。以下结合具体语境展开阐释。

首先，内篇中所见"天机"唯有《大宗师》中描述"真人"状态的一处：

> 古之真人，其寝不梦，其觉无忧，其食不甘，其息深深。真人之息以踵，众人之息以喉。屈服者，其嗌言若哇。其耆欲深者，其天机浅。①

对此处"天机"的解释主要有两类：一类倾向于将其解释为神机等偏形上的意义，如成玄英解为"天然机神"；另一类则直接将其解释为呼吸，如罗勉道释为"天然之气机"。② 从语境来看，本段基本上是在描摹"真人"异于常人的特殊生理气息状况，而并没有特别使用"神"等另外的哲学概念辅以阐发。而从文段结构来看，"屈服者，其嗌言若哇"③一句颇为突兀，此应是类比气息受阻，用以引出下句，则文句对应关系如表2所示。

表2 **"真人"与"众人"状态的差异**

其寝不梦，其觉无忧，其食不甘	屈服	耆欲深
其息深深	嗌言若哇	天机浅

此外，如上文所述，同为内篇的《应帝王》中"机发于踵"之"机"便指气息。由此看来，此处"天机"很可能就指向人身体之"气"，意谓自然之气。

"其耆欲深者，其天机浅"一句最为关键，其体现出上文所讨论的身心关系之一面：

---

① （清）郭庆藩撰：《庄子集释》，王孝鱼点校，中华书局2012年版，第233页。
② 参见崔大华著：《庄子歧解》，中华书局2012年版，第212页。
③ 该句诸家或解为身体弯曲，咽喉出气不畅，或解为人所屈服，言语吞吐不畅。总之是非自然的状态。参见崔大华著：《庄子歧解》，中华书局2012年版，第212页。

"心"沉沦于欲望越深，越远离自然状态，也就越影响身体中自然之气的深浅通塞。

而更为重要的是，该句突出了"耆欲深"与"天机"的对立。在此对立中，"欲"的地位被突出了，其提示"心"的维度，进而显示出自然与人为的关系。一方面，"欲"在《庄子》中常常具有负面意义而需被排斥，《庚桑楚》中便明确认为"欲……，累德也"①，意谓爱欲外于自然本性，甚至会扭曲本然状态。而爱欲之前提在于具有彼此、物我相对之对象性意识，此即上文所说的"成心"。这样，此处身体之"气"即"自然枢机"，气的流动影响身体状况，此即"天然机巧"；反之，"成心"便是"人为枢机"，而"欲"则是其发动，为"人为机巧"。

而另一方面，"耆欲深"与"天机浅"之对立，意味着"耆欲浅"甚或不"耆欲"能够使"天机"深厚，也即肯认合乎自然的欲求。此涉及"心"层面的"天机"与天人关系问题，下一则材料便将其充分体现出来。

《天运》篇"北门成问黄帝"的寓言中亦提及"天机"。黄帝第三次演奏"咸池之乐"时，顺应自然变化，而没有固定的声音，以至于北门成无法以感官接知，陷入疑惑。其中黄帝描述此乐说：

> 天机不张而五官皆备，此之谓天乐，无言而心说。②

成玄英将"天机"释为"自然之枢机"。林希逸则指出："谓耳目手足虽具，而见闻动作皆不自知。"③该句将"天机"与"五官"对举，则"天机"便指向"心"。联系《天道》篇的说法："覆载天地，刻雕众形，而不为巧，此之谓天乐。"④可以看出，"五官皆备"也许与"刻雕众形"相类，都意指功用，而"天机不张"则与"不为巧"有关。那么，"天机"的"心"之意涵便很明显了。

此处"天机"即指作为"自然枢机"的"常心"，那么"天机不张"意味着"常心"虚静应物的"天然机巧"，而"天机之张"则意味着"成心"发动形成的"人为机巧"，亦即其认知功能。在"常心"状态下，"心"虚而待物，不有意操控感官认知，而感官已自然而然地符应外物。而在"成心"作用下，欲求而认知外物，必然由于先在好恶倾向与概念建构功能而无

---

① （清）郭庆藩撰：《庄子集释》，王孝鱼点校，中华书局2012年版，第804页。
② （清）郭庆藩撰：《庄子集释》，王孝鱼点校，中华书局2012年版，第510页。
③ 崔大华著：《庄子歧解》，中华书局2012年版，第425页。
④ （清）郭庆藩撰：《庄子集释》，王孝鱼点校，中华书局2012年版，第467页。虽然此处"天乐"乃指自然和谐之乐，而与本段自然之乐音有所差别，但本段后文"无言而心说"显然已将这两者联系起来了，故两句可相互阐释。

法得到事物自然之呈现。

由此，联系之前的问题，《庄子》中所肯认的合乎自然之欲求，既指自然生存的基本欲求，更意谓"常心"发动应物的"神欲"。《养生主》中庖丁形容自己解牛时"官知止而神欲行"①，亦即超出感官认知活动的自然应物状态。这种"欲"由于没有"成心"的先在作用，故而是非对象而自足的。也正因此，此"欲"便不再成为欲望，而成为具有神妙功用的"神欲"，可谓"无欲之欲"。如此亦可见，特殊的"欲"也可以由"自然枢机"发动而作为"天然机巧"出现。

此外，就最终结果来看，"天然机巧"由于其非对象性，其所得为"天乐"，亦即"自然之乐"，这种自然和谐之呈现是完满的，能"覆载天地，雕刻众形"，具有无限的丰富性。而"人为机巧"由于固定的对象性，只能认知自然之一隅，甚至还掺杂着成见。

"天机"还集中出现于《秋水》中"夔怜蚿"的寓言。其寓言架构大体可以如表3所示。

表3　　　　　　　　　　　　　　　"夔怜蚿"寓言结构

	前者之比较	后者之回应
夔与蚿	一足与万足	动吾天机——不知其所以然
蚿与蛇	众足不及无足	天机之所动——不可易
蛇与风	有似与似无有	以众小不胜为大胜

本段中，不同物种相互比较而产生"怜"的情感。夔与蚿之比较在于其生物构造（"天机"）；蚿与蛇之比较在于各自的机能（"天机之所动"）；蛇与风之比较在于有形与无形（"有似与似无有"），以及与此相关的可见功用，无形之风不争胜而能成就大的功用。

在此，"天机"意谓事物之自然形体构造，这是"物"或者形体意义上的"天机"。寓言则借由对其特点的说明，直接呈现出"物"层面的自然与人为之区别。形体作为"自然枢机"之由来是无法以理性推知的，其发动之生物机能作为"天然机巧"取决于前者而相对固定，故不可改易。

与之相反，意图推知自然构造的原因，艳羡他者的自然形体机能而欲求改变自身，便都是"人为机巧"的体现。此即寓言开头提及的"怜"②之情感活动。"怜"根源于"欲"及"成心"的作用，正是彼我对待之意识与以自我为中心之成见的先在，才使得哀怜或艳羡外物

---

① 向秀注曰："从手放意，无心而得，谓之神欲。"参见（清）郭庆藩撰：《庄子集释》，王孝鱼点校，中华书局2012年版，第125~126页。

② "怜"有二解，即"羡慕"与"哀愍"，参见崔大华著：《庄子歧解》，中华书局2012年版，第472~473页。其实两种解释根本上也都与"欲"和"成心"相关，"哀愍"也是由对争胜的欲求所导致的。

成为可能，进而导致背离自然状态。①

经由上文的讨论，我们便可得到由"天机"与"欲"之对立所具体展开的天人关系，其结构与关联如图3所示。

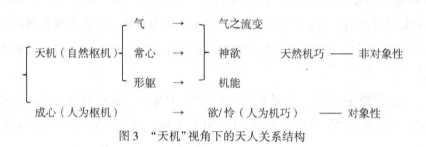

图3 "天机"视角下的天人关系结构

"天"与"人"之对立，就生存状态而言，体现在"天机"与"成心"的对立；就行为方式而言，体现在"天机"之发动与"欲"的对立。"天人"之对立又呈现为"气""心"/"物"三种具体形式。"天"与"人"也意味着非对象性和对象性的思维与行为方式。而由于"人为"或"非自然"本就意味着"成心"的参与，故"欲"在论述中贯穿始终。

结合对篇目归属的考虑，我们也能够发现，"天机"在内篇只指涉"气"，而在外篇两处则延展为心与物两个向度的意义。

此外，"欲"本身由于具有自然与人为的两重面向，故能同时呈现于天然机巧与人为机巧。这也说明，自然与人为并非绝对的对立，如前文所说，本文的"人为枢机"其实意指"非自然枢机"，并不完全排斥人为，人为在一定程度上也能合乎自然。《大宗师》中说，"天与人不相胜也"②，将天人绝对对立的观念，本质上也还是在运用"成心"，仍留有对待性意识。"天机"一词本身也体现着这一点，庄子在采用"卮言"方式以"天"改造"机"概念时，便已经一定程度上承认着"机"的合理性了，"天"或自然性若缺失了具体的"机"便无法呈现出来，关键在于对"机"的"天"化或"自然化"而非纯粹的否定。③

以上论述似乎还缺少功用方面的具体说明，天然机巧与人为机巧之功用的差异何在？

① 王夫之很明确将此寓言与天人关系问题联系起来，认为哀愍和羡慕都是"以人灭天"，其原因在于"智故行，名誉兴"。参见(清)王夫之撰：《庄子解》，王孝鱼点校，中华书局2012年版，第146页。

② (清)郭庆藩撰：《庄子集释》，王孝鱼点校，中华书局2012年版，第239页。

③ 有关"天×"类词汇的特殊意义与"以卮言"言说方式的解析，参见吴根友、王永灿：《"天籁"与"卮言"新论》，载《哲学动态》2014年第9期，第36~45页。本文在此想进一步说明的是，庄子用"天"来改造其他概念或已有思想资源时，这种"卮言"不仅仅是要表达自己不同的哲学观点、显示自己观点的独特性，而更是要提供新的理论框架以容纳和转化原来的概念与思想资源。在此意义上，具体来说，如"天机"这样的概念其实意味着庄子已经在合乎自然的前提下认同了机械、机巧的合理性。下文有关"机心"的讨论也会显示这一点。

人为机巧之功用又会产生怎样的具体问题？其实对于"天机"的讨论中已有如"天乐""以众小不胜为大胜"之类的表达，而人为机巧似乎仍没有具体现实的呈现。这在下文对"机心"的讨论中将具体表现出来。

（二）"机心"

"机心"概念的相关问题更多涉及上文天人关系结构中的"人为机巧"，并进而关乎"功利"或"功用"，以及"功利"本身的合法性问题。其提示着我们对于"用物"应有的行为方式与态度。

1. "机心"及其影响

在《天地》"圃者拒机"的寓言当中，子贡推荐为圃者使用效率更高的机械，为圃者拒绝了，认为会导致对自然状态之背离：

> 有机械者必有机事，有机事者必有机心。机心存于胸中，则纯白不备；纯白不备，则神生不定；神生不定者，道之所不载也。①

首先须辨析的是"机心"概念本身。"机心"的字面意义是机巧之心，似乎与"成心"相同。但"机心"在本段中与"机械""机事"紧密相关，意指使用机械之同时具有的功利性思维模式，其以功利最大化为唯一目标，并通过精密机巧的算计来选择相应的手段。而此显然是"欲"及"成心"构建的对象性所导致的。由此看来，"机心"是以"成心"为前提的，是后者的特定表现。但除此之外，外在现实的"物"与"事"也影响着"机心"的形成，寓言中为圃者所担心的正是运用机械、从事机械性事务会牵引"成心"发动其机巧功能，形成"机心"。可见，"机心"是由内在"成心"与外在"事物"共同造就的。

在寓言中，"机心""机事""机械"三者与"纯白""神生"相对举，对应于上文的天人关系结构，前者当属"人为机巧"，而"纯白"即指素朴虚静之"常心"，故当属"自然枢机"②，"神生"则是"纯白"应物之情形，应属"天然机巧"。显然，"机心"所代表的"人为机巧"对人的自然本性与状态会产生负面影响，这主要体现在以下两方面：

从"心"本身来看，"机心"的生成将入侵"心"之本然状态，使得原本虚静应物、多向

---

① （清）郭庆藩撰：《庄子集释》，王孝鱼点校，中华书局2012年版，第439页。
② 钟泰解释"纯白不备"说："心本纯白，由此染污，遂损缺之也。"参见氏著：《庄子发微》，上海古籍出版社1988年版，第271页。

度的生机之"心"被单向度的功利性思维或工具理性所填充污染，则其无穷的可能性便被功利最大化的唯一标准抹平。

从"心"与现实事物的关系来看，机械、机事、机心之间也是相互交织，互相作用的。一方面，三者相互体现、相互印证。机械的使用意味着参与机变事务，此类事务之内在逻辑与机械制造之目的一致，都是达成功用的最大化，进而，工具与事务塑造着思维方式，便生成了"机心"。反之，机械的制造与机变事务本也就是"机心"思维在现实的"物"与"事"中的呈现。而另一方面，三者又相互作用、相互固化。随着机械、机事的普遍化与精细化，"机心"成为唯一能应对事务的思维方式，其内容也越发机巧缜密，即便其内核形式是单一的；同时，"机心"也不断完善着机械构造与机事内容。三者便在这样的复杂关系当中构建出功利型的思维网络与社会制度，使得人们无处可逃，乃至于戕害本性与生命。

这样，天人关系的结构当更为复杂，"人为机巧"不仅是"欲""机心"等"心"之机巧，也呈现为"机事""机械"这样的"事物"之机巧，两种机巧之间亦相互作用。

2. "机"与"用"："功利"态度及其转化

既然"机械"与"机事"是"机心"的现实呈现，那么这是否就意味着我们应当完全将其舍弃呢？用更具普遍意义的话语来说，面对现有的隐含着"机心"思维模式的技术、社会文明，我们应当如何对待？

上文已经提及《庄子》中"天人不相胜"的态度，合乎自然之"欲"与"机"也是能够为我们所接纳的，更关键的是使非自然的"欲""机"自然化，亦即将本文所说的"人为机巧"自然化。那么这种"自然化"具体又意味着什么呢？

"圃者拒机"寓言中已有所端倪。一般注释都认为其寓意即为圃者的说法，也即拒斥机械，然而郭象却提出了不同的看法："夫用时之所用者，乃纯备也。斯人欲修纯备，而抱一守古，失其旨也。"[1]郭象认为为圃者执着于原始自然状态，而不能顺遂时务，反而是不守"纯白"。更有争议的是寓言最后孔子对为圃者的评价：

> 彼假修浑沌氏之术者也；识其一，不知其二；治其内，而不治其外。[2]

这里呈现的问题在于：为圃者究竟是否得道？大多数注释认为答案是肯定的，为圃者能守持纯一素朴的本心。然而郭象却认为孔子对为圃者提出了批评，后者不知"因时任

---

① （清）郭庆藩撰：《庄子集释》，王孝鱼点校，中华书局2012年版，第440页。
② （清）郭庆藩撰：《庄子集释》，王孝鱼点校，中华书局2012年版，第443页。

物",而只是伪修浑沌之"术",守古而不顾今,未得其道。① 王夫之也提出,灭除"机心"并不意味着要时时劳心于此,圣人之态度是"事心大而与物游,则两端兼至,……而合于天德"。② 不可否认的是,这类注释可能有自己特定的诠释立场,但其说法也提示着,一味拒斥人为也非"常心"的自然状态。

进而,既然"机心"之根本问题在于功利性或目的性思维,我们不得不对"功利"或"功用"观念加以重新审视,从中可窥见对于"机械"与"机事"应有的态度,此便与《庄子》中对"用"的看法相关。

最典型的关乎"用"的论述便是《逍遥游》最后惠子与庄子的两次讨论。

首次,面对惠子对大瓠"无用"的评价,庄子认为其"拙于用大",并以"不龟手之药"的功用为例,得出结论:"能不龟手,一也;或以封,或不免于洴澼絖,则所用之异也。"③同样功能的药,其使用不同,所产生的效用亦悬殊。这样,即便是"无用"的大瓠,也能作为人游于江湖的依凭,发挥其作用。由此看来,"物"之所谓"功利"或"功用"的大小,本质上取决于人作为使用主体的使用方式,而这种使用方式的背后,实际上又隐含着使用主体自身的思维模式与生存状态。

于是,在第二次讨论中,面对惠子对其言论"无用"的指责,庄子进一步破除了日常的"功用"观念,以大树为例说明"无用之用":"何不树之于无何有之乡……不夭斤斧,物无害者,无所可用,安所困苦哉!"④不同于前面所揭示的"无用之大用",这里进一步将"用"的观念泛化,甚至去除其一般的效用意义,而直指更高层次的"用",亦即"无用之用":大树无所可用,但也因此成全其自然本性与生命。

庄子在两次论述中不断追溯"用"观念之根源。其首先说明"功用"大小取决于人之使用方式的不同,此时"用"仍停留在现实效用的层次上。而后庄子又击破"功用"观念本身,直接反思使用方式背后的思维方式。世俗之"用"其实以功利性思维为前提的,其单一而局限,"用"在更广泛的意义上还可以指向保全自然本性等非功利性的作用。在后者的意义上,"用"的含义其实是"无用",亦即排除效用意义的"用"。而这种"无用"也意味着其背后所蕴含的去除功利性思维的"无心"或"常心",由于不局限于经验效用,其能够充分释放所用之物的多样可能性。

回到我们之前的问题,"人为机巧"(包括心内之"欲""机心"与心外之"机事""机械")并不应被绝对地敌视,功利性思维只是"常心"无限可能性中的一种,庄子所警惕的其实是

---

① 参见崔大华著:《庄子歧解》,中华书局 2012 年版,第 382~383 页。
② (清)王夫之撰:《庄子解》,王孝鱼点校,中华书局 1964 年版,第 109 页。
③ (清)郭庆藩撰:《庄子集释》,王孝鱼点校,中华书局 2012 年版,第 42 页。
④ (清)郭庆藩撰:《庄子集释》,王孝鱼点校,中华书局 2012 年版,第 46 页。

功利性思维以及背后"成心"的固化或绝对化。因此，关键在于将功利性思维背后的固有"成心"或"人为枢机"，亦即先在的彼我对待性意识与自我中心之成见，转化为"自然枢机"，使得"人为机巧"作为其发动而呈现为"天然机巧"。这也是前文对"机心"与"成心"加以分别的原因。

在《山木》中，庄子对"用"和"用物"明确地提出了其态度："周将处夫材与不材之间。材与不材之间，似之而非也，故未免乎累。若夫乘道德而浮游则不然……物物而不物于物，则胡可得而累邪！"①即便是"材与不材之间"，也意味着仍然把持着"用"或现实效用的观念。相反，最合于道的态度则是"物物而不物于物"，能顺物而用，使物成其为自身而自然呈现，同时也避免为物所困，保证自己的自然状态。不为物所困意味着，一方面不因欲求外物而丢失"常心"状态，另一方面不被物(尤其是人为之物)中所可能蕴涵的功利思维模式所牵引，以至于沉溺其中。简而言之，便是使用"机械"、顺应"机事"而不生"机心"。

四、结　论

通过以上梳理，我们便可大致呈现出《庄子》中"机"概念的源流及意涵的整体面貌：

"几"之哲学性意涵主要是发动之萌芽、征兆。由于其模糊性，其往往有动与静、显与隐的二重特征，以及心与事、内与外的二重面向。"机"则意谓机械，故而有发动者的意涵，进而引申为机巧。此二者在《庄子》中的"机"概念都有体现。

《庄子》中单独出现"机"概念大体可分为两类：

一、与"心"相关的"机"概念。"机"在此主要为机械、机巧含义。相关论述体现出"常心""成心"的二重结构及各自发动的"意"的特点。

二、与"气"和"物"相关的"机"概念。"机"在此主要表征事物之初始萌芽的含义，有时也直接作为"气"出现。相关论述提示了德形之间的关联性、身心之间的交互性。

在此基础上，"机"的复合概念进一步深化其哲学意涵，并与天人关系紧密相连。"天机"概念本身在文本中呈现为"气""心""物"三类形式。而由"天机浅"与"耆欲深"的对立可划分出分别对应于天与人两种价值倾向的"自然枢机"及"天然机巧""人为枢机"及"人为机巧"，"欲"贯穿后者。但同时自然与人为也非绝对对立，合乎自然的"欲"也是"天然机巧"。

"机心"概念则进一步深化了关于"人为机巧"的讨论。"机心"是"成心"与外在机巧事

---

① （清）郭庆藩撰：《庄子集释》，王孝鱼点校，中华书局 2012 年版，第 666 页。

物共同作用的结果，其可能扭曲"常心"状态，并与"机事""机械"共同编织功利型思维模式与社会文明，损害人之自然本性。进而，"机心"的问题也关涉人如何对待已有的机巧事物、如何用物的问题。对此，庄子哲学中蕴涵的最根本方法是"物物而不物于物"，以"自然枢机"容纳转化"人为机巧"，使后者作为"天然机巧"呈现出来。

名理学语境中的王弼"圣人"论及其名教体系建构

魏誌宏①

【摘　要】

现有的魏晋玄学研究大多从王弼思想同两汉思想的"断裂"以及同宋明思想的一贯性展开考察，认为王弼超越了其时代具体人事的探讨，建立了以"无"为核心的本体论。而《王弼传》中的"圣人二论"则指明了王弼与其时代在名理学问题意识上的一致性，体现出王弼面对王朝变革、名实不符、名教疲敝、名法严苛的共同时代问题如何给出自己的答案，即以有无之辨与性情之辨围绕"圣人"重新为礼乐名教体系奠基。王弼借助名理学的问题意识构建了一个基于万物的事实差异性且以成就事物自身本然差异性为目的的实践价值体系，与佛教引入之后追求事物背后同一性的问题意识以及传统西方哲学主流追求存在同一性的问题意识完全颠倒。

【关键词】

王弼；名理学；圣人；时变；差异

既有的中国哲学史叙事之中通常从宋明理学出发将魏晋玄学视为源头活水，从而发掘玄学之于宋明思想的先导意义。而王弼作为魏晋玄学一定意义上的开创者，通常被认为是从以儒家为主的经学转向道家为主的玄学、从具体政治人事的讨论转向抽象形上天道的讨论、从宇宙论转向本体论的关键点。也就是说，现有的研究更倾向于从王弼思想同两汉思想之间的"断裂"以及其同宋明理学之间的一贯性来考察王弼思想。然而，王弼又借助了什么样的思想资源，面临什么样的时代问题，如何解答这样的时代问题才得以作出思想上的飞跃，这些"断裂"何以可能等问题没有得到充分的解释。

广义的"名理学"可以说是自先秦黄老思想至两汉经学再到汉魏名理品鉴的一贯思想脉

---

①　作者简介：魏誌宏，武汉大学哲学学院哲学基地班2017级本科生。

络。其最基本的问题意识是"形名之辨"或"名实之辨"。简言之，"形"即是事物自身的某种事实状态，而"名"则意味着如何与其打交道的某种实践价值，也即意味着它与其他事物之间应有的关联。我们既可以根据事物既有的"形"来为之命"名"，从而明确其在整体秩序中的应有分位，又可以根据事物已有的"名"来考察其"形"是否符合其分位，从而在个人行为或者整体制度上作出相应的调整。这一原则至两汉则以"名真之辨"的形式贯穿于以《春秋》为首的经学之中。直至汉魏之际士人对于才性品鉴、礼法本末、言意之辨的讨论还是依据此名理学的原则，并以黄老道家作为思想资源。因此"名理学"的视域即意味着从王弼思想与此前两汉思想传统的一贯性来考察。

"圣人"则可以说是佛学引入前后对问题意识的变动体现最明显的概念。在先秦黄老形名学中，更多以"君王"作为政治体系中的绝对主动者，是"名"的制定者，承担着校实定名、循名责实的责任。而在两汉的政教体系之中，"圣人"成了一个核心概念。他不仅有着君王的身份，同时还有着合于天道而观感万物之"实"的能力。可以说，圣人的概念即意味着政治上名实相合的理想状态。然而，出于某种程度上的意义一致性，佛教在初步传入的过程中借用了"圣人"一词以表达"佛"的概念。此后随着佛教影响力的逐渐扩大以及政治体制和社会形态的变化，至于宋明，"成圣"成为最为主流、最为基本的问题意识。可以说汉魏时期基于名理学原则以及政教体系的"圣人"概念在此后发生了巨大的含义变化。因此"圣人"的进路意味着从王弼思想与宋明思想的差异着手进行研究。

综此二者，"老不及圣"论与"圣人有情"论（本文合称"圣人二论"）就成为了本文所要阐释的核心材料。二者都见于《三国志·钟会传》裴松之注引何邵所作的《王弼传》。① 虽然王弼在《老子注》《周易注》《论语释疑》中对圣人概念的含义、圣人在政教体系中的地位以及圣人对于天人关系来说的重要意义都有所涉及，但是仅凭这三篇文本不能很好地让我们明晰问题意识以及整体的概念架构，而必然要借助《王弼传》来明确其问题意识。其首要原因是这三篇文本的概念体系不同、讨论主题不同、作者的地位也不同。根据两汉以来的性三品论，老子属于中人。《老子》五千言其旨众说纷纭，其中有直接论述圣人的语句，有以"我"代指圣人的语句，也有缺失主语需要我们通过语境辨别其主语为圣人的语句。《周易》则是圣人所作的"经"，其论述主题主要是"君子"的处事为政。而《论语》是作为中人的弟子所作的"传"，记载了圣人孔子的生平事迹。如果仅凭我们对于儒家和道家的既有理解来考察三书的注解，那么不仅很难将王弼的注解思想统合为一个整体，更是难以对王弼的圣人论做出一贯的梳理和阐述。《王弼传》则将王弼置于时代语境之中，一方面能够体现出

---

① "圣人体无"之论亦见于《世说新语·文学第四》刘孝标注引的《王弼别传》，二者虽然用字有所差异，其旨却相同相通。本文以《三国志》裴松之注为准。

王弼思想与时代之间的种种一致性，从而帮助我们从外部了解王弼未曾言明的、时代传统中士人共有的概念理解以及论证原则。另一方面，更是记录了王弼与同时代人的论争，从而更明确地突显出王弼对于其时代所面临的共同问题如何给出自己的解答。可以说，《王弼传》指明了王弼圣人论的核心以及王弼思想的精要所在。

此处，我们先对"老不及圣"论作简要分析：

> 弼幼而察惠，年十余，好老氏，通辨能言。父业，为尚书郎。时裴徽为吏部郎，弼未弱冠，往造焉。徽一见而异之，问弼曰："夫无者诚万物之所资也，然圣人莫肯致言，而老子申之无已者何？"弼曰："圣人体无，无又不可以训，故不说也。老子是有者也，故恒言无所不足。"寻亦为傅嘏所知。于时何晏为吏部尚书，甚奇弼，叹之曰："仲尼称后生可畏，若斯人者，可与言天人之际乎！"①

首先，不能忽视这些与王弼对话、往来的魏晋士人所具有的思想视域。此段涉及的裴徽、傅嘏、何晏，以及"圣人有情"论中将会涉及的钟会、荀融，包括未有涉及却与这批人往来甚密的荀粲、夏侯玄等人，都是善名理而尚玄远的名士。② 他们一定程度上都"精练名理"③而能论"易及老庄之道"④。这提示了我们以政治为主题的名理学与《易》《老》《庄》玄远之学之间本就有着极为紧密的关联。他们的思想资源应不止儒家经传与《老》《庄》而已，正如所谓王弼"好老氏"，应不止《老子》五千言，除《庄子》外，《文子》一书多以"老子曰"开篇，《列子》一书亦载老子事迹，⑤ 甚至在《天瑞篇》中有以"黄帝书曰"称引《老子》的现象。"善名理"与"好玄远"背后的思想体系可以说是战国以来黄老形名学思想对诸子百家的融会以及自身的演进。

在魏初的特殊时代境遇中，这一批名理玄士已经普遍接受了"无者，万物之所资"与"圣人莫肯致言"这两个命题。"无"在《道德经》中并不是一个独立的关键概念。万物所资者，在两汉思想中也更多是"天"或"道"。"无"成为"万物之所资"，并且被认为是老子之言的核心论断，其本身就是一个值得关注的特殊思想史现象，可能是黄老形名学思想在汉末作为反对辞章之学、谶纬之学与道教方术的主要思想资源，在现实历史处境的催化下生

---

① （西晋）陈寿撰：《三国志·钟会传》，裴松之注，中华书局 1959 年版，第 795 页。
② 嘏善名理而粲尚玄远，宗致虽同，仓卒时或有格而不相得意。裴徽通彼我之怀，为二家骑驿，顷之，粲与嘏善。夏侯玄亦亲。参见（西晋）陈寿撰：《三国志·荀彧传》，裴松之注，中华书局 1959 年版，第 319~320 页。
③ （西晋）陈寿撰：《三国志·钟会传》，裴松之注，中华书局 1959 年版，第 784 页。
④ （西晋）陈寿撰：《三国志·管辂传》，裴松之注，中华书局 1959 年版，第 823 页。
⑤ 此外，王弼思想甚至可能存在《韩非子·解老》的痕迹。

成的命题。① 而从"天"或"道"出发来论证"圣人不言"的做法自战国起便屡见不鲜，遍见于《庄子》《管子》《文子》《淮南子》《老子指归》《老子河上公注》等主要的黄老文本。其通过区分圣人随时举事、论事立法所成的名言法籍以及圣人之所以能够应时权变所凭借的"抱道""法天"②，主张君王应法圣人所以为治之本而并非治之具。③ 两汉士人受其影响结合阐释了孔子"予欲无言""天何言哉"之叹。即便表彰六经的董仲舒也在相同的意义上有相似之论。④ 如果把"圣人不言"与魏晋时期"言意之辨"的时代问题结合起来考察，其实早在魏晋之前，圣人不言之意与圣人所言之典籍之间的张力就已经存在，并且不能简单地以儒道关系、语言与观念关系抑或《周易》一书的义理来概括和考量，其背后更是关乎圣人如何使天人"同而通理""合而为一"的政教治理的问题。⑤ 此即是何晏所谓的"天人之际"，他在《无名论》中也试图论证无名的圣人如何与万有相应，用其自然为天下名名，从而使天下万物各顺于天。

王弼"老不及圣"论所要解决的问题关键在于，如何在老子致言与圣人不言的情况下继续保持圣人和老子在传统政教体系之中的地位差异。刘孝标注《世说新语·文学第四》曰："自儒者论以老子非圣人，绝礼弃学。晏说与圣人同，著论行于世也。"⑥虽然何晏是否主张"老不及圣"仍存疑问，⑦ 极有可能何晏受到王弼影响而修改了自己的说法，⑧ 但这则记载提醒我们，"老子与圣人同"是汉魏之际的一个较为普遍的观点。这一说法的成因不难推测。随着名教之治的察举征辟在汉末逐渐呈现出欺名盗誉的种种弊端，清谈在汉魏之际逐渐成为一种士人彰显其自身才性的活动。于是人的言谈设论本身就能成为其性品高低的依

---

① 王葆玹在《玄学通论》中对于"玄学"之名的考察对这一问题有所启发，他认为这一方面与曹魏政权打击黄老道而忌言"道"有关(《玄学通论》第 5~6 页)。《文子》似乎更早地将"无"作为一个独立概念进行论述，如《九守·守虚》中的"以无应有，必究其理"(参见王利器《文子疏义》，中华书局 2000 年版，第 129 页)。或许"无"作为一个核心独立概念的产生或许是黄老思想演化的一个重要节点，该猜想有待进一步研究。

② 王利器撰：《文子疏义·九守·道德》，中华书局 2000 年版，第 239 页。

③ 王利器撰：《文子疏义·上义》，中华书局 2000 年版，第 469 页；刘文典撰：《淮南鸿烈集解·泰族训》，中华书局 1997 年版，第 820 页。

④ 董仲舒有"为人君者居无为之位，行不言之教"之语(《春秋繁露义证·保位权》，第 172 页)，并且进一步做出解释认为圣人"羞浅末华虚而贵敦厚忠信也，欲合诸天之默然不言而功德积成"(参见《春秋繁露义证·天容》)。

⑤ (清)苏舆撰：《春秋繁露义证·深察名号》，钟哲点校，中华书局 1992 年版，第 281 页。

⑥ 刘义庆撰：《世说新语笺疏·文学》，刘孝标注，余嘉锡笺疏，中华书局 2016 年版，第 220 页。

⑦ 参见《弘明集校笺·周重答书并周重问》，上海古籍出版社 2013 年版，第 340 页；《广弘明集·二教论》，上海古籍出版社 1991 年版，第 144 页。

⑧ 根据劳悦强的考证，王弼对裴徽提出"圣人体无"之说，应早于何晏《论语集解》成书，而这一观点一定意义上影响了何晏对于"道不可体"的理解(劳悦强：《何晏、王弼"道不可体"说的思想史背景》，载劳悦强著：《文内文外：中国思想史中的经典诠释》，台大出版中心 2010 年版，第 305 页)。

据。如此，"老子论无"便能成为"老子与圣人同"的证据。

然而，根据两汉以来政教体系中的性三品论，老子是中人，与圣人有着绝对的区分。而圣人与老子在政教体系中的地位问题，则关乎五经儒传与《老子》为代表的黄老思想之间的关系，更根本上是以何种思想资源来作为政教体系原则的问题。汉末黄老思想逐渐由隐转显，当时的儒者可能以性三品论为依据，拒绝在礼教的理解中融入黄老思想。其后，以何晏为首的一批学者则直接主张老子与圣人同挑战传统。由此看来，王弼的"老不及圣"之论恰恰是要继续维持圣人在政教体系之中的地位，同时又借助黄老思想为圣人异于中人的性品给出论证。

"圣人有情"论则包含了两段关联紧密的记载：

> 弼与钟会善，会论议以校练为家，然每服弼之高致。何晏以为圣人无喜怒哀乐，其论甚精，钟会等述之。弼与不同，以为圣人茂于人者神明也，同于人者五情也，神明茂故能体冲和以通无，五情同故不能无哀乐以应物，然则圣人之情，应物而无累于物者也。今以其无累，便谓不复应物，失之多矣。①

> 弼注《易》，颍川人荀融难弼《大衍义》。弼答其意，白书以戏之曰："夫明足以寻极幽微，而不能去自然之性。颜子之量，孔父之所预在，然遇之不能无乐，丧之不能无哀。又常狭斯人，以为未能以情从理者也，而今乃知自然之不可革。足下之量，虽已定乎胸怀之内，然而隔逾旬朔，何其相思之多乎？故知尼父之于颜子，可以无大过矣。"②

"老不及圣"论中，王弼以"圣人体无"从一个新的角度阐发了以圣人与老子为代表的中人之间的差异，此论为时人所接受。而"圣人有情"论中，王弼在进一步将"体无"展开为"体冲和以通无"的基础上，以"有情"作为圣人与中人的一致性。这正是王弼与其时何晏、钟会、荀融等主流名理玄士最为主要的分歧所在。

从这两段记载之中不难推测当时何晏、钟会、荀融等人的论说思路。他们首先承认圣人与中人或者说常人的差异在乎"体无"或"体冲和以通无"，并因此具有"寻幽极微"的"明"。而这在他们看来就意味着圣人无喜怒哀乐之情。此论亦为黄老思想中的一派所主③：圣人以

---

① （西晋）陈寿撰：《三国志·钟会传》，裴松之注，中华书局1959年版，第795页。

② （西晋）陈寿撰：《三国志·钟会传》，裴松之注，中华书局1959年版，第795~796页。

③ 参见陈金樑：《试论魏晋玄学中的"圣人无情"之意义》，载刘笑敢主编：《〈中国哲学与文化（第二辑）〉：注释、诠释还是创构？》，广西师范大学出版社2007年版，第196~226页。

道德治天下,① 即是以制御情欲的治身之道制御天下。② 喜怒哀乐之情作为嗜欲,③ 伤其身而累其心,④ 是"道之过"与"德之邪"。⑤ 因此,圣人作为理想君王没有喜怒哀乐之情。然而,儒家传统向来将人的喜怒哀乐之情作为乐感人心、礼节人情的理论基础。所以当名理玄士以"无情"来理解"圣人",就难以解释君王凭借何种共同的基础来构建制度、施行统治。

该挑战一定程度上可以说是当时士人有意为之。为了应对两汉名教之治在汉末所显现出的名实不符的弊端,曹魏政权以刑名法术为治,⑥ 而钟氏、荀氏的家族则在政治上与曹魏政权关系非常紧密。钟繇、荀彧、荀攸皆为曹操最得力的谋士,⑦ 并且钟氏、荀氏世善刑律法术。⑧ 据此推测,当时的圣人不言、圣人无情之论可以说同时具有政治手段上为摆脱两汉礼乐德教体系而推行刑名法术作论证的意义。值得注意的是,钟会、荀融皆好《易》《老》,三人曾共论其义,并且都有著作流传于世。⑨ 而荀融对王弼的辩难,正是针对王弼的《周易大衍论》而发。此书虽已亡佚,但根据其辩难的内容可以推断,这篇著作绝不只是探讨天地之数、大衍之数与《周易》卦爻而已,其讨论内容必然涉及圣人及其治世原理。

王弼则首先肯认了钟会、荀融等人"圣人体无"而具有"寻极幽微"能力的论断,并且将他们所主张的"无情"阐释为"无累"。在此基础上提出了圣人"同于人者五情也"。对此,王弼以"人生而有其自然之性,感物而有喜怒哀乐之情"作为基本原则,基于《论语》所记载的孔子事迹,认为圣人有情而从理,故无累。此处王弼对于"性""情"概念及关系的理解与王充等汉末士人极为相近,以性为天生而然,在身不发,以情为应物而发,出形于

① 王利器撰:《文子疏义·自然》,中华书局 2000 年版,第 355~356 页。
② 王卡点校:《老子道德经河上公章句·反朴》,中华书局 1993 年版,第 115 页。
③ 王利器撰:《文子疏义·九守》,中华书局 2000 年版,第 116~118 页。
④ 《庄子》内篇以哀乐不入其心为古之悬解(《庄子·养生主》),外篇以为喜怒哀乐不入孔子之胸次而伤(《庄子·知北游》)。
⑤ 王利器撰:《文子疏义·九守·守虚》,中华书局 2000 年版,第 128 页。
⑥ "魏之初霸,术兼名法。傅嘏、王粲,校练名理。"参见《文心雕龙注·论说》,范文澜注,人民文学出版社 1958 年版,第 327 页。
⑦ "太祖问彧:'谁能代卿为我谋者'?彧言:荀攸、钟繇。"参见(西晋)陈寿撰:《三国志·荀彧传》,裴松之注,中华书局 1959 年版,第 311 页。
⑧ 钟氏世善刑律,会父钟繇一再上疏建议恢复古代刑法。参见陈金樑:《魏初〈老子注〉与钟会才性之辨》,载《中国文化的传承与开拓:香港中文大学四十周年校庆国际研讨会论文集》,第 182 页。荀氏也有可能深谙法术,据载荀𫖮与孔融论肉刑,荀悦与孔融论圣人优劣,荀粲以圣人六经为糠秕,并且相较"立德高整"尚"慎密自居"(参见(西晋)陈寿撰:《三国志·荀攸传》,裴松之注,中华书局 1959 年版,第 321 页;《三国志·荀彧传》,裴松之注引《晋阳秋》,中华书局 1959 年版,第 320 页)。
⑨ (西晋)陈寿撰:《三国志·钟会传》,裴松之注,中华书局 1959 年版,第 795 页;《三国志·荀彧传》,中华书局出版社 1959 年版,第 316 页。

外，以尽性之理作为圣人区别于中人的特征。并且，根据王弼认为人皆应物而有"五情"可以推断，王弼应该也接受"人禀天地之性，怀五常之气"。① 五情发自五常之气，而圣人根据人的气禀情性制礼作乐，两汉儒家正是以此来论证礼乐名教本身的合法性与普适性。②

如果说王弼的"老不及圣"论重新论证了两汉以来的性三品论，那么"圣人有情论"则是进一步论证了圣人如何奠定政教体系。因此王弼的思想在其时代语境中显现出某种回到名教体系来综合汉末兴盛的黄老思想资源从而反对魏初刑名法术作为政治手段的思想倾向。不过，这并不意味着王弼站在儒家立场上开创性地统摄了黄老思想。其实，战国至汉初的黄老思想内部也早已孕育着相同的思想资源，③ 而以礼为本统摄形名的主张在汉魏之际亦不罕见，并且在魏初形成了礼法本末之争。④ 就王弼思想之于时代的意义只能说是以黄老思想传统所形成的名理学原则对圣人及其礼乐名教作出了新的阐发，并且将其灌注到了《老》《易》《论》的文本注解之中。

一、王弼的圣人论

既有的研究在考察名理学时业已揭示，"圣人"在名理学的政治架构中是极为重要的角色。然而，既然大部分研究者认为王弼思想已然超越了名理学、政治学的语境，那么又当以何种角度来理解王弼思想中的"圣人"概念，以及《王弼传》中对王弼圣人论的突出记载？可以说，在"圣人"概念的阐释上，尤能凸显既有魏晋玄学研究与名理学语境之间错位，以及当代中国哲学叙事自身所蕴含的先行预设与理论诉求。

汤用彤非常关注王弼对于"圣人"的讨论。在他看来，孔老两家分别作为"名教"与"自然"为核心的思想体系"全面冲突，实难调和"⑤。而圣人观念作为"理想人格"即是"会合儒道最着之处"⑥。他认为王弼通过把圣人的"真性"视为"体无"，即以虚无自然为本体，

---

① 黄晖撰：《论衡校释·本性》，中华书局 2017 年版，第 168 页。
② 是故先王本之情性，稽之度数，制之礼义。合生气之和，道五常之行，使之阳而不散，阴而不密，刚气不怒，柔气不慑，四畅交于中而发作于外，皆安其位而不相夺也；然后立之学等，广其节奏，省其文采，以绳德厚（参见《礼记·乐记》）。
③ "天生人而使有贪有欲。欲有情，情有节。圣人修节以止欲，故不过行其情也。"（参见许维遹撰：《吕氏春秋集释·情欲》，中华书局 2009 年版，第 47 页。）；"义者，谓各处其宜也。礼者，因人之情，缘义之理，而为之节文者也。""不怵乎好，不迫乎恶，恶不失其理，欲不过其情，故曰君子恬愉无为，去智与故，言虚素也。"（参见黎翔凤撰：《管子校注·心术上》，中华书局 2009 年版，第 776 页。）
④ 余敦康对魏初刑礼先后的争论有过详尽的描述（参见余敦康著：《魏晋玄学史》（第二版），北京大学出版社 2015 年版，第 36~42 页）。
⑤ 汤用彤撰：《魏晋玄学论稿》，上海人民出版社 2015 年版，第 26~27 页。
⑥ 汤用彤撰：《魏晋玄学论稿》，上海人民出版社 2015 年版，第 78~79 页。

而以政治教化为末用。① 在《王弼圣人有情义释》中，汤用彤则以性情关系为问题意识考察王弼的圣人论。汤用彤认为"圣人无情"论由圣人象天的汉代旧义与以自然而非意志释天的汉魏新义合而推得。而王弼提出"圣人有情"之意在于，圣人能反于"无"之本体的智慧自然本有，而圣人同于人的"五情"与"亦自然本有，只是圣人以无为本、以静为基，能约情和于理而以性制情、应物不伤"。王弼之所以与何晏之论有别，在汤用彤看来，是因为何晏本乎名家多论政事才性而不论善恶，而王弼则更为注重形上学问题，从天命推及人事的心性之源，是以不论才性而辨情性善恶。② 在《王弼之〈周易〉〈论语〉新义》中，汤用彤从四个方面总结了圣人概念的意义。其一，根据"老不及圣"之论，王弼"阳尊儒圣，而实阴崇道术"。其二，"圣人有情"论中王弼承认圣人之明寻极幽微，此即圣人拥有穷神研机的能力，目的是为了论证圣人能知人善任，使天下治平。其三，王弼认为圣人至公无私、因顺自然之理，此说为分位法制、礼乐教化奠定基础。其四，此理想人格对于士大夫而言意味着立身行世须顺时应变、明哲保身的楷模。③

汤用彤对于王弼思想的理解主要奠基于其中国哲学史的理解：儒家关注名教人事而道家关注天道自然，两汉经学之中阴阳术数与儒家合流而产生了汉易象数之学，而王弼援道入儒则是以虚无为本、以教化为末，由此便从汉代宇宙论演化至魏晋本体论。当然，所谓的"虚无"，汤用彤将其理解为超乎言象的"无对之本体"④，认为其与本无宗的"真如"实为同流，而又在对于王弼《周易注》的考察中将其解释为"至健之秩序"，也是"万理之全"⑤。可以说在理解上近乎宋明的"理体"或"心体"。由此，"圣人"作为所有士人理想人格，在汤用彤看来代表了理想中普遍同一的"人"的概念，反映了人在性与情关系上以虚无为体、以名教为用的体用关系，是为天道的形上学讨论贯通至人事的心性，而奠定了之后宋明理学心性论的基调。其实，汤用彤亦在《谢灵运〈辨宗论〉书后》一文中，关注到了不同时代语境下圣人可成与否的差别。⑥ 但汤用彤此论主要还为了勾勒从两汉到宋明关于人性如何成圣的问题以为王弼的人生之学以"反本为鹄"，不过其途径是反乎自足、无为无造、不学弃智而任自然，而圣人所代表的天道即是人所追求憧憬的理想。⑦ 但问题在于，既然不可成，我们又当如何理解"成圣途径"的问题呢？或许，在汤用彤看来成圣的诉求是

---

① 汤用彤撰：《魏晋玄学论稿》，上海人民出版社 2015 年版，第 29 页。
② 汤用彤撰：《魏晋玄学论稿》，上海人民出版社 2015 年版，第 60~68 页。
③ 汤用彤撰：《魏晋玄学论稿》，上海人民出版社 2015 年版，第 79~83 页。
④ 汤用彤撰：《魏晋玄学论稿》，上海人民出版社 2015 年版，第 41 页。
⑤ 汤用彤撰：《魏晋玄学论稿》，上海人民出版社 2015 年版，第 67 页。
⑥ 汤用彤撰：《魏晋玄学论稿》，上海人民出版社 2015 年版，第 92~97 页。
⑦ 汤用彤撰：《魏晋玄学论稿》，上海人民出版社 2015 年版，第 41 页。

一致的，只是事实上能否达成的问题。然而，两汉以来性三品论之中圣人与中人之间不可逾越的差异其实意味着二者在政教体系之中处于不同地位，这意味着圣人的论述与对于士人自身而言的意义之间需要经过政教体系的转换。汤用彤虽然意识到了佛教引入对于能否"成圣"问题的影响，但是不可能"成圣"的魏晋士人如何理解自身与圣人之间的关系，这一点汤用彤未能进一步研究。汤用彤之后的研究者大多遵循汤用彤的路径，将"圣人"视作士人的普遍理想人格，把"圣人"问题当作王弼形上本体论与人生修养论的结合点。

以唐君毅、牟宗三为代表的港台新儒家对于王弼思想的研究可以说进一步把圣人的理想人格视作士人的理想"境界"，从境界论的角度入手深化了本体论与心性论如何结合的论述。牟宗三在《才性与玄理》中认为，王弼言理以道为宗，而于人品则崇儒圣，是因为圣人最能体现体用圆融的境界。① 王弼在"圣人有情论"中以"圣人体无"与"圣人有情"二者各执体用一端，前者意味着圣人通"无"之"玄境"，后者即意味着应物而以礼乐教化为用。② 此外，牟宗三认为"老不及圣"论还为了说明儒学"所以推尊者在圣人能体老庄所谈之道"。不过，王弼不得不遵从圣人高于老子一般论调，故而以是否达到了体无的境界作出区分。③ 在对王弼《老子注》的梳理中，牟宗三将"体无"境界阐发为一种"主观修证的冲虚玄德境界"。这种心灵境界通过遮拨"意计造作"，能在绝对广泛的范围上关照万物"'洒脱自在'之自然"，由此心灵主体则能证明自己之为主宰的绝对性。④ 牟宗三也对王弼思想多有批评，其中最突出的是认为王弼讨论境界属于认识的、水平线型的体用关系，⑤ 只能是一种纯粹地由遮而显，不如宋明理学以仁、诚、中等内容的实际语词讨论境界，从而在"道德之体性学"上建立一种以"实现"为主的体用关系。

与牟宗三注重《老子注》不同，唐君毅更注重王弼如何以《周易注》立论。在《中国哲学原论·原道篇》中，唐君通过《周易略例·明象》的诠释间接地将圣人与士人之间通过"境界"之论关联了起来。他认为王弼不同于今文将六十四卦整体视为一自然宇宙大系统以象征人事得失功利的解《易》方式，更加注重每一卦内部在终始变动历程之中的道德意义。进而在一卦之会趣感应而言"理"上，得出一卦之"义"即是"不能离此心意之主观以言"的"境界"。⑥ 进而，唐君毅认为王弼所谓的圣人无累而有情意味着圣人"感应乃广大而不可穷极"，而这以"虚静"作为前提，因此，圣人体无即是以"无"为本的"观照"，即是"观照得

① 牟宗三著：《才性与玄理》，台湾学生书局 1989 年版，第 130~134 页。
② 牟宗三著：《才性与玄理》，台湾学生书局 1989 年版，第 78~79 页。
③ 牟宗三著：《才性与玄理》，台湾学生书局 1989 年版，第 117~127 页。
④ 牟宗三著：《才性与玄理》，台湾学生书局 1989 年版，第 140~154 页。
⑤ 牟宗三著：《才性与玄理》，台湾学生书局 1989 年版，第 119~126 页。
⑥ 唐君毅著：《中国哲学原论·原道篇卷二》，新亚研究所 1984 年版，第 332~337 页。

一切运化万变，皆同在此无中起息"①。而圣人之所以能"体无"则是以"虚通"的工夫而达到了"虚涵"的境界。② 唐君毅对于王弼思想的批评很大程度上也同于牟宗三，认为王弼注《易》而得的"意义"是形体在"大化流行"层面上的"健动"之"用"，既不见下层形体之体，亦不见此用之不息所显之上层的心体、道体。

唐君毅、牟宗三二人不同于汤用彤直接以宋明理学的概念和体系解释王弼思想，而是借用大量佛学概念的同时，明确划分出王弼思想与宋明理学思想之间的差异。在他们看来，王弼思想虽然上升到了心灵境界的高度，但最终还只是形式上的，并非是某种存有的、实践的。这一判断与他们对佛学的判断一致。在牟、唐二人的勾勒中，魏晋玄学只是从两汉经学到隋唐佛学之间的一个连续过渡阶段，因此在这个转变点上的王弼更多地呈现出了与佛学相一致的理论倾向。故而王弼的"圣人"概念被相当于佛教的"法身"概念来理解，即被理解为某种心灵观照的理想境界。根本上来说，唐、牟二人以孟、荀的"圣人人人可为"之论为儒家作为成德之教正宗，而以两汉的性三品论与人物品鉴中的凡圣先天差异之说为"命定主义"的旁支，以为其对于圣人没有恰当的理解而不论，③ 这种看法受宋明理学"道统"影响颇深。

冯友兰在考察王弼思想的圣人有情论时一方面参照了宋明理学，另一方面则是参照了西方哲学的建构。在他看来，何晏的"圣人无情"论强调了圣人高于凡人，反映了两汉神学目的论影响下将圣人神化的倾向。而王弼的"圣人有情"论则一方面肯定了圣人作为人、同于人的情感，另一方面提出一种无累于物的智慧。④ 他主要将"有情"与"体无"之间的关系理解成"一般"与"特殊"的关系，即"体"作为本质与"用"作为作用的关系，也即是一卦一"时"之"义"与具体事物变化形势之间的关系。如此，他认为"体无"理解成为人如何处理具体的自己和一般的理之间的关系，即是通过"无私""无伪"的精神境界让行动合于事理。⑤ 在他的理解之中，王弼所讨论的"圣人"还是对于所有士人而言的"理想人格"，即是无情欲之私而全然应天理而动的理想状态。可以说，冯友兰还是将"老不及圣"的问题最终归为了汉代神学目的论的残留，而忽略了王弼此论所具有的时代意义。

汤一介的研究结论大多同于汤用彤与冯友兰，只是对其中的意义做了更深的挖掘。在汤一介看来，"圣人体无而不言"意味着从本体论来说，无形无名的存在本体不能说"是"什么，而是"事物存在的根据"。因此从认识层面来说，证实本体之"无"只能通过"心神领

---

① 唐君毅著：《中国哲学原论·原道篇卷二》，新亚研究所 1984 年版，第 350~354 页。
② 唐君毅著：《中国哲学原论·原道篇卷二》，新亚研究所 1984 年版，第 343~345 页。
③ 牟宗三著：《才性与玄理》，台湾学生书局 1989 年版，第 35~42 页。
④ 冯友兰著：《中国哲学史新编（中）》，人民出版社 1998 年版，第 445~450 页。
⑤ 冯友兰著：《中国哲学史新编（中）》，人民出版社 1998 年版，第 441~444 页。

会"地"体认"。而老子则将"无"看作外在的知识对象，从而使得"有""无"对立、体用二分，由此"老不及圣"承认了孔子比老子更高明的历史事实，同时又为儒家原有的名教找了一个新的形而上的根据。① 而圣人有情论则进一步体现了王弼的体用一如思想以及情性关系。在汤一介看来，王弼看到了何晏割裂了"圣人"与一般人的关系，把"理想境界"和"现实世界""自然"与"名教""体"与"用"分为两截。同时，王弼也继承了儒家"情静性动"一支的传统，将"情"视为一种自然之性，又同其本体论相结合，以静为体，以动为用，从而以性为体，以情为用。由此，王弼的"圣人"概念在汤一介看来即是能自然而然地"体会超言绝象的本体"，不可学而致的理想目标。②

值得注意的是，汤一介把"无"理解为"不存在而有"，并且认为王弼从三方面对其根基性地位进行了论证。其一，从无规定性的"无"必须通过成就有规定性的"有"才能得以呈现，其二，多样性"有"的统一性必然是无形无名的"无"，其三，天道作为"本体之无"必然要作为经世治国者的人格才能通过圣人的治理成就天下万物的"自然"。③ 其实汤一介的论述恰恰说明了"无"并不是"把天下万物的一切属性都抽空的最一般概念"，而正是天下多样性的、有规定性的、人事上的万物皆复归其自身的手段。也就是说，其理论目的并非是存在论上对于"无"的概念思考，而是以万"有"的成就作为最终现实诉求寻求有效的价值实践手段。汤一介虽然意识到了"圣人"在其中起到的中介性作用，但由于缺乏对政教体系的考察，还是将"圣人"看作士人的理想价值境界。

余敦康的理论贡献在于尤为关注两汉至魏晋的思想史语境，这使得他能够更贴近"圣人"概念的时代内涵。他通过考察汉魏之际政治思想，发现当时的讨论更多集中在君主之上，一方面是如何知人而任，另一方面是如何建立制度。而"当时具有不同思想倾向的人都把道家的无为思想看作是理想君主的素质"④。通过这一语境的发掘，余敦康指出"圣人"的人格问题，对其时代而言其实是"理想君主"的问题。⑤ 出于这样的政教视野，余敦康认为王弼思想其实阐发了一种"社会的整体观"，"正是为了给最高统治者提供一种不违自然的内圣外王之道，才驱使王弼从时最高层次的哲学追求"⑥。言下之意是，王弼对"道""主一""自然"乃至有无之辨等理论的着眼点都在于人事，提供了一种"一种可以运用于具体实践的内圣外王之道"⑦。由此，余敦康揭示了王弼思想中"圣人"相对于整个社会

---

① 汤一介著：《郭象与魏晋玄学》，中国人民大学出版社 2015 年版，第 108~111 页。
② 汤一介著：《郭象与魏晋玄学》，中国人民大学出版社 2015 年版，第 111~116 页。
③ 汤一介著：《郭象与魏晋玄学》，中国人民大学出版社 2015 年版，第 121~128 页。
④ 余敦康著：《魏晋玄学史》(第二版)，北京大学出版社 2015 年版，第 43~50 页。
⑤ 余敦康著：《魏晋玄学史》(第二版)，北京大学出版社 2015 年版，第 95 页。
⑥ 余敦康著：《魏晋玄学史》(第二版)，北京大学出版社 2015 年版，第 175~178 页。
⑦ 余敦康著：《魏晋玄学史》(第二版)，北京大学出版社 2015 年版，第 285~287 页。

制度及其治理而言的独特地位，他认为王弼思想表达出了社会的名分等级制度只有在得道守朴的圣人的领导下才能恢复其自相治理的理想和谐状态。①

从中，我们可以明显发现余敦康凭借其对于汉魏之际名理学和政治学语境的研究，提出了一种完全不同于原有王弼思想研究的定位，即认为王弼思想最终指向的是社会现实的成就问题，而形而上学的思辨境界只是达到这一目的的手段。凭借这一定位，余敦康特别关注到了"圣王"这一概念之于百姓而言的在政教体系之中的地位。不过，由于余敦康分析王弼思想所运用的概念框架还是遵循原有的研究，从宋明理学出发结合黑格尔辩证法的概念进行理解，因此在诸多思想的解释上存在问题，例如把"体无"理解为整体的直觉把握，把"圣人有情"理解为圣人以理性支配情感的境界，又把"教化"理解为"心同此理"的推扩。②

王葆玹在《玄学通论》中运用了传统经学的研究思路，以"玄学"作为南朝宋齐的"官学"为线索，指出"伏羲"作为"玄圣"在魏晋南北朝受到空前的重视，而老子、庄周作为"传"的作者，就其性理而言通常被认作"亚圣"或"上贤"。③ 而这一划分同时也有政教意义。王葆玹指出魏文帝虽然崇尚汉文帝并且文化政策有复兴道家的意味，但由于受到经学传统的限制，名义上仍然以儒学为主，这正是王弼"老不及圣"之论的思想渊源。④ 由此，王葆玹揭示出圣人与老子、庄子之间性理品次不仅意味着玄学经典系统的义理次序，更意味着现实政教体系中的合法性次序。此外，王葆玹特别注意到了王弼的《周易大衍论》的关键意义。经过细致的辑佚与考辨，他认为此书不仅关乎太极、阴阳、五行与天地万物的关系问题，更关乎演天地之数的圣人与万物之间的应感问题。而王弼"圣人有情"论中所强调的有情以"应物"，其"应"即是卦爻之"应"，所谓"物"即是臣子百姓。而所谓圣人有情而应物，即是圣人作为一卦之主爻与其他爻"无所不应"，在应感的同时又能凭借其"通无"的能力以性正其情。⑤ 由此，王葆玹认为王弼的"圣人"概念是形上的太极本体与形而下的天地万物之间的中介

王葆玹的研究一方面可以说突出了"老不及圣"论背后的经学问题意识，另一方面，王葆玹基于《周易》的语境特别指出了所谓圣人即是一卦之"君主"，而所谓"有情"即是与它爻相应，这为我们从《周易注》切入王弼的圣人论提供了非常关键的角度。不过，由于王葆

---

① 余敦康著：《魏晋玄学史》（第二版），北京大学出版社 2015 年版，第 170~194，第 212~217 页。
② 余敦康著：《魏晋玄学史》（第二版），北京大学出版社 2015 年版，第 197~201，第 290~294 页。
③ 王葆玹著：《玄学通论》，五南图书出版公司 1996 年版，第 7~26 页。
④ 王葆玹发现魏文帝的敕文就明确主张"老聃贤人，未宜先孔子"，并且指责汉桓帝祭拜老子祠（参见王葆玹著：《黄老与老庄》，中国人民大学出版社 2012 年版，第 258~259 页）。
⑤ 王葆玹著：《玄学通论》，五南图书出版公司 1996 年版，第 430~453 页。

玹从本体论上区分了形上形下的两个世界，最终导致其在"圣人体无"的理解上面临着困难。① 究其原因，王葆玹理解王弼思想时始终带着程朱理学与康德哲学的二分框架，从而将太极、"无""性"理解为"物自体"，将万物、"有""情"理解为现象，于是便难以解释"圣人"本身如何贯通二者的问题。而王弼在当时的语境之中所要做的恰恰是通过"圣人"概念贯通崇尚名法的士人对"无情"与"有情""情实"与"情欲"的绝对二分。可以说王葆玹颠倒了王弼的时代问题意识。

陈金樑的《试论魏晋玄学中的"圣人无情"之意义》一文探讨了何晏"圣人无情"与王弼"圣人有情"之间所反映的两汉魏晋思想的演进。他分析《论语集解》指出，两汉魏晋士人普遍从"气"上来理解人性与天道之间的关联，"道"一方面意味着形名之全，具有生成万物的能力，另一方面意味着"混成"，即逻辑上无以区分其差异性，也即无形无名。由此，陈金樑认为魏晋士人对于"圣人体无"的理解即是认为圣人生而禀有此种最优最全的气，也即是刘邵、何晏等人所谓的"中和"。正因为圣人的气禀没有偏杂的特殊性，而"情"本身意味着"性"的特殊性呈现，因此何晏等人认为"圣人无情"。至于王弼的"圣人有情"论，在陈金樑看来，其主要问题并不在于是否有情，而是在于是否可致。他认为王弼为了解决整体与部分的矛盾将圣人异于常人的"神明"描绘为"深刻的智慧或者是某种清晰的心灵"，承认了人皆有"情"，而人皆有同一的"性"。由此，陈金樑认为王弼不再从"气"上来理解"无"，而是将"无"视为逻辑意义上存在的优先性，即非存在的存在者的起源。进而从本体论上"无"的角度来理解事物的"自然之性"，将其视为某种本真的状态。

陈金樑的研究可以说在"圣人二论"的阐释上细化了前人对于王弼之于哲学史地位的判断，最明显的即是在王弼与何晏的思想之间找寻某种"断裂"。然而，陈金樑提供的诸多论据本身并不成立。其一，圣人有情自然意味着圣人有性，然而这是否意味着圣人与百姓有着同样的性？答案当然是否定的。② 其二，将"神明"理解为"智慧"更是完全忽视了"神明"二字在王弼注《老》《易》《论》时的含义。其三，何晏论气，王弼亦论"任自然之气"（《老子注》第 10 章），"性"是在"性静情动"的视域下才作为万物终始生成的"性命之常"，也就是说"性"的不可知本身是在"时变"的意义上凸显的，而不是所谓的"追求恒常之无"。

---

① 王葆玹着力于强调"无"本身与圣人"通无"的区分，关键在于其有"情"的动机（参见王葆玹著：《玄学通论》，五南图书出版公司 1996 年版，第 451~452 页）。然而王弼注《老》时，不仅认为"圣人与天地合其德，以百姓比刍狗也"（参见《老子注》第 5 章），更强调圣人之"情不可睹"（参见《老子注》第 20 章）。

② 《论语集解义疏》中认为，圣人凭借其淳清的性品，有情而无不中节当理，此中人亦不能及。由此，"有情"不能得出"性同"更不能得出"可致""道不可体"一说上王弼与何晏的注释全然相同便是明证，后文将会展开分析。

可以说，陈金樑对何晏等人"圣人无情"的研究恰好揭示了"圣人有情"的语境，而他对于"圣人有情"的解释则完全出于宋明理学的种种先行预设。

劳悦强在《何晏、王弼"道不可体"说的思想史背景》一文中以"体道"与"道不可体"之间的张力为问题意识展开研究。他认为，自先秦至西汉黄老思想所主的"体道"之说，主要含义为不以人害天。至于汉魏之际则逐渐兴起了"道不可体"之说，并且伴随着"体道"高于"慕道"的认识。劳悦强认为其原因在于，此时士人主要以《易传》的变化之道贯通儒家经世之学与《老子》的虚无之道，进而从"研几知神""与时相随"的角度来理解"体道"。而刘邵在此基础上将圣人的"中庸之德"理解为应感通变的能力，由此谓之"其质无名"。这种做法，在劳悦强看来不仅是其创解，更是王弼思想的先嚆。

劳悦强的研究提示了我们，对于"道"的理解在不同时代可能有不同面向的展开，而汉魏之际的士人相较于前，尤其重视"时变"这一面向的含义。"时变"在当时的语境之中，不仅划分了"体道"的圣人与"慕道"的士人之间的性品，也使得"志慕"或者说"学"的意义指向了合于时变。因此，"圣人体无"需要从应感与时变的角度来理解。可惜的是，劳悦强没有对"体"的含义进行详细的考察，始终把"体道"理解为一种"精神境界"，也就忽略了圣人作为君王与士人作为臣子之间政治地位的差异性，[①] 从而忽视了"体道"在现实层面上的意涵。

皮迷迷在《"隐圣同凡"：〈论语义疏〉中的孔子形象》一文中特别关注了受王弼"圣人二论"影响下魏晋六朝的玄学圣人观。她认为在《论语义疏》中圣人孔子呈现出两副面貌，其一是孔子在具体的情境之中，根据具体的形势，面对具体的对象"应机作教"。这是孔子区别于前世圣王的一种"全新的教化者形象"。其二是魏晋六朝儒者继承"汉代气禀性情"之说，认为孔子与中人在气禀清浊上有绝对的、不可逾越的差异。这种差异的内在根基是孔子"体寂而无心"，在皮迷迷看来，即意味着"超绝于有形世界之上的存在"。而两个截然不同的面向之所以统一，则是因为世道衰乱，孔子不得不"隐圣同凡"而集两面于一身，以一种"齐同凡俗"的形象为士人提供一种可理解、可效法的学习途径。基于此，皮迷迷认为王弼的"圣人有情"论标志着汉代圣人观与魏晋圣人观的转折，使得圣人从"非凡俗可学"，凡俗只可学圣人制作的法度，转变为了"可与凡俗共情"，从而为后来宋儒"学做圣人"之说敞开了可能性。

皮迷迷的研究可以说是从魏晋南北朝时期士人对《论语》的理解之中发现了王弼"圣人论"所产生的巨大影响，从而为我们指明了应当以何种时代问题来理解"圣人二论"。她明

---

① 其实考察《文子》《淮南子》《老子河上公注》等先秦两汉黄老思想的"体道"诸说不难发现，其所谓述的主语通常是君王，而并非是士人，君王以其治身之道治理天下。

确了魏晋南北朝士人从汉代以来的气禀性品说出发来理解"体无"与"体有"之间的差异，也即是老子与圣人之间的差异。不过，在何谓"体"的问题上，皮迷迷的解释流于笼统。可能受到"体知"或"精神境界"说的影响，她将其理解为一种"内在面貌"，一种"本质"，一种"超绝于有形世界之上的存在"。其实，"气禀性品"的概念框架已经指明了"体无"意味着圣人优异的气禀材质。① 而正是因为对"体"的理解尚有不足，从而导致了对"情"的理解也有所欠缺。皮迷迷把"体无"和"有情"看作"圣人"概念内部对立的概念，认为"体无"之说导致了孔子不可学而致，而"有情"之论则最终使得宋明儒学发展出"可学而致"的理论。但是"情"本身并不意味着圣人与中人之间有着消弭一切差异的"共情"，而只是意味着圣人凭借其气禀的材质之性应感外物而彰显其"情"。王弼所主张的，恰恰还是汉代气禀性情之说的性静情动原则。② 其实，汉儒不仅不认为圣人无情，圣人的好恶喜怒哀乐之情甚至被视为是其类合天道之理的方式。皮迷迷在"圣人有情"的考察中力图划分出汉代圣人观与魏晋圣人观之间的差异，目的很明显是为了论证魏晋思想与宋明理学之间的传承关系。而这背后潜藏的理论预设可能还是将佛教的影响排除在儒家的传承体系之外。

近年来只有极少数学者直接针对王弼的圣人论进行研究。李兰芬在《体无何以成圣?》一文中的研究则综合了汤用彤、汤一介、牟宗三等人的说法，基于杜维明《魏晋玄学中的体验思想——试论王弼"圣人体无"观念的哲学意义》一文中对于"体知"概念的分析研究了王弼的"圣人体无"论。李兰芬认为"体无"是境界层面上、本体论角度上的"圣人之知"，是"一个与人认识和参与相关的、由具体至'玄远'或抽象的过程"，而人"只有主动放弃某种执着，才能在虚己的过程中，达到永恒之无的无限性和普遍性"的认识过程。李兰芬研究中对于"体无"这一境界工夫或者说哲学工夫的种种描绘，可以说充分展露了魏晋玄学研究中的种种先行预设，例如偏向于借鉴佛学"成圣"与"境界"的问题意识，又如倾向于借用"本体论"与"辩证法"的概念框架，等等。

李芙馥在《"应物而无累"与王弼圣人观——以王弼易释为中心》一文中凭认为老庄道家向来主张"弃世无累"，何晏从此说故曰"圣人无情"。而《周易注》则体现出王弼对于应物而"得志"的追求。因此，王弼为了解决"应物得志"与"出世无累"之间的矛盾，将"体无"最终归结为"神明"，即一种"自知之明"。此论的出发点即是将"弃世无累"与"应物无累"对立起来作为两种不同的"无累"路径。然而事实上何晏并不追求"弃世无累"③，并且

---

① 参考刘邵、何晏等人的论述，这种"无名"的材质在名理品鉴中即意味着圣人在时变中的中庸之德。

② 汉魏之间的圣人观是否存在差异，这是一个非常重要的问题。其实，汉儒不仅不认为圣人无情，圣人的好恶喜怒哀乐之情甚至被视为是其类合天道之理的方式(参见《春秋繁露义证·天容》)。

③ 何晏有云："鬻、庄躯放玄虚，而不周乎时变"(参见《晋书·王坦之传》)。

以《文子》《淮南子》为代表的先秦黄老思想中,"无累"并不意味着弃世,而恰恰是君主治世以公、随时应变的前提。可以说,李芙馥的理论还是基于儒家入世与道家出世的先见,没有关注到战国至两汉期间黄老道家与儒家思想的相互影响和交融。

其实,王葆玹、陈金樑、劳悦强、皮迷迷四位学者的研究一定程度上都根据魏晋的时代语境意识到了"圣人体无"与"圣人有情"之间的张力问题。王葆玹、陈金樑的研究更多地揭示了《易》《论》结合所产生的"性情"问题,劳悦强的研究关注到了《易》《老》相合所产生的"时变"问题,皮迷迷的研究则体现了《老》《论》相合所产生的"教化"问题。"性情""时变""教化"三个问题意识可以说全部来源于先秦两汉的名理学传统,但是这些研究却或多或少以此在思想史上划清两汉思想与魏晋思想之间的界限,将王弼思想从"本体论"或者说"精神境界论"的角度来理解,从而没能进一步阐发这些概念对于时代问题的回应。可以说,只有将王弼的圣人论置于名理学语境来理解,其思想的一贯性建构以及其理论的时代意义才能得以展现。

二、圣人体无而不言

(一)从天地之"业"到体道之"德"

"圣人体无"可以说是"圣人二论"的核心。在"老不及圣"论中,王弼将圣人与老子的差异归结为"圣人体无"而"老子是有者"。在"圣人有情"论中,王弼进一步认为圣人之所以异于人者在于"体冲和以通无"。可以说,"体无"在圣人二论中构成了圣人与中人差别的核心之所在。然而,王弼的传世文献中却不见对于"体无"的进一步解释。① 虽然战国以来"体道"之说在黄老思想、两汉经学之中屡见不鲜,王弼《老子注》中也有"体道大通"或"与道同体"之说,但不能把二者简单地等同起来。我们需要先从王弼的思想之中考察"无"与"道"的关系。

"道"在王弼看来不是一种"定乎彼"而"有所分"的"名",只是一种"出乎我"而"有不

---

① 对此,有学者把宋明理学的"体知"作为整个中国哲学的通解,把"体无"阐发为某种"体知"(参见杜维明:《魏晋玄学中的体验思想——试论王弼"圣人体无"观念的哲学意义》,载孔祥来、陈佩钰编著:《杜维明学术思想文选》,上海古籍出版社 2004 年版;李兰芬:《"体无"何以成圣——王弼"圣人体无"再解》),载《中山大学学报(社会科学版)》2008 年第 4 期。或者某种心灵的认识境界(唐君毅、牟宗三之说见前文)。然而,"体"在汉魏之际也不具有其后的"本体"以及"本体之悟"的含义,正如唐君毅指出的,其更多地被理解为"形体"而不见形上之本体(参见唐君毅著:《中国哲学原论·原道篇卷二》,新亚研究所 1984 年版,第 343~345 页)。林采佑在《略谈王弼体用范畴之原义——"有体无用"之"用体论"》一文中也指出此时并不存在后来意义上的体用论范式。

尽"的"称"(《老子指略》)。称其为道基于这样一种事实：万物皆由之生成终始(《老子指略》;《老子注》第1、14章)。凭借这一事实，我们才以道的称谓展开讨论。所以，从"字以称可"的规则来说，"字之曰道"就意味着道是万物之终始生成之所以可能的根据(《老子注》第25章)。而道本身对于万物的生成终始来说，其功效无所不至，因此道无所分而不可定其形，即无形无名(《老子注》第25章)。仅凭借其使万物终始生成过程中所呈现出的不可见闻、幽冥无形状态(《老子注》第47章)，也可以"称"之为"玄"(《老子指略》;《老子注》第10章)。而王弼运用汉代"以真定名"的名理学原则①合二者而论之，认为我们根据万物的生成变化，这一具有绝对确定性的事实之"真"，来推求其不可得而定的根据并为之命名，那么勉强可以"无名"为之"命名"(《老子注》第21章)。所谓"凡有皆始于无，未形无名之时则为万物始"(《老子注》第1章)。王弼所论之"无"，即是"无名"的简称。虽然王弼在注解论述中保留了"道"与"无"的两种谓述方式，二者也一而无分(《老子注》第25章)，但当王弼以道称之，王弼更倾向于强调万物由之得以生成变化的事实功业，而当其以无名之，更强调它达成此事实功业的过程中所呈现出无形无名的状态。

由此，王弼从"道"与"无名"两个角度展开对于圣人的论述。王弼以为"道以无形无名成济万物"，而圣人作为"从事于道"者，同样"以无为为君，不言为教"，从而使得万物各"得其真"，在这个意义上，圣人"与道同体"(《老子注》第23章)。② "体道"之说借助了道之为"称"的意义，强调圣人在万物终始生成中的根基性地位，而"无形无名"就是圣人在这一过程中所呈现的状态。正是因为万事万物皆得成济、各得其真，即此种"大爱""至美"的功业包通万物的终始生成，"无私""无偏"，因此我们无法定其形而得其分，所以圣人"如天之道""无形无名"(《论语释疑·泰伯》;《老子注》第77章)。前文已及，王弼解释《系辞》中圣人法天地易简而成"贤人之德"亦曰，"不曰圣人者，圣人体无，不可以人名而名，故易简之主，皆以贤人名之"(《周易大衍论》，辑佚)，③ 可以说王弼运用名理学原

---

① (清)苏舆撰：《春秋繁露义证·深察名号》，钟哲点校，中华书局1992年版，第283页。

② 此处并没有注明谓述的主语，但是从《老子注》第2章"圣人处无为之事，行不言之教"以及王弼注第17章"大人在上，居无为之事，行不言之教"来看，谓述主语应是"圣人"。

③ 《诗经·周颂·天作》颂文王"有夷之行，子孙保之"，毛苌注"夷"为"易"，郑玄笺之以为文王有"佼易之道"，并引《易传·系辞》论"文王之道，卓尔与天地合其德"，孔颖达疏《系辞》"贤人之德""贤人之业"之语而引王弼曰："不曰圣人者，圣人体无不可以人名而名，故易简之主，皆以贤人名之。"(参见《毛诗注疏》，上海古籍出版社2013年版，第1901页)。关于此章出自王弼《周易大衍论》的考证，可参见王葆玹的论述(《玄学通论》，五南图书出版公司1996年版，第448~450页)。此处郑玄论圣人与天地合其德，孔颖达特意引王弼之说来解释其德不可名，一定程度佐证了王弼将圣人之德与无形无名的勾连起来的做法。

则将"道"与"圣人"论述为"无形无名"的过程是一致的。①

若论圣人之所以能够成"则天之道"功业的内在之依据，则是其有"则天之德"（《论语释疑·泰伯》），或者说，圣人能与"与天地合德"（《老子注》第77章）。此说承自先秦两汉以来广为遵奉的"大人者，与天地合其德"说法。② 所谓天地之德，在王弼看来，即是天者"遍覆"，地者"遍载"之德（《老子注》第25章），万物终始生成于天地之中（《老子注》第5章），故而天地也可以说是万物终始生成之所以可能的场域。天地在万物终始生成过程之中呈现出任其自然、"无为无造"的状态（《老子注》第5章），因此王弼指出天、地与"道"和"圣王"共列域中四大，其德皆是"不可得而名"之言（《老子注》第25章）。我们既可以说此四者是对于万物终始变化之所以可能的四种根据，但更确切地说，应该从四种不同的角度描摹了万有得以终始生成的"无名"根据。道、天、地、圣王毕竟是出乎我而称其可的"字"，而"无名"才是定其至真之极的"名"（《老子注》第21章）。王弼的注解体现了名理学以"无名"统合道论、天地之论、圣王经典之论与天道之论的努力。

以"与天地合德"的角度论述圣王之德不仅在理论框架上统合于无名，又在具体含义上关联《周易注》而得以进一步展开。王弼注"天乃道"云"与天合德，体道大通，则乃至于极虚无也"，又在前文以"无所不周普"注解"王"，以之作为同乎天德的具体表现（《老子注》第16章），"周普"二字提示我们王弼以《周易注》的思路展开其论述。③"德施周普"出自乾卦九二，王弼注曰："德施周普，居中不偏，虽非君位，君之德也。"何谓"虽非君位"？在王弼看来二、五皆"大人之德"，为天下所利见，只是二位阳爻不当其位。④ 相较九五圣人位乎天德，已然使万物各从其类，九二圣人处无王位以叙其德之时，在王弼看来即是圣人"资纳于物"，以可见之日行示其君德（《周易注·乾·文言》）。也就是说，虽然圣人与天地相合之德是一贯的，但是圣德在二、五不同之"位"上为天下所"利见"的表现不同，也有不同的目的。九五以德位相配来描述万物睹而自正、天下得宜的圣人功业，而九二则以有德无位刻画圣人之德在庸常日行方面"居中不偏"的表现，即言信行谨、闲邪存诚、博

---

① 何晏《无名论》可以佐证此种论证是汉魏名理学原则下的普遍思路，其曰"尧荡荡无能名焉，以其巍巍乎所成之功而强为之名"（参见《列子集释·仲尼》，中华书局2016年版，第126~127页）。

② 除《易传·文言》外，此语于先秦多见于黄老文本，如《鹖冠子》《文子》《淮南子》《管子》，两汉的文籍中也多直接引用此语，如《白虎通》《论衡》等。

③ 对观同是兴起于汉魏之际的《老子河上公注》，虽然河上公同样以圣人之德的思路解释"天"，但是河上公可以说几乎不释"王"与"道"，也没有"周普""体道"之语。其注"王乃天"曰"能王，德合神明，乃与天通"，注"天乃道"曰"德与天通，则与道合同"（参见《老子道德经河上公章句·归根》，中华书局1993年版，第64页）。

④ 《宋本周易注疏》，王弼，韩康伯注，孔颖达疏，于天宝点校，中华书局2018年版，第45页。

施化众。这是圣人用以聚学问辩、闻名天下的具体方式(《周易注·乾·文言》)。① 王弼以不当其王位的乾卦九二来注释《老子》中的"王",刻意制造这种张力的目的可以说是为了凸显中正无偏才是圣人之所以实现其功业的方式之所在。可以说,此处正是为《论语》中有德无位的孔子作论证。

(二)中庸无形与中和质备:从性行到材质

前文已论,王弼认为圣王与天、地和道一样,虽然致使万物得以终始生成,但在这一过程却始终呈现"无形无名"的状态,此是就"体"所呈现的"形"而言。而"中正无偏"作为圣人之"德"又是万物终始生成的功业之所以可能的依据,此是就"体"所生发的"行"而言。那么如何理解"中正无偏"与"无形无名"之间的关系?这就关涉名理学原则在汉魏之际特殊的人物品鉴语境之中的建构。② 人物品鉴的问题意识即是通过人外在的"形"与"情"表现判断其内在玄微的"性"与"质"作为"理"的根据,③ 以此来辨识其材,④ 并且考量如何将其材质运用于政教体系之中,⑤ 进而赋之以"名",⑥ 任之以"业"。⑦ 人皆含元气、秉阴阳、体五行而生,这是汉魏时代语境之中的共识。⑧ 但不同的人却在与物交接的言行举止之间有不同的特点。推究其差异性的原因,则是因为人的五行材质有所"偏杂",⑨ 故而当其以

---

① 圣人"资纳于物"在政教体系中有着隐圣同凡、自同常物、以身率导等重要意义,是圣人为中人建立教化的具体方式,这一点将在下文展开。

② 这里在广义上使用"人物品鉴"一词。"清议"或者"人物品评"作为一种特定时代的特殊现象兴起于东汉末年。但是在察举征辟的选官制度框架下考量人的成就、行为与材质之间的关联,则可以说是先秦黄老一直延伸到两汉普遍的政治活动。这一政治活动普遍与名理学原则相结合,因此也可以称其为"名理品鉴"。汉魏的名理品鉴可以说是黄老思想"身国同构"原则,即养身与理国两个同构领域的交互阐发。这一点无论是在董仲舒的"仁义法"还是在东汉强调"以义治身"的理论中都有所呈现(参见《〈春秋〉与"汉道"两汉政治与政治文化研究》,中华书局 2011 年版,第 220、573~577 页)。"清谈"从一定意义上来说,也是士人彰显其自身才性的方式。

③ 王晓毅译注:《人物志译注·九征》,中华书局 2019 年版,第 12 页。

④ 王晓毅译注:《人物志译注·材理》,中华书局 2019 年版,第 94~97 页;(三国魏)刘邵撰:《人物志·材能》,刘昞注,中国书店 2019 年版,第 105~106 页。

⑤ 王晓毅译注:《人物志译注·体别》,中华书局 2019 年版,第 46~53 页。

⑥ 王晓毅译注:《人物志译注·八观》,中华书局 2019 年版,第 169 页。

⑦ 王晓毅译注:《人物志译注·流业》,中华书局 2019 年版,第 71 页。

⑧ 从阴阳五行与五常上来理解性命是两汉的一贯做法。如郑玄注《礼记·中庸》注"天命之谓性,率性之谓道"曰:"天命,谓天所命生人者也,是谓性命。木神则仁,金神则义,火神则礼,水神则信,土神则知。"《孝经说》曰:"'性者,生之质命,人所禀受度也。'率,循也。循性行之,是谓道。"(参见《礼记正义》)。此说自董仲舒已有论云"人之形体,化天数而成……人之情性由天者矣"(参见《春秋繁露义证·为人者天》)。王充虽疾虚妄,亦曰"人禀天地之性,怀五常之气"(参见《论衡校释·本性》)。

⑨ 王晓毅译注:《人物志译注·九征》,中华书局 2019 年版,第 32 页。

自身材质"应感"它物时便会显现出其自身材质的特点。① 所以要考量一个人在社会中承担何种"名"从事何种"业"，根本上就是根据其言行举止的"感应"之"行"显现出什么样"形"的特点，辨识其五行之"质"之间如何相成、相反地作用而产生"偏杂"。②

因此，从名理学的角度来看，"圣人"之为一种名号首先标识着无所不通、无所不照、化成天下的功业。③ 从这种无所不周的功业则以圣人"中正无偏"之"德"作为依据，而以品鉴的方法"察"其言行举止的中正无偏，则只能得其"平淡"。此"平淡"是就品鉴活动所观察到的"形"而言，即是"无形"，④ 继而无从得知其形质"偏杂"的特殊性。可以说正是凭借着名理品鉴的话语体系，圣人的"中庸之德"的"体行"被转化为了"无形无名"的"形体"。在这个意义上，王弼才认为圣人大爱无私、至美无偏的则天成化之德无形无名(《论语释疑·泰伯》)。因此，王弼提出的"圣人体无"当理解为圣人庸常日行中正无偏，故而"不可以人名而名"(《周易大衍论》，辑佚)。⑤

不过，圣人的"无形无名"不仅仅在名理品鉴中被视作一类特殊的考察对象。"无形无名"在汉魏阴阳五行、同类相感的知识范式之中⑥还意味着圣人与万物极为特别的交接应感方式。圣人毕竟也禀阴阳五行之气而生，感应外物而动。所以名理学家在"察"其"无名""无形"的基础上，推"求"圣人的材质为"中和"之气。所谓"中和"即是五行之气皆备而无偏杂。是以圣人以其生而气禀的中和材质应感外物，就在庸常日行之中体现为"居中不偏"的"中庸之德"，⑦ 此是以"体质"来解释"体行"。汉魏普遍用这种"具体的"方式来理解圣人"无形无名"而化成万物，⑧ 王弼的注释中即有明确的体现。他认为"温"即意味着"不厉"，"威"即意味着"心猛"，"恭"即意味着"不安"，这些都是相对、相反的"名"。而

---

① 王晓毅译注：《人物志译注·八观》，中华书局 2019 年版，第 163~164 页。
② 王晓毅译注：《人物志译注·材理》，中华书局 2019 年版，第 86 页。
③ 王晓毅译注：《白虎通疏证·圣人》，中华书局 2019 年版，第 334 页。
④ 王晓毅译注：《人物志译注·九征》，中华书局 2019 年版，第 13、29 页。
⑤ 《毛诗注疏》，郑玄笺，孔颖达疏，朱傑人、李慧玲整理，上海古籍出版社 2013 年版，第 1901 页。
⑥ 参见《论语义疏·公冶长》。
⑦ 王晓毅译注：《人物志译注·体别》，中华书局 2019 年版，第 40 页。
⑧ 后人将何晏与王弼的思想皆看作立论"以无为本"(房玄龄撰：《晋书·王衍传》，中华书局 1974 年版，第 1236 页)。何晏在《无名论》(参见《列子集释·仲尼》)中就运用了阴阳五行、同类相感的原则来阐释道、物与圣、民之间的关系。他首先简要论证了万物异于近而同于远的规律。根据这一规律，"无名"之"无所有"既然是玄远之极，那么它便能与近处的万有万物相感应。由此，圣人即其"无名"而"自然"之本与万物相感，通过"命名"的方式使天道与万物相结合。何晏的这种论证方式同董仲舒极为相似，董仲舒认为物以类相动，无形而自然，圣人别其类，名其真而应其事，是以静而无形以致治(参见《春秋繁露义证·同类相动》；《春秋繁露义证·保位权》；《春秋繁露义证·玉英》；《春秋繁露义证·深察名号》)。

孔子"温而能厉，威而不猛，恭而能安"，这是因为圣人全具众理而无偏，无偏故不可名。① 其最终的现实根据，则在于圣人"中和备质，五材无名"，即气禀中和兼备五行材质无偏杂，故而无名(《论语释疑·述而》)。②

圣人之体禀中和之"质"，故而"体行"中正无偏，进而"形体"无形无名，这一思路似与"圣人有情"论中圣人"体冲和以通无"的说法遥相呼应(《王弼传》)。以"虚"训"冲"为"盅"，一直是所谓"道家"语境中最广泛接受的含义。③ 不过王弼在注《老子》"道冲用之或不盈"时没有明确地训"冲"为"虚"(《老子注》第 4 章)。王弼所注"满以造实，实来则溢"之语似与"虚"相对，但完全可以被看作对于"不盈"的解释。而前句王弼所注"冲而用之，用乃不能穷"不必然意味着"用虚"。"冲"者，"盅"也，以器皿之"中"为"虚"，其意义本身就需要经过"中"的指示中介，并且"虚"只是比喻性的说法。《老子》以天地类比橐龠，言"虚而不屈""不如守中"，可以说思路似与"道冲用之或不盈"更近。④ 王弼注之以为"橐龠之中，空洞无情，无为故虚，而不得穷"，"橐龠而守数中，则无穷尽，弃己任物，则莫不理"(《老子注》第 5 章)。除此章外，王弼更注有"若无所中，然乃用之不可穷极也"(《老了注》第 35 章)，"况复施为以塞大道之中乎"(《老子注》第 53 章)之语。可见王弼亦明确地提倡"用中""守中"，义理上可以直接说是"中而虚"，无需"冲"的中介。此外，老子有"万物负阴而抱阳，冲气以为和"之语，王弼注曰"万物之生，吾知其主，虽有万形，冲气一焉"(《老子注》第 42 章)，此章注解则完全不涉及"虚"。总之，若"虚"释"冲和"之"冲"，不仅需要经过极其复杂的理论转化来阐释"虚"如何达到"和"，更何况以"虚"释"冲和"不见于汉魏的任何文本。

而把"冲和"理解为"中和之气"不仅是汉魏已然存在的做法，同时也让王弼思想更契合整体的思想语境。列子有云"一者，形变之始也。清轻者上为天，浊重者下为地，冲和气者为人；故天地含精，万物化生"⑤，张湛注引《文选·西征赋》《文子·九守》《文子·精诚》《文子·上德》《淮南子·泰族》以及陶洪庆之说，证"冲""中"相通，以为阴阳交会，

① 此解在后世有不小的影响，如杨倞注《荀子》"中和者听之绳也"，曰"中和谓宽猛得中也"(参见《荀子集解·王制》，沈啸寰、王星贤点校，中华书局 1988 年版，第 151 页)。

② 王弼云："中和备质，五材无名"，而皇侃疏引栾肇云："圣人体备，贤者或偏。"(参见《论语义疏·子张》)，可证明以名理品鉴角度认为"圣人体中和"于魏晋之时不乏其例。

③ 楼宇列即以此说释"体冲和以通无"(楼宇烈校释：《王弼集校释》，中华书局 1980 年版，第 643 页)。

④ 与王注并称于魏晋的《老子河上公注》就给了我们一个非常好的解释范例，其注曰："冲，中也。道匿名藏誉，其用在中。或，常也。道常谦虚不盈满。"(王卡点校：《老子道德经河上公章句·无源》，北京书局 1993 年版，第 14 页)。

⑤ 此处前半段与东汉至关重要的纬书《周易乾凿度》完全相同，又隐约可见其与《老子》第 42 章及王弼注的紧密关联。

气和人生,"中和气者,宅和气之中"①。天、地、人的结构里人处其中,故而以其禀天地阴阳和气而生谓之"中和之气"。由此看来"中和之气"似不专指圣人的气禀材质。但是,得气中和并非人人皆生而实然的状态。百事得其正位、万物生成得理、名实相符、奸邪不起,这种人与天地万物一气相通的状态需要依靠圣人所制的礼教才能完成,只有圣人才能使人"极中和"从而使天下"致太平"。② 因此在政教体系内部,以性三品论来定位和区分圣人与中人,再以名理品鉴的问题意识探求圣人与中人之所以不同的气禀原因,可以说圣人生而处于禀气中和的实然状态是中人后天之所以能够得气中和的必要条件。此种理解可以说延续了汉魏以来的问题意识。③

同时,"中和之气"也不仅意味着人在三才的结构中与天地相通、相合,更具有其特殊的时代内涵。汉魏对于气的讨论始终在阴阳五行的知识范式之中,而名理品鉴对于人生气禀的讨论又始终不离五行所对应的五常。从王弼的《周易大衍论》及《王弼传》所记载的内容来看,王弼思想中天地阴阳运化与圣人生禀气性这两个主题也有非常紧密的关联。王弼在讨论大衍之数时,首先论证了天地之数如何分别合为五行,而五行又相合于中,成数五十,圣人用此五十之数而成卦,这一定程度上可以看作圣人如何应感五行万物而成卦的论证(《周易大衍论》,辑佚)。④ 而王弼回应荀融对其"大衍义"的发难,则主要就圣人"不可去自然之性"故而不可无喜怒哀乐之情展开(《王弼传》)。其实,我们不难发现王弼阐释圣

---

① 杨伯峻撰:《列子集释·天瑞》,中华书局 1979 年版,第 8 页。

② 郑玄注"中庸"曰"以其记中和之为用也。庸,用也。孔子之孙子思作之,以昭明圣祖之德也",孔颖达正义"致中和,天地位焉,万物育焉"曰:"致,至也。位,正也。育,生长也。言人君所能至极中和,使阴阳不错,则天地得其正位焉。生成得理,故万物其养育焉。"(参见《礼记正义·中庸》);"元气自然,共为天地之性也。……太阴、太阳、中和三气共为理,更相感动,人为枢机,故当深知之。……当合三统,阴阳相得,乃和在中也。古者圣人治致太平,皆求天地中和之心,一气不通,百事乖错。"(参见《太平经合校·名为神诀书》);"是以,圣人去力,去巧,去知,去贤。……治之于乡,则睹纲知纪,动合中和,名实正矣。白黑分明,曲直异理,是非自得,奸邪不起。……不行而知,不为而成,功与道伦,宇内反真,无事无忧,太平自兴。"(参见《老子指归校笺·善建》)

③ "中和"一词最早与儒家所主张的乐感人心、发人情关系紧密(《礼记·乐记》),两汉经学则把五行感应与以身治国结合起来论证。董仲舒在系统整合了元气、阴阳、四时、五行的天道运行框架基础上,提出了"二中二和"之说,把"中和"视作事物在四时中的终始生成(参见《春秋繁露义证·循天之道》)(可参见吴飞:《董仲舒的五行说与中和论》,载《中国哲学史》2020 年第 4 期,第 74~82 页。)。进而在圣人以义养心、以事明义的原则下(参见《春秋繁露义证·仁义法》;《春秋繁露义证·身之养重于义》),把"中和常在乎身"视为圣人"能以中和理天下"而成天下生成的圣德之根据(参见《春秋繁露义证·循天之道》)。东汉的士人循此思路更重视圣人所制的"中和"之"义"如何让士人自己"节欲度情""养心正性",从而以官吏的身份"正身率下",帮助圣人推行教化(参见陈苏镇著:《〈春秋〉与"汉道"——两汉政治与政治文化研究》,中华书局 2011 年版,第 571~576 页)。

④ 萧吉在《五行大义·体性》中讨论"五行及生成数"引"王曰""韩曰""谢曰"以论天地之数与大衍之数之间的关系(《五行大义》,第 10~11 页)。关于"王曰"是王弼所论以及王弼大衍论的前后论证次序的考证,可参考王葆玹的论述(《玄学通论》)。

人无形无名之时，好用由"五"至"二"再至"一"的思路。他通常先举数"五"以音乐、滋味、教化、五行来类比，如"至和之调，五味不形；大成之乐，五声不分"（《论语释疑·述而》），又如"天生五物，无物为用；圣行五教，不言为化"（《老子指略》），然后再上升到"对反"之名的否定从而反推至万物之宗主，如"五物之母，不炎不寒，不柔不刚；五教之母，不皦不昧，不恩不伤"（《老子指略》）。"唯不阴不阳，然后为阴阳之宗，不柔不刚，然后为刚柔之主"（《周易大衍论》，辑佚）。① 这种由五行反推至阴阳最后至元气的思路可以说与两汉思想一脉相承。②

基于这种数论的思路，王弼思想里圣人禀气中和一方面意味着无偏无名，而另一方面又意味着全具众理。"五材兼备"意味着全具五常之性，全具五常则意味着五情发而中节。圣人订立的五经也由此有了与天道五行相贯通的权威性，而禀有五材的中人也就因此有着达到五常之价值的先天可能性。由此，我们不仅能够看到"圣人体无"论与"圣人有情"论的内在关联，也一定程度上看到王弼圣人论为名教体系奠基的理论价值。

圣人体道之说经过名理品鉴的意义阐释而得到深化，圣人的"形体"呈现出"无形无名"的状态，意味着圣人与它物应感的"体行"中正无偏，而这之所以可能的根据，在于圣人"体质"禀气中和。③ 其中所谓"体"，就是人生而禀有气质、行而见于其形、作而成就其业、以其实而命之名的"体"。这种"身体"意义上的圣人之"体"在汉魏的政教体系之中有着极为关键的意义。可以说，汉魏之际的名理学家的人物品鉴活动正是遵循着黄老思想的治身以治国构想、两汉经学的阴阳五行原则以及东汉对于士人的修身与授业的关注，细化了从"中和之身"到"无名之德"，再到"无为之治"从而成"天下之业"的论证。

三、圣人有情以立教

（一）"学"视域下"体"的差异

"老不及圣"论中，王弼以"体无"作为圣人与中人差异，维持了既有政教体系之中"圣

---

① 《春秋穀梁传·庄公元年至十八年》传曰："独阴不生，独阳不生，独天不生，三合然后乃生"，范宁解释"天"而注云："会二气之和，极发挥之美者，不可以柔刚滞其用，不得以阴阳分其名，故归于冥极而谓之天"，杨士勋则进一步解释"不可以刚柔滞""不得以阴阳分"而疏引王弼之说（参见《春秋穀梁传注疏·庄公元年至十八年》）。此说与韩康伯《系辞》注意思相近而用于不同，应是王弼之语。关于这段材料的考证可参见王葆玹的论述（《玄学通论》）。由此可见东晋至隋朝的阐释思路也与王弼相一致。

② 在这个意义上，曾经哲学史中认为王弼完成了从经学宇宙论向玄学本体论范式转变之说尤待商榷（参见《魏晋玄学论稿》）。

③ 后文将会涉及，这在《周易》的意义上，即是圣人"体阳而能包蒙，以刚而能居中"（参见《周易注·蒙》九二）。

人"的至高地位，但这仍然不足以充分证明政教体系的有效性。"圣人有情"论中，何晏、钟会等人将圣人"体无"阐发为圣人"无情"进一步扩展了圣人与中人之间的差异，这在王弼看来不仅否认了圣人之"应物"，也否认了圣人有"自然之性"，由此威胁到了政教体系的基础。圣人的自然之性是什么？在应物之时又感发为何种情？这种"情"最终又如何使得气禀材质殊异的圣人能够建立普遍适用于所有人的名教？这首先需要考察"体无"的圣人与"体有"的中人之间有何种关联。

王弼注"志于道"同于何晏的《论于集解》，曰："道不可体，故但志慕而已。"(《论语释疑·述而》)并且相较于何晏，王弼在此之前加入了对于"道"的描述："道者，无之称也，无不通也，无不由也。况之曰道，寂然无体，不可为象。"这即是我们进一步理解王弼如何阐释这一问题的关键，即"体道"的圣人如何凭借其材质的差异性从而建立某种对于"不可体道"的中人而言的同一价值。参考魏晋时期对于《论语》此章的理解，不难发现普遍将其解读为：孔子诲弟子当恒存志之在心，造次不可舍离也，即孔子劝学。① 参考《论语》中"吾十有五志于学""我非生而知之者"等劝学之语，在魏晋皇侃、李充、王藻等人看来，孔子的此类皆是"混迹齐凡""谦以同物""自同常教""以身率物"。② 这一说法同于王弼在注乾卦九二时的圣人"资纳于物"，即以可得见的庸常日行教于弟子。也就是说，此语非孔子对于自己的描述，而是针对弟子的体质与能力进行相应的提点。在魏晋士人的自我认知中，普遍认为不可"体道"却只能"志之"而"力慕"。③ 也就是说，士人自己作为中人只能通过后天的"读书"来"慕圣道"，④ 只有"圣人"能生而具有中庸之德，故而能够"履其从容"。⑤ "体道"与"道不可体"之说的同时成立建立在圣人气性与中人气性在先天层面上的绝对差异。

这背后正是两汉以来的性三品之论。其中上上品的圣人最主要的特征就"生而自有知识"的"上智"，⑥ 故而圣人"不须教"且能以其道立教。⑦ 而广义的中人，即便是上中品的"上贤"，也"既生不知"，需要依靠"学"让其行事中节当理。⑧ 可以说性三品论的结构意

① (西晋)陈寿撰：《论语义疏·述而》，裴松之注，中华书局1959年版，第156页。
② 参见(西晋)陈寿撰：《论语义疏·自序》，裴松之注，中华书局1959年版，第2页；《论语义疏·述而》，中华书局1959年版，第169页。
③ 参见劳悦强撰：《何晏、王弼"道不可体"说的思想史背景》，载氏著《文内文外：中国思想史中的经典诠释》，台大出版中心2010年版，第305页。
④ (西晋)陈寿撰：《三国志·任城王彰传》，裴松之注，中华书局1959年版，第555页。
⑤ (西晋)陈寿撰：《三国志·常林传》，裴松之注，中华书局1959年版，第661页。
⑥ (西晋)陈寿撰：《论语义疏·季氏》，裴松之注，中华书局1959年版，第433页。
⑦ (西晋)陈寿撰：《论语义疏·雍也》，裴松之注，中华书局1959年版，第142页。
⑧ (西晋)陈寿撰：《论语义疏·阳货》，裴松之注，中华书局1959年版，第453~454页；(梁)皇侃撰：《论语义疏·季氏》，中华书局2013年版，第434页。

味着，人与人之间因其品性不同而形成了一个"教"与"学"的序列。圣人作为品性最高、生而至善并且为万世立法垂教者，自然不可"教"，更是无以"教"。王弼注《老子》的过程中也以性三品论的框架划分了"学"与"绝学"。王弼并非全然否定"学"的意义，其注《老子》曰："学求益所能，而进其智者也。"而王弼注"绝学无忧"之语时，明确提出了"绝学"的先决条件："若将无欲而足，何求于益。不知而中，何求于进"，只有在"自然已足""不知而中"的条件之下，"学习"的"进益"才是不必要的(《老子注》第 20 章)。那么谁"自然已足"，谁能"不知而中"？"自然已足""智慧自备"者，圣人也(《老子注》第 2 章)；"不学而能"者，圣人也(《老子注》第 64 章)；"知不知"者，圣人也(《老子注》第 71 章)，"守数中"者，圣人也(《老子注》第 5 章)。察己而知天下者，圣人也(《老子注》第 54 章)；"不勉而中，不思而得，从容中道"者，圣人也(《礼记·中庸》)。只有将圣人"生而自然知之"的天生资质作为保证，其所立的政教体系才具有绝对的完满性。并且就此政教体系而言，圣人自己没有"学习"的必要。

相对于圣人先天中节当理而"绝学"，中人则须通过后天的"学"来益其能、进其智。不过"学"在魏晋时期又有特殊的含义。颜回亚圣而好学，子曰："回也其庶乎，屡空。"王弼、何晏、皇侃等魏晋士人都注之以为颜子"庶几慕圣"(《论语释疑·先进》)，也就是说颜子志慕圣道的具体方式是"庶冀于几"(《易传·系辞下》)。在王弼等魏晋士人看来，"几""神"，《易》之教也。颜子庶几，即是颜子能通过学《易》而穷神研几，进而"有过而改"以至于"无过"(《论语释疑·述而》)。汉魏之际随着《易》的地位在三玄与五经中的上升，魏晋士人对"教"与"学"的具体理解也随之改变。① 总体来说，圣人所立之教作为一种"汲引之道"②，其目的就在于使中人观教而知其过，从而节其情欲，③ 在事上的起欲动彰能"当其理分"而近其"性"。就人在一时一事上的起欲动彰之情与人生而气禀之性的远近关系而言，不至于"逐欲流迁"，不至于"流荡失真"(《论语释疑·阳货》)。

在这种"学"的视域下，就其行事能否近性而中节当理言之，人的性品有清浊之分。上智圣人禀气淳清，以其性之"淳"观天下以立教化(《论语释疑·阳货》)。中人之性虽浊，但只要不至于下愚淳浊，则可以通过后天"学"圣人之"教"，见其所过而当理中节，从而澄清其气，提升性品。因此，慕圣庶几之学根本上使其情欲近于"性"而得正，而此"性"为何？若以此"性"谓性品之清浊，则贤者近其贤而无以降，中人近其中而无以升，更无所

---

① 时人以为"孔子重易"，以"易"为"先圣之精义，后圣无间然者也"(参见《论语义疏·述而》)，并且以为"五十而知天命"者，即是穷大易之数。时人以为圣人生而知之，其主要表现又在于"穷理之高"(参见《论语义疏·泰伯》)，可见其时"学"的特殊意指在于，通过学《易》来穷其"事"之"当理"。

② 参见《论语义疏·公冶长》。

③ 参见《论语义疏·阳货》。

谓"澄清气质"。若以此"性"谓人生气禀之"同",则正"情"之"仪"无分,圣人所正名位礼教咸同,① 且圣愚皆可移而一。由此推测,王弼所谓"以情近性"之"性",是人的阴阳五行的材质之性。此先天之"性"天生而静,为应感之始,在与其他事物的应感之中起欲动彰而有后天之"情"。王弼的"性静情动"论可以说是从先秦两汉直至魏晋的主流理解方式之一。②

圣人与天地合德,中和备五行之质,能通物之始而知百姓之性,循理正名以性其情。中人秉五常之气禀偏杂,无法先天地通物之性,故需后天学《易》以观教穷理,而正其情于其性。由是观之,一人天生所禀的材质之性,本就当包含在一"事"之"理"中,由此圣人观情顺性、循理制名之后,③ 学其名教而穷其理的中人才能说"近其性"。故学《易》之穷理尽性对圣人来说是"穷测阴阳之理,遍尽万物之性"④,但对于中人来说则是让"事"上起欲动章之"情"能近其人之"性",进而资此人材质而成其所偏之业。⑤ 因此,性品清浊最终还是奠基于五行材质。

不过,即便好学如颜回,在魏晋士人看来,在应感事物之初仍然昧于其理,是以当机成过。而机后造形而知,知则不复行,是为"不贰过"。⑥ 这意味着即便中人后天能够学而无过,但是与圣人先天中节当理之间始终有着绝对的差异,中人通过"学"只能使其于"形而后"达动之机,却无法于物形之始识其本原,知其情性之理,⑦ 进而谋于未兆、为于未有(《老子注》第64章;《老子指略》)。也就是说,中人只能通过"学"来无限趋近于至善之淳清,但是后天澄清的努力终究不能改变其先天的五行气禀,获得圣人的"明智"。圣人体质中和兼备五行,与物应感中庸无偏,成与天地合德之业,故而无形无名。此是"形器以

---

① "古者名位不同,礼亦异数。"(参见《汉书·艺文志》)。

② 《乐记》曰:"人生而静,天之性也;感于物而动,性之欲也。物至知知,然后好恶形焉。好恶无节于内,知诱于外,不能反躬,天理灭矣。"郑玄注曰:"言性不见物则无欲。……节,法度也。知,犹欲也。诱,犹道也,引也。躬,犹已也。理,犹性也。"(参见《礼记正义》)如刘向认为"性、生而然者也,在于身而不发;情、接于物而然者也,出形于外",王充不驳此论(《论衡校释·本性》)。至于皇侃《论语义疏》以引《乐记》与王弼之说而疏曰:"性是生而有之,故曰生也。情是起欲动彰事,故曰成也。然性无善恶而有浓薄情,是有欲之心而有邪正,性既是全,生而有未涉乎用。非唯不可名为恶,亦不可目为善。故性无善恶也。所以知然者,夫善恶之名恒就事而显。"(参见《论语义疏》)

③ 学其名教的中人即便能当理中节也在圣人循理正名之后。在这个意义上,王弼"圣人有情"之说不可能为后来宋儒的"成圣"之说提供可能(参见皮迷迷:《隐圣同凡:〈论语义疏〉中的孔子形象》,载《哲学研究》2020年第5期,第76~85页)。王弼的"圣人有情"之说只是为圣人观情顺性的应感提供依据,也就是为了统合《老》之顺自然之性与《易》之观感天下之情,将其建立在圣人"察己推情"的基础之上以对抗名法派的"以智责实",见后。

④ 参见《论语义疏·述而》。

⑤ 参见《论语义疏·子张》。

⑥ 参见《论语义疏·雍也》;可对照《易传注·系辞下》《周易注·涣》九二、《周易注·震》六五。

⑦ 王晓毅译注:《人物志译注·九征》,中华书局2019年版,第14页。

上"先天的穷理尽性，因此圣人之知也可以说是"以淳而观"（《论语释疑·阳货》），或察己而观天下（《老子注》第54章）。中人体质五行有杂，与物应感有过有偏，虽然能学圣教来达到中节当理，但所成之业也因其所资而终有所定，不可能如圣人般与天地合德而成天下之业。① 正如王弼指出，学而成德的君子与圣人之间的决定性差异是"不得而见"，即无形无名（《论语释疑·述而》）。而这最终还是取决于先天阴阳五行的体质。

由此，从名理品鉴的原理上讲，"清浊"与"阴阳五行"是根据人的行为与功业推求其生而所禀之气质的两个既相互区分又相互影响的维度。前者是后天性行善恶维度上的根据，而后者是先天五行材质维度上的根据。品鉴一人之"清浊"，即一人的"善恶性品"，是依据其情欲行为在一时一事之中是否中节当理而近性。虽然是否中节当"理"的标准本身已然包含着处事之人的先天五行材质作为"性"在内，但是中人基于其先天材质的偏杂，终究无法当机应感而穷此理。在这个意义上，"学"所能"澄清其性"的程度始终为其先天五行材质所限。

（二）圣人应物的"无累"之"情"

中人能够通过后天之学穷理尽性而中节无过、澄清气质，这意味着中人的后天性品能够上下升降，其气性也就有着"随世变改"的可能性，② 其气愈清，起欲动彰之情愈近乎性。而圣人凭借其先天"中和备质"的材质，能见事物始动之几，进而中正当理无偏。因此即便就后天性行善恶而论之，其"淳清"的性品不具有随世变改的可能性，其起欲动彰之情始终正于其性。由此圣人所立之教就具有了绝对的价值。而圣人立教劝学从其原理上来讲，就是为了中人改变时世环境，从而使得中人能够尽可能地澄清其气，最终使其起欲动彰之情接近于其性。在圣人之情没有可能受环境影响逐欲而迁言之，王弼谓之"无累"。所以圣人"应物而无累"的最终根据，还是"体冲和以通无"，即是呈现为"无"的中和体质（《王弼传》）。

这一思路经过王弼名理学体系的转化，在《老子注》中有着以"真"为核心概念的明确表达。所谓"真"，即是"性"之所彰之"情"正于"性"的状态。以圣人之功业与天地相合，万物皆得终始生成而论之，则圣人之德施周普而无形无名，是以谓圣人之体行"同尘而不殊"，圣人体性之真"湛兮似或存"（《老子注》第4章、第70章）。而圣人之所以能成此功

---

① "自形器以上，名之为无，圣人所体也。自形器以还，名之为有，贤人所体也。"（参见《论语义疏·为政》）；皇侃疏引栾肇曰："圣人体备。贤者或偏，以偏师备，学不能同也。故准其所资而立业焉。"（参见《论语义疏·子张》）"言孔子所禀之性与元亨日新之道合德也。与元亨合德，故深微不可得而闻也。"（参见《论语义疏·公冶长》）此说既可证明圣人体无名，即是圣人体性无名。

② 参见《论语义疏·阳货》。

业，运用名理学与性品论原则来推求，则是因为圣人之性兼备五材而淳清不浊，故而随时随事皆中正无偏，起欲动章之情皆发乎其性，是以谓圣人"怀玉而不渝"。所谓怀玉，宝其真也(《老子注》第 70 章)，圣人"质真"而"不渝"(《老子注》第 42 章)，也即圣人不仅其自身处于时事之中亦"不以物累其真"(《老子注》第 32 章)。并且圣人能够凭借其"真""以身及人"(《老子注》第 54 章)，通过自然的教化之治使万物"得其真"成为可能(《老子注》第 23 章)，此可谓"不以宠辱荣患损易其身，然后乃可以天下付之也"(《老子注》第 13 章)。所以，从政教体系来看圣人"不学"的体性保证了中人志慕而学的"教化"具有绝对的合法性与有效性。而经过名理学原则与性三品论的转化，圣人之性的"无累"之真则是保证天下万物能够因此得其"真"、全其性的绝对依据(《老子注》第 10 章、第 21 章)。而"无累"与"无情"的理解正是王弼与正始时期何晏、钟会等名理玄士的分歧关键所在。何晏主张"圣人无喜怒哀乐"其论甚为精妙，钟会等人从而述之，唯"弼与之不同"。

我们首先考察何晏、钟会等人对于"圣人无情"的理解。前文既明，何晏在《无名论》运用了与董仲舒极为相似的论证方式，基于阴阳五行、同类相感的原则，对圣人无名而名天下万有做了论证。而钟会在辑佚的《老子注》中虽然没有明显的表述，但是从"无象不应，谓之大象。既无体状，岂有形容"[①]"光而不耀，浊而不昧，绳绳兮其无系，氾氾乎其无薄，微妙难名，终归于无物"[②]"体神妙以存化者"[③]三处注解大致推想，应与魏初整个名理学思想相一致，即圣人以其中和不可名之材质应感万物，其行中节当理而无偏，立名作制而化成天象。可以说，就"圣人"体无而应万有、名物以化天下的理解而言，何晏、钟会与王弼的理解大多相似相通。而对于圣人"无喜怒哀乐之情"的理解则不同。

何晏的看法主要表现在《论语集解》中，其对于"情"本身的理解与两汉人性论大致相同。他认为"情"有两种含义，一者以喜怒哀乐之"情"为天生之性接物所发之"欲"，[④] 一者以"情"为民众应感圣人所发之"实"。[⑤] "圣人无喜怒哀乐"的说法，主要就第一种"情欲"的含义而言之，何晏对此多有贬义。其注颜回"不迁怒，不贰过"曰："凡人任情喜怒

---

① 参见钟会《老子注》第 41 章。所有钟会《老子注》皆来源于陈金樑所著《魏初〈老子注〉与钟会才性之辨》一文。

② 参见钟会《老子注》第 14 章。

③ 参见钟会《老子注》第 38 章。

④ 如何晏注"枨也欲焉得刚"，"苟子不欲赏之不窃"，引孔安国曰："欲，多情欲也。"(参见《论语义疏·公冶长》《论语义疏·颜渊》)

⑤ 如何晏注"好信则民莫不敢用情"引孔安国曰："情，实也。言民化其上，各以情应实也"(参见《论语义疏·子路》)，注"不言谓之隐"引孔安国曰"隐匿不尽情实也"(参见《论语义疏·季氏》)，注"小人之过也必文"引孔安国曰"文饰其过，不言其情实也"(参见《论语义疏·子张》)。

违理，颜渊任道怒不过分。迁者，移也。怒当其理，不移易也。不贰过者，有不善未尝复。"①是以喜怒哀乐不当其理、不中其节，是谓之任情。颜回虽不及圣人之淳清中和，但通过穷理尽性的"庶几"之学澄清气质，不复其过，是谓之"任道"。而圣人有中和可常行之德，② 能先天地当理中节、无偏无过，故谓之无喜怒哀乐之情。也就是说"情"与"中节当理"相对立。

然而，颜渊死时，孔子仍"哭之恸"。何晏引孔安国注之曰"恸，哀过也"，"不自知己之悲哀过也。非夫人之为恸，而谁为恸"。也就是说，圣人向弟子展现在此时此事上何谓中节当理而近性之情，从而起到教化的作用。从皇侃的《论语义疏》中，我们能看到不少士人都用近乎一致的解释思路以调和孔子字面的哀恸与"圣人无情"之论。③ 概括而言，皆是圣人中节当理、淳清无改，由此所呈现出来的哀乐之形，是出于教化目的不得已而为之。这种"情"在何晏、郭象等人看来与中人追逐形物而生的爱恶之情有着根本的区别。钟会的《老子注》中，也可窥得这样的论调。如其注"圣人为腹不为目"曰"真气内实，嗜欲外除"，注"至虚极，守静笃"曰"除情虑至虚极，心常寂守静笃"④。可见钟会亦主圣人无情欲之"情"。

就前文的分析来看，王弼与何晏、钟会等名理学家的看法理路上完全一致。⑤ 但是王弼在"圣人通远虑微，应变神化，浊乱不能污其洁，凶恶不能害其性"(《论语释疑·阳货》)的意义上只接受圣人"无累"，并且认为若谓之"无情"则"失之多矣"。所失者何？王弼首先给出的理由是"不复应物"。应物之"情"向来被理解为与"伪"相对的诚、实之"情"，并且是民所应圣王之"情"。⑥ 而王弼谓应物之"情"为喜怒哀乐之"情"，可以说意

---

① 参见《论语义疏·雍也》。

② 参见《论语义疏·雍也》。

③ 如刘歆以为"噫谅卒实之情非过，痛之辞将求圣贤之域宜自此觉之也"。郭象也认为"人哭亦哭，人恸亦恸。盖无情者与物化也"(参见《论语义疏·先进》)。此论盖出自《庄子·知北游》："古之人，外化而内不化，今之人，内化而外不化。……圣人处物不伤物，不伤物者，物亦不能伤也。……哀乐之来，吾不能御，其去弗能止。悲夫，世人直为物逆旅耳!"郭象注曰："(古之人)以心顺形而形自化，(今之人)以心使形……夫无故而乐，亦无故而哀也。则凡所лад乐不足乐，凡所哀不足哀也。不能坐忘自得，而为哀乐所寄也。"(参见《庄子集释·知北游》)。统言之，则郭象等人以为孔子作为圣人所表现出的哀乐之情不同于中人所体现出的"情欲"，圣人无心无知而无爱恶失得，故无哀乐，其无时不安，无顺不处(参见《庄子集释·养生主》)，体化合变(参见《庄子集释·逍遥游》)。

④ 参见钟会《老子注》第 12 章、第 16 章。

⑤ 圣人无喜怒哀乐之情欲、情虑可以说只是源自黄老一系思想的看法，主要为《庄子》《文子》所主。另有《管子》《吕氏春秋》《淮南子》等都主圣人有情而中节。

⑥ "情"与"伪"相对"实"的含义其实来自于黄老形名学传统，"情实"是帝王制名的依据。如《经法·四度》曰"美恶有名，逆顺有形，情伪有实，王公执之以为天下正"(参见《黄帝四书今注今译》)。《管子·七法》曰"言实之士不进，则国之情伪不竭于上"(参见《管子校注》)。《文子·下德》曰"在内而合乎道，出外而同乎义，其言略而循理，其行悦而顺情，其心和而不伪，其事素而不饰"(参见《文子疏义》)。

图在于合并情实、情欲两个含义。而王弼答荀融难大衍义，似与此有紧密关联。王弼以为圣人之"明"的能力足以"寻极幽微"、穷理尽性，但面对颜回还是"遇之不能无乐，丧之不能无哀"，只是"以情从理"而已。在这个意义上，圣人虽然中节当理，全性而"无累"，但是仍表现出了应物的哀乐之情，其根本原因在于"自然之性不可革"（《王弼传》）。其实也就是从名理学的角度来看，虽然圣人中节当理，品鉴观察之而平淡无形，但是这并不意味着圣人没有"自然之性"。其中节当理而不过节的哀乐之情本身，和所有人一样也是其自然之性应物而发，只是发而中节无偏，无不当理而全性。因此，在名理学语境中谓之无形、无名、无累。若再以名理品鉴的方法推求其所以然的根据，则圣人不可不有其"所以"的"自然之性"，即气禀的中和淳清。这不仅验证了前文借助汉魏名理学语境对王弼思想进行的重构，更是提醒我们关注圣人"同于人"的喜怒哀乐之情在王弼的思想之中到底占据了什么样重要且独特的位置。①

（三）观感立教：价值同一性的建立

在王弼思想中，民众的喜怒哀乐之情是整个政教体系的基础。《论语》中孔子"兴于诗，立于礼，成于乐"之语被王弼创造性地阐发为"为政之次第"，即建立政教体系的三个层次。② 其中首要的是"陈诗采风"，以知民志，然后在此基础上"因俗立制，设定礼教，再"感以声乐"，以和其神。诗歌作为民风，是"喜、惧、哀、乐，民之自然，应感而动，则发乎声歌"（《论语释疑·泰伯》）。圣人以"观风"作为订立礼乐的基础，而"观风"根本上是圣人观百姓自然之性所发的喜怒哀乐之情，只有在"观情通性"的基础上，民众的自然之性及其所发的喜怒哀乐之情就成了整个礼乐政教体系的根据，由此，圣人订立的礼乐政教才得以正民众之情近其自身之性，使民众全其性而得其真。但是圣人本身在"观风"时也处于与万物和百姓的应感关系之中，在王弼看来，应感就意味着情发乎于外，而有情就意味着圣人之中有其自然之性，因此王弼主张圣人有情的重点其实并不在于如何理解圣人之情，而是在于论证"观风"作为圣人设立礼教的奠基性环节之所以可能的根据，即圣人的自然之性。

---

① 为什么王弼要强调圣人与民共有五情？有研究者认为这显示了王弼在理论上打破了圣人与民众的界限，使得中人成圣成为可能，然而此说并没有足够证据。人皆禀五行之材、五常之性而生，此论早已有之而非王弼创建。以性发而为情，刘向、王充亦有明确地论述此论（参见《论衡校释·本性》）。圣人与中人先天地同禀一气，皆有自然之性，皆发而为情，但禀气之质亦有不同，仅此并不意味着圣人与中人之间的区分就可以跨越。此外，王弼并没有明确地提出任何的工夫论，认为中人可以通过某种方式后天地成为圣人。

② 王弼这种解说方式不见于它处。何晏注引苞氏，以为此章意在修身成性，皇侃疏之以为此章"明人学之次第"，而疏引王弼以为"其说可思"（参见《论语义疏·泰伯》）。

王弼以为，所谓"观之为道"即是"观感化物者也"(《周易注·观·彖》)。感，应也(《周易注·临》初九)，感之为道，以类同而相互感应(《周易注·咸·彖》)。天地万物"方以类聚，物以群分"，其"情同而后乃聚，气合而后乃群"(《周易注·萃·彖》)。万物情同气合而群聚为类，圣人观天地万物所聚之类即是感天地万物之情。所以既然圣人能够观感天地万物之情，这就意味着圣人与天地万物皆属同类。不过，天地万物的材质之性各有其偏而成其五行刚柔之类，圣人何以能皆属同类而遍感无遗？万物之生，虽有万行，禀自然之气则一焉(《老子注》第 10 章、第 42 章)，圣人虽然亦禀天地之气而为性。此是圣人与天地万物之同。然而圣人得气中和①质备五行(《论语释疑·述而》)，此是圣人与天地万物之异。不过，又正是因为圣人气禀淳清故而能够应感万物而中正无偏，犹如天地之间异类俱获存(《论语释疑·阳货》；《周易注·复·彖》)。概言之，圣人之所以与天地万物类同而感是因为圣人材质优异，而圣人的优异材质本身也禀自天地间一气。②

讨论圣人的目的本身就在于礼乐政教体系的论证，而王弼也将圣人气禀之性的异同问题放在政教情性的语境之中来解答。孔子曰："性相近，习相异"，王弼注之曰"无善无恶则同，有浓有薄则异"(《论语释疑·阳货》)。皇侃引疏之，③ 以为所谓同者，即人皆先天地禀天地之气而生，所谓异者，即以后天一时一事上的"情"观之则有清浊之异。所谓无善无恶，即"人生而静"之性，未就于事而无善恶之名，以之为仪，则能正人之情。而万物的自然之性之所以能够成为使万物情近其性，久行其正的情性利贞之政教，则必然经过圣人的制礼作乐以定其名。圣人以"乾元"之性合天地之德而能通万物之始、万物之性(《周易注·乾·文言》)，④ 是以保证圣人所立的礼仪名教以万物自身的本然之性正其起欲动彰之情。

那么，圣人之性通感万物之性的过程是否起欲动彰而有情？若谓之有情，则圣人之情已离"无善无恶"之同，不同则无以相感。若谓之无情，则不复应物。这在王弼思想体系的内部即是如何既贯彻同类相感的原则又贯彻应而有情的原则问题。而王弼通过把

---

① 中和，即是能与万物相感应(合)而中正无偏(中)。

② 因此在王弼面对关于圣人气禀之性的这样一个问题：之所以同是因为异，而之所以异又是因为同。何晏的《无名论》乃至董仲舒的《春秋繁露义证·同类相动》都是在回应这个问题。而王弼对这个问题的回应，可以说是无之为异与众人同，也可以说，众人之异，以无而有同。

③ 参见《论语义疏·阳货》。

④ 孔子云"性与天道"，何晏注之曰"性者，人之所受以生者也。天道者，元亨日新之道也"，皇侃疏之，以为"人禀天地五常之气以生曰性。性，生也。元，善也。亨，通也。日新，谓日日不停新新不已也。谓天善道通利万物新新不停者也，言孔子所禀之性与元亨日新之道合德也"(参见《论语义疏·公冶长》)。

"情欲"与"情实"两个含义合并起来，让情本身即意味着性在事上与物相感而动，此"情"实际上即是"为"或"言"。以"情同而感"的原则来看，在圣人与事物的应感关系之中，圣人所呈现出的"情"其实反映了与之应感之物的自身的本然样态，即其自然之性彰于一时一事而得其正的"情"。在这个意义上，"无情"与"无为"和"不言"一样，并不意味则圣人与万物、百姓之间没有应感关联，而是意味着圣人之情不可得见、不可睹（《老子注》第 15 章、第 20 章），即圣人在应感中呈现出的情是与之应感事物的情之所正，而并非自己的情。

由此，王弼从情性应感的原理上阐明了名理学"无形无名"的概念。他首先将善恶是非，即喜怒是否当理，看作"名"的问题，而强调善恶是非同出于自然之性(《老子注》第 18 章、第 2 章、第 47 章)。这也就意味着在一事一时的"情"上才有所谓的善恶之分，并且根本上以自然之性作为"情"之善恶的判断依据。而圣人之为至善、淳清的上德之人，无德名而无以为(《老子注》第 38 章)。"无以为"意味着圣人与事物应感中正无偏，"无德名"则意味着圣人在应感的过程中所呈现的即是事物自身本然所正的"情"，因此圣人自身没有供以善恶评价的"情"，他的情即是万物之情的价值标准。也就是说，圣人的无名不仅意味着名理品鉴原则下的无以名其人其业，更意味着圣人与万物与百姓相互感应的关系之中，凭借其中和质备的淳清之性而中正无偏，将自身隐去从应感关系之中隐去，从而凸显出事物自身本然的样态，即万物的自然之性发之于事而得其正的情，以此为事物建立名教。在这个意义上，圣人体性就事不显，故无形无名而不论善恶，中人之体就事而显，有情有名则有善恶之分。①

因此，王弼认为孔子一以贯之的"教化之道"②，即在用情，也即在感应。曾子以为"夫子之道，忠恕而已矣"，王弼注之曰："忠者，情之尽也；恕者，反情以同物者也。"(《论语释疑·述而》)圣人行忠恕之道，在王弼看来即是圣人"反诸其身"，凭借其中和淳清的秉性能够在应感的关系之中无形无名，则能得万物自然之情，推此自然之情及物则为礼乐名教之常(《论语释疑·学而》)。因而以此礼乐名教训俗，则民得自然之情而化(《论语释疑·泰伯》)，于是民众凭借"因俗"所立的礼乐名教得以"移风易俗"(《老子注·第二

---

① 由此观之，则上德下德既不是时间先后关系，也不是价值优劣关系，而是圣人与中人的区分。以此说对比董仲舒的论述，则可以发现在性三品论与名理学原则的基础上二人论述的一致性，董仲舒也主张圣人不论善恶而无形(参见《春秋繁露义证·实性》；《春秋繁露义证·同类相动》)。不过，非常值得注意的是，同样是论证圣人无名而应感万有，王弼没有采用何晏以"远近"为原则论证的思路。

② 参见皇侃之疏证(《论语义疏·里仁》)。

十八章》），最终复归其"慈孝亲爱"的"实"情（《老子指略》）。① 在这个意义上，圣人之"推身统物"能"穷类适尽""无物不统"（《论语释疑·里仁》）。也就是说，圣人以其身体气禀同于万物自然之性，而成了百姓的宗主，使得其情之正于性（《周易大衍论》辑佚）。②

由此可见，所谓"名教"即是圣人因自然之性、用以教化的"名"。名作为心志之标榜，③ 是心所乐进或恶疾的善恶是非（《老子注》第2章）。中人服从于名教的过程中即以其心志与圣人相感而正其情欲之动。虽然礼有异数、名位不同，④ 然而名数皆由同天而元亨的圣人通于万物之始的自然之性而举以正情（《周易注·乾·文言》；《老子注》第2章）。⑤ 因此名教作为整体在价值上绝对善的同一性由"气"的层面上圣人所禀中和与万物所禀偏杂的同一性来保证。概言之，圣人之身所体的自然之性是礼乐名教之所以能正万物之情的有效性保证。圣人禀五行无偏之材质而生，发乎事上则五情无过，中节当理而和为五常。是以圣人将其内在先天的气禀五常通过与万物的观感而立为礼教之五常，最终用以和人心而正人情。因此，五情同在现实上奠基于禀气五行之同，而目的在于论证五常之为"善"的价值之同。就其价值之善而言，通过圣人有情而不可见、不言而善应、无为而无以为的转

----

① 此处王弼虽然没有言明谓述的主词，然而能观风立教、推诚训俗，反身而尽理者必然是圣人。诚如刘劭所论："夫学所以成材也，恕所以推情也；偏材之性，不可移转矣。虽教之以学，材成而随之以失；虽训之以恕，推情各从其心。信者逆信，诈者逆诈；故学不道，恕不周物；此偏材之益失也。"（参见《人物志译注·体别》）中人禀气五行偏杂，故而性品有清浊之分。随能后天以"观爻思变""穷理尽性"之学澄清气质而中节当理，即便好学如亚圣颜渊必有一过而后能改而不复（参见《论语义疏·雍也》）。是以中人忠于其情而推之于恕，则所推之情各从其偏杂之性而有所不周。唯有圣人禀气中和质备而性品淳情，守其自然之性"真"而先天地中节当理而无偏无过，才能以致诚应万物而得其实，无物不以极笃之实相应。由此制仪作则使万物用情中正而当理，才能保证圣人"性其情"之"情"是物本真笃实的性命之情，从而使万物不至"流荡失真""逐欲而迁"（参见《论语释疑·阳货》），以伤其自然之性命（参见《老子注·第十二章》）。在这个意义上，唯有从圣人与中人的先天气质的绝对差异作为出发点，才能在政教中避免士人各以其心揣度天下，所谓"随其所鉴而正名焉，顺其所好而执意焉。故使有纷纭愦错之论，殊趣辨析之争"（参见《老子指略》），并且确立政教之常经的绝对地位。

② 杨士勋疏引王弼曰："唯不阴不阳，然后为阴阳之宗，唯不柔不刚，然后为刚柔之主。"（参见《春秋穀梁传注疏·庄公元年至十八年》）韩康伯注引王弼曰："夫无不可以无明，必因于有，故常于有物之极，而必明其所由之宗也。"（参见《易传注·系辞上》）

③ 东晋袁宏注《后汉纪》曰："夫名者心志之标榜也。……因实立名，未有殊其本者也。太上遵理以修实，理著而名流。其次存名以为己，故立名而物竞。最下托名以胜物，故名盛而害深。"（参见《后汉纪·光武皇帝纪第三》）从"名教之作，何为者也？盖准天地之性，求之自然之理，拟议以制其名，因循以弘其教，辩物成器，以通天下之务者也。"（参见《后汉纪·孝献皇帝纪第二十六》）可以看出袁宏对圣人因自然之性制名教的思路与王弼极为相近。

④ "古者名位不同，礼亦异数。"（参见《汉书·艺文志》）

⑤ "美者，人心之所乐进也；恶者，人心之所恶疾也。美恶，犹喜怒也；善不善，犹是非也。喜怒同根，是非同门，故不可得偏举也，此六者皆陈自然不可偏举之名数也。"楼宇烈根据宇惠等说校改"明数"为"名数"（参见楼宇烈校释：《王弼集校释》，中华书局1908年版，第7页）。

化，圣人禀性之淳清既保证了圣人所立名教之纯善，又贯彻了应感有情的原则。

而万物的自然之性，经过圣人的观感立教，就成了自身本然判断善恶的依据。通过这样的论证，基于事物自然之性的"情"就成了礼乐名教内在的根据。圣人隐其情的应感，可以说是举事物自身本然的是非之"至理"而以之为价值之"义"（《老子注》第 42 章、第 38章），从而才有了善（美）恶之"名"的标准（《老子注》第 2 章）。所以，虽然从观风而建立礼乐名教的角度来看，圣人之善人，以善齐不善，以善弃不善，举善以师不善（《老子注》第 27 章），即万物与圣人应感过程中所彰之情作为"名"，以此作为万物心志所趋向的善的标准。而圣人本身又无形无名，故而圣人之教人如人相教，顺之自取其吉，违之自取其凶（《老子注》第 42 章），即圣人不教而百姓自教。

四、结　论

经过对种种概念与论述的详细考察，我们会重新回到"圣人二论"之于王弼整个思想来说的意义以及对于时代问题的解答。"老不及圣"论中，裴徽向王弼提出的问题在时代语境中可以解读为：老子对万物之所资的讨论是否意味着老子的性品与圣人同？王弼给出了这样的解答：因为圣人体无而行不言之教。而老子体性是有，不及圣人，故论之。这一回答首先突显圣人之言与老子之言在政教体系之中的不同意义，然后再将这种意义差异归结为二者在政教体系之中的地位差异，并且给出其差异的根据，即圣人体无，而老子体有。由此，我们就需要综合王弼的注释来解释这样几个问题，首先，圣人体无意味着什么？其次，圣人体无如何与老子体有之间构成高下的地位差异？最后，圣人体无如何成为一种不言的教化？

王弼在注解《老子》的过程之中运用名理学"以名定真"的原理，将黄老思想传统中的"道"转化为了"无名"，以"道"为万物之所由的"称"而以"无名"为其至真之极的"名"。由此，"圣人体无"的意义就不同于"圣人体道"，其中蕴含着名理品鉴意义上从其"功业"来推求其"德性"的思维。而圣人与天地一样生养万物，又如天道一般运化万物，这就意味着圣人与天地合德，也即圣人有则天之德。如此王弼运用名理学的原则把传统上各种关于圣王与天、地、道以及万物之间关系的表述以同一种形式统合了起来。根本上来说，我们从圣人之功业无偏无私，可以推求圣人有中正无过的中庸之德。

那么圣人凭借什么能够与万物应感时中正无过？物与物的往来，就汉魏阴阳五行、同类相感的知识范式而言，原理上是凭借其各自的禀气材质相互感应。而圣人的中正无过之德在庸常日行之中表现为圣人之行为能当理之全，这意味着圣人与万物相感应时皆属同类，进而意味着圣人的气禀材质五行兼备而阴阳无偏。所以，在名理品鉴通过其行为来考察其材质之偏杂的视域之中，圣人才性的冲和质备之全就意味着形体上的平淡无形。也就是说，圣人在与万物应感、往来的过程中，不显现出自身偏杂的特殊性。而老子则因为自身气禀偏杂而在行为上呈现为"有"。在这个意义上，圣人体无而老子体有的"形体"差异意味着老子致言与圣人不言的"体行"差异，根本上是二者体质上的高下差异。

而圣人以中和而无形为"体"的特殊性使得圣人在政教之中起到了奠基性的作用。因为圣人中正无过而无形无名，所以圣人在与天下万物往来相感的过程中呈现出"不言"与"无为"的状态。这就意味着圣人因、应事物自身而与之相往来。所以从万物或百姓的角度来看，只知万物有其自然而不知圣人作为此功业的所以然。因此圣人以不言和无为的方式治理万物就意味着，圣人以事物自身内部本然之"真"为准则来治理万物，从而使万物各成其性、各正其情，发挥出事物各自本真的状态。在这个意义上，我们可以说圣人用自然而为治，也可以说自然本身即圣人之治。是以圣人必然通过"不言"的方式，才能根据事物在事实层面上的自然之性建立价值层面上的名教体系，最终使得万物的价值之"名"合于其事实之"真"成为可能。可以说，"老不及圣"着重说明了圣人凭借其"体"的特殊性从而在政教体系之中不同于中人的特殊地位。

既然圣人与万物之间有着绝对的差异性，那么圣人又如何建立起对百姓而言普遍、同一的价值体系？这一问题，在王弼的"老不及圣"论中没有得到明确的说明，却在面对何晏、钟会、荀融等人的"圣人无情"论时暴露了出来。如果进一步将圣人与中人在"体无"上的差异阐释为"无情"，那么就直接挑战了礼乐教化本身建立的根据。对此，王弼以行为能否在一事一时上中节当理作为统一的价值标准来阐释两汉以来的性品论。圣人气禀中和，应物无偏，故而能在所有事和所有时上都中正无偏，由此谓之性品淳清；中人禀气偏杂，应物亦有偏好，故而在一事一时上有过，由此根据其"过"的程度可以分别性品的清浊。而中人能够凭借慕圣庶几之学，学习事理时义，从而复其所过。由此，将圣人与中人在"体"上的差异置于"教"与"学"的视域之中来看，圣人以"中和而无形"为"体"就意味着圣人不须学而性品始终淳清，中人以有为体而各有偏杂，这就意味着中人的性品能上下升降，随世而改。在圣人中节当理而不改的意义上，圣人异乎中人而无累其真。

在将何晏、钟会、荀融等人的"圣人无情"解释为"无累"之后，就要进一步解释圣人如何立教从而使得中人的慕圣庶几之学成为可能。王弼继承了两汉以来的传统观点，认为礼乐名教的基础就是人的喜怒哀乐之情，并且与名理学思想相统合，以为情欲之"情"即是情实之"情"。凭借《周易》中情同气合为类、类同而感的原则，圣人能遍感万物而无遗，这就意味着圣人与万物同类，其根据便是圣人中和的材质之性全具五行而与万物相同。因此，圣人以其中和淳清之性应物无偏，这意味着圣人以其中和质备的"性"应感所起之"情"必然当理而无过。以"情同而感"的原则来看，这就意味着，在圣人与事物的应感关系之中所呈现出的"情",其实反映了与之应感之物的自身的本然样态,即其自然之性彰于一时一事而得其正的"情"。

在这个意义上,圣人能够在应感之中通于万物天生而静、未有善恶的自然之性,即是能够穷理尽性。而圣人以其与万物应感所呈现的"情"来制"名",通过"名"来引导万民万物的心志之"情"。由此,圣人所立的名教就成为万物"情"之所正,成了善的绝对标准。中人能够通过慕圣之学而见其情之所正,知其过然后能改。如此,圣人与中人具有绝对差异的"性"经由中和之"同"与应感原则上的"情"之"同"而成了普遍同一的价值标准。而之所以建立这种普遍同一的价值标准的根本目的,即在于使得万物与百姓都能够复归其各自差异的自然之性。就此,王弼通过圣人性异而情同的论证,在坚持圣人"体无"与中人的差异基础之上,又通过"情同"论证了礼乐名教对于中人而言同一的价值意义。

然而,至此为止王弼虽然回应了裴徽、何晏、钟会、荀融等人的理论挑战,但仅凭此并不能回答礼乐名教的必要性,也就是说万物之"情"与"性"之间如何分离,又为什么必然凭借圣人的礼乐名教才能相合的问题。要理解这两个问题,首先需要回到王弼等士人的现实处境。面对汉末名教之治以及曹魏政权早起的名法之治所暴露出的种种弊端,王弼认为虽然后世君王皆效法圣人而为治,但受到儒墨名法各家诸派的影响而弃本适末,只知以圣人之名言为治却与事物之真实所在相分离,从而导致了百姓之"情"逐欲流迁而不符合百姓自身本然的"性"。王弼在《老子指略》中,认为老子揭示了当前名实分离处境以及背后用末为治的原因,同时又准确地指示了圣人用"无"为"本"而治天下的原则。

儒墨名法所用的"名"亦是上古圣人观感事物之真实而立,那么在什么意义上二者不再相合?其根本就在于时变。"名"本身是上古圣人应其时变所作。但时移俗变、今古不同,这意味着事物之真实或"性"发生了变化,因此当代君王要效法圣人而为治,就应当效法圣人之所以随时而治之本。若效法先圣以其"时"所制的"名"为治,则因为此"名"不符合时变中产生差异的"实"而引导百姓的心志之"情"乖离其"情"。王弼借助《周易略例》,瓦解了两汉士人借助象数五行所构建起超越时变的天地规律,以此明确了时变的绝对性,但同时又指明了人如何能在一定程度上通过《周易》来穷神知化而中节当理。这也就意味着,为当今君王证明其自己作为"圣王"的天命敞开了可能性。

那么问题就在于,圣人运用了什么样的"本"来治理天下?以及对于当代君主而言又能够通过何种手段来效法圣人?王弼以圣人的观感能够在广度上包统万物,此谓之虚静至公;以圣人的观感能够根据事物的终始生成之情而通于其作为根据的性,此谓之反复随时。合二者而言即是圣人所具有的"神"与"明"的能力。从情性应感的原理来分析,假如圣人以其刚健的体质居于人首,突出自身高于众人的差异,那么就无法与它物同类而感。只有圣人行履谦顺,才能与万物处同类而感获其志。而谦顺根本上是为了"致诚",即返回圣人自身的至刚至健的体性，通于万物之性的同时示其情之所正，以此建立名教则使得万物以诚应之、复归其真成为可能，最终使得万物自然显现出仁义刑法等种种品质与关联。

于此，王弼在对于时代问题的回应上，不仅揭示了各家诸派之所以致使奸伪争乱的原因，也为当今君主效法圣王之治，因时立制臻于太平，从而证明自己的天命，提供了理论原则。更为士人考察其世其时是否名实相合，从而"品鉴"是否具有"天命"的君王当位而治，勾勒出了一套概念框架。可以说，王弼以名理学作为理论原则，以情性应感作为分析问题的基本视域，综合此前名教之治与名法之治的种种弊端，为新王朝的天命政治提出了一套自己的理论体系。

由此看来，以"本体论"来定位王弼的思想或许并不恰当。他所针对的主要问题并不是世界如何存在，或者世界为什么这样存在。可以说王弼在大部分与"本体论"领域相关的讨论上，都沿用了两汉历来的理解方式。例如王弼以阴阳五行的材质气禀解释事物在现实上的差异，又如以性静情彰、同类相感的原则解释事物之间的关系。不过，就"本体论"的视域来看，王弼与两汉传统最大的差异，在于其凭借黄老思想名实之辨与本末之辨的问题意识将时变进一步绝对化，从而一定程度上打破了汉儒凭借《周易》的阐释所建立起万物之间的术数关联。这一体系曾经支配了两汉从律历到礼法、从日常生活到政教制度的方方面面。也许现已亡佚的《周易大衍论》中涉及更根本的日常生活问题，但从现存文献来看，王弼对这一体系的挑战仅仅就政教体系的层面展开，其目的最终也是为了讨论其时代语境之中以谶纬之学、名教之治、名法之治为主要问题的现实政治领域。

从"圣人二论"来看，无论是王弼拒绝以"无"的讨论与否来评判老子与圣人的性品，还是王弼坚持"情性"的原则为礼乐名教奠基，现实的政治问题应是王弼思想的核心。其理论的根本上是要回应时代的现实问题，即在政教崩塌、争乱四起、百家争鸣的乱世如何建立统一的政教价值体系。这套体系既需要区分于现有的名教或名法政治的方案，也需要对名教和名法之治带来的种种问题给出回应。就此来看，王弼的思想更偏向于从事实出发建立某种价值的体系，一定程度上可以说是现实政治为导向的实践哲学。其最核心的问题意识，是如何在时变带来名实不符的政教现状情况下，重新建立某种具有对此时此事而言同一的、普适性的价值，从而使得百姓依靠这样的价值能最终遵从于其自身本有且真实的"性"来行动。

其实，王弼在《老子指略》中对于名实本末问题的演绎，以及在《周易略例》中对于时变的绝对化阐释，都使得以《周易》为代表的五经不再能够为人们提供任何事实层面上的规律认知。但也正是因为王弼对于事实同一性的挑战或者说怀疑，推动了五经进一步由事实向价值的意义转化。事物之间"同""异""顺""逆"等本然关联，作为事物的自然之性、性命之常，在王弼看来对于自身而言根本上不可得而知。只有通过《周易》卦爻的符号象征在现实处境之中的不断阐释才能呈现出吉、凶、悔、吝的价值意义，使得士人能够见其所过而改，逐步正情当理而近于其性。

由此，即便是王弼所接受的阴阳五行，其意义也一定程度上从事物的事实属性经过"五情同"的论证被转换为了"五常"的价值预设。可以说"五行"作为事实同一性的预设根本上是为了预设政教中五常的价值同一性。在这个意义上可以说事物本身的同一性需要在现实的、具体的、时间中的关系来证明。并且，即便达到"中节当理"，最终也不可能在事实上实现最初预设的事实同一性。因为这种同一性始终依靠差异个体的关联性而得以呈现，也就是说五行本身的同一性还是依靠禀气各不相同的事物相互应感的事实关系才得以呈现。在这个意义上，预设的事实同一性本身，就其意义而言，只是出于回归事物自身本然样态的价值同一性诉求，是在时变之中用以建立切实可行名教体系的手段。

其中三个最高的事实同一性预设即是无形无名的域中之大：万物都必然生长在天地之间的同一场域内，万物都经由同一的道而终始生成，万物都蒙泽圣人的治理而达到天地人或者说天人的统一和谐。就名理学的原则来说，我们只能察得或设想差异万物的终始生成上所呈现的功业，而无法见其形，从而在事实上为之命名，但是凭借其至真的功业可以推求其之所以成就此功业的根据，而勉强名其无名之德。这种事实上的推求其实是出于价值目的而做出的事实同一性预设。而这些同一性价值预设都统合在了"无"之中。由此，可以说名理学的有无之辨正是在万"有"的差异性世界之中建构"无"的同一性。此"无"并不是事物总体背后的抽象同一性，而是最终使得万"有"能够呈现出其自身本然样态的手段，因而是一种价值上的、实践上的同一性诉求。

王弼巧妙地把天道和圣人的"无形""无名"与"无情"之"无"解释为对众人或百姓而言不可得、不可知却依然存在的事物。这意味着，百姓万物及其名教关系都不是从事实层面上的非存在进入存在的状态，而只是从实践价值上的不可得、不可知状态进入可知、可从的状态。天道本有逆顺吉凶之理，即天生物而万物先天禀有自然之"性"及其与他物相互应感之理。只有圣人能穷之、通之、知之，通过"命名"能够把对于中人、百姓来说不可得、不可知的"无"在现实政治的"命名"过程中呈现出来，作为同一价值与理想秩序的实现来引导百姓的情志复归其自然之性。并且在时变的差异化过程中不断损益来维持现实的秩序。这种"无"在价值实践上的同一性必然需要借助现实的政治权力体系才能在现实的、整全的、作为天地人三才之一的"人"上得到实现，即必然要经过圣王用"无"才能最终全"有"。如果说"天道"的预设是为了讨论万物"如何"依照其本性而终始生成，那么"圣王"的预设就是为了讨论"谁"使得众人在现实上达到这种状态成为可能。如果论"天道"而不论"圣王"，那么仅凭"天道"的概念只能揭示万有经由"无"或"天道"最终达到的理想秩序。如此既难找到在现实中落实的具体途径，也无法解释现实上万物何以与"天道"分离，合言之则是此同一的价值之"无"难以结合具体实践中结合差异的事实之"有"。

因此，圣王可以说是"无"与"有"、同一与差异、价值与现实的结合中介。"圣"作为与天道同为"刚健"而通于万物之性的"德"，意味着是天道的完美阐释者，即能够根据天道的理想状态而建立名教同一价值；而"王"作为政治权力体系之中的"位"意味着一个绝对主动的施令者，即其制定的名教能够成为现实政治中的概念和制度，从而成为百姓共同遵奉而以之为行动标准的同一价值。圣人居于王位而制礼作乐，这一方面意味着古今一贯的"天道"能够进入具体的时变之中，从而在一时一世之中展开为一整套现实的政教制度，另一方面意味着无形无名的圣人之"德"进入时变之中而展为一个具体的、居于王位的人。而圣王作为处于时变中的人就意味着有"物"的一面，因此必然有其"性"，并且在应感之中起欲动彰显现为"情"。可以说，当圣人成为一个具体的、现实的处于"王位"之上的人时，整个天道所预设的同一价值才有了成了众人可见、可知的具体价值标准的可能性。因此，名理学有无之辨所建立的抽象价值之"无"，不仅要以圣王作为中介，最终又必然经过情性应感的礼教概念体系转化才能成为现实制度的理论论证。可以说"圣人"概念本身就是这样一个名理学有无之辨与礼教情性问题的交会点。

所以当我们以情性应感论的概念体系讨论圣王与天地万物之间的关系时，圣王已经资纳于物而成了具体的、在一时一事上的人。在这一视域之下，传统的经传记载中可见的形体、行为和言语，乃至制度和书籍本身，就成了圣王应感而彰之情，显现出与圣王处于应感关系中事物的情之所正。不过，既然事物的自然之性处于时变的绝对差异化过程之中，那么事物的情之所正也应当处于绝对差异化过程之中。这意味着要么有禀受天命的圣王根据此时此世万物的自然之性制礼作乐、建官均职；要么先代圣人的某种行为与一切可能的差异化事物相应感而显现出所有可能事物的情之所正。两重含义并行不悖。前者不仅要求当今君主禀有天命，且必须随时损益礼乐名教，让变革贯穿终始。后者也并不意味着由此就建立了一种可见的事物秩序，而是需要结合《周易》卦爻的象征意义来阐发以君王为核心的政教权力体在具体一时一事的处境之中的吉凶逆顺。二者结合来看，即是通过《周易》的阐释使得这一政教权力体能在时变之中尽可能地靠近万物的情之所正。然而，《周易》由谁来阐释？阐释本身的正当性又如何保证？天下的太平当然可以证明君王本身的天命圣德，但是身处动乱之世，虽然王弼没有明确指出，毫无疑问是通过才性品鉴所选出材质具有通微之智而性品近于中正之清的士人来承担这一职责。

在这个意义上，王弼的政治构想区别于何晏、钟会等人以法为本的构想，具有一种约束帝王权力的维度。圣王订立名教礼乐与政治制度的绝对权力来源于天命，而当代帝王是否禀赋天命而具有合法性则根本上需要经过士人群体的名理品鉴，经过吉凶逆顺的阐释，从天下之"业"推帝王之所以成此功业的"体"。也就是说，以现实社会中名实关系与情性关系的现状考察帝王为政是否符合"不言"与"无为"的标准，从而判定政治权力的掌握者是否具有穷理通性的能力，以此反推证明占据帝王之位的那个人具有中和的天命禀赋。在这个意义上，名理学原则的运用反而使得圣人论成为现实政治中对于帝王权力的限制。

不过，立足当代，我们以"圣人"概念为核心所发掘的王弼思想体系很难为现在的领域划分所定位。时变使得古今产生了巨大差异，这让王弼之"言"作为魏初的"名"相对于我们当今的"实"而言尤其难以理解，因此必然要通过某种历史语境的追溯，特别是政治权力体系以及政治史实的追溯，才能更好地理解王弼如何揭示那个使得名实相合成为可能，或者使得用"无"全"有"成为可能的本。如若我们想要揭示某种对于当代的"实"而言，某种使得名实相符而"有"得以全的用"无"之本。按照王弼的理解，这有待有通微之智与中正之清的人凭借《周易》对当代政治权力体做出吉凶逆顺的阐释。

不过，如果从中抽去整个政治权力体作为阐释《周易》的语境，其实王弼也为我们提供了一种实践层面上如何理解"善"作为同一价值标准的途径。首先，这样一种"善"的判断依据是内在于每个个体自身的事实，不同事物之间有着绝对的差异，并且随时而变化。由此，我们无法全然知晓，或者说完全把握，这种作为我们一切行动根据的自然之性。而这种自然之性作为"善"的预设最终只能呈现在我们与它物在一时一事上的应感关系中，即呈现于我们与事物往来时的吉凶顺违。而"善"在现实中的最终落实需要我们见其所过而复其过，在凶、违之中不断调整以至于吉、顺，从而在与它物的应感之中尽可能地实现本有的自然之性，即在与外物应感的关系之中成就理分上应有的功业。

西方哲学

作为"形式的直观"的先验图型

——对康德图型法的一种解读

陈方旭①

【摘　要】

在《纯粹理性批判》中，完成了"演绎"之后，康德紧接着在"纯粹知性概念的图型法"提出了"图型"这一概念。在"演绎"中，康德只是证明了范畴对直观的先天应用，而通过图型这一"先验的时间规定"，他才具体展示了这一应用。

不幸的是，因为其含混性，图型也引起了大量的误解。G. J. Warnock 通过语言模型来理解图型法，并进而否定了图型法的意义。这篇文章引起了诸多回应和批评。除了语言模型以外，"图型"还可以被理解为某种直观和概念间静态的居间者。笔者将在本文说明，这两种模型都因为忽视了想象力的活动而失败。图型作为想象力的产物，只能是通过想象力作用的某种"时间"，即"形式的直观"。

"形式的直观"不同于感性论意义上的原初的时间，后者被"直观的形式"和"纯粹直观"所描述。只有通过先验想象力——"构型性综合"为其建立其空间形象，感性论意义上的时间才能被范畴所规定，成为"先验的时间规定"，即先验图型。

【关键词】

先验图型；想象力；形式的直观；构型性综合

《纯粹理性批判》(以下简称《批判》)认为人的经验知识有两个来源：感性直观和知性。《批判》认定我们拥有不依赖于认知主体的特殊主观条件而存在先天知识，例如几何学和纯粹数学，这些知识仅仅依赖于人的两种普遍的先天认知条件成立。然而，当这两个被前康德哲学家混淆、不同种类和功能的要素，被清晰地区分开以后，康德必须再回应这一难题：这两个异质性的要素如何关联？《批判》通过肯定几何学和纯粹数学的先天性，"暗

---

① 作者简介：陈方旭，武汉大学哲学学院哲学基地班 2015 级本科生。

示"了纯粹知性和直观的先天关联的可能性。毕竟，传统几何的研究对象是作为完全脱离颜色、材质等经验内容的、先天的"观念性对象"。不过，"暗示"完全可能通过观念、记忆、习俗等后天要素来使我们确信先天知识的可能性。这些后天要素的可变性、文化性是和"先天知识"对任何人、在任何情境和时间都成立的特性相对立的，因而先天知识无法通过这些后天要素而被奠基。"先天知识"的可能性必须通过先天的、不掺杂经验内容的审查才能够确立。《批判》要求对先天知识的可能性进行法权的审查，对两个异质性的要素，即感性直观和知性的先天关联的合法性进行说明，论证纯粹知性概念能够先天地应用于直观。这任务是由演绎所承担的，同时也被"图型法"补充并加以细化。

以上，笔者对"图型法"的背景进行了粗略的勾勒。不过本文的目的并不在对图型法在整部《批判》中的作用以及和"演绎"的关系等进行详细解读，而是依据先验图型作为"先验的时间规定"①或"按照规则的先天时间规定"②这一说法，来解读作为"时间"的图型法。我们可以设想三种理解图型法的出发点，并依据于此，将现有的图型法研究文献的解释路径归纳为三种：

（1）从知性出发——图型作为先天判断中的一种推论性因素。

（2）从想象力出发——图型作为知性和感性的抽象中介。

（3）从时间出发——图型作为被"先天规定"的时间。

根据这三种路径，我们可以构建出三个解释模型：

（1）以 Warnock③，Bennett④ 为代表的、将图型视为特殊的概念的语言模型。

（2）建构主义所抽象设想的"知性和感性间的第三者"模型。

（3）作为"形式的直观"的"被构造的时间"模型。

本文坚持第三个模型，即"被构造的时间"模型。第一个模型和第二个模型分别具有这样的缺陷：第一个模型，径直将图型看作概念，忽视了先验图型的感性意义和想象力在认知中的作用，这与《批判》所展现的感性—想象力—知性三种官能协作的人类认知图景相违。第二个模型没有忽视诸官能的协作，但失于将图型视作某种抽象的东西，没有考虑图型是如何从直观那里动态地产生。也就是说，它没有认真对待这样的问题：与知性相异质的直观何以可能参与这种协作，直观是否可以如其自身地参与协作？即使拉出想象力作为中介，也缺乏对这一问题的直接说明：时间本身如何克服这种异质性。并在想象力的作用下自身产生某种改变，从而上升到知性的活动中。用 Eva Schaper 的话说：在认知中，直

① ［德］康德著：《纯粹理性批判》，邓晓芒译，杨祖陶校，人民出版社 2017 年版，第 106 页。
② ［德］康德著：《纯粹理性批判》，邓晓芒译，杨祖陶校，人民出版社 2017 年版，110 页。
③ G. J. Warnock，"Concepts and Schematism"，*Analysis*，1949，pp. 77-82.
④ Jonathan Bennett，*Kant's Analytic*，Cambridge University Press，1966，pp. 141-148.

观必须成为(becomes)什么？遗憾的是，提出这一问题的 Eva Schaper 并未做出解答。①

至于从"时间"出发解读图型法，既有的研究并不让人满意。首先，在《批判》中，时间被通过"纯粹直观""时间的形式"和"形式的直观"三个不同意义的术语所描述。前两术语是对感性论意义上原初的时间不同角度的描述，而后一术语指的是经受了想象力构造而成为知性的对象的时间。但大部分研究者没有说明图型究竟指的是原初的时间还是作为知性的对象的时间。虽然亨利·阿利森在其巨著《康德的先验观念论》中指出了"先验图型"就是"形式的直观"，但遗憾并未详细说明为什么是"形式的直观"而不是原初的时间，并且没有解释原初的时间如何转化成了先验图型；而指出图型法就是"纯粹直观"的 Moltke Gram，甚至从未意识到他所说的"纯粹直观"只有转化为"形式的直观"，才能够发挥《批判》赋予图型的功能。② 其次，一些研究中又存在着没有明晰划清想象力和感性的界限的情况。例如 Pippin 对先验图型用了有现象学嫌疑的术语——"时间意识的诸模式"③，并且没有对这一说法进行充分说明。众所周知，胡塞尔现象学中并没有知性、生产性的想象力和感性这样的区分，虽然作者绝无现象学的暗示，这一术语依旧将感性论的时间和被想象力构造的时间的区别置于晦暗之中。而笔者正要表明的是，只有后者，即"形式的直观"才是先验图型。另外，Longuenesse④ 以及 Arthur Melnick⑤ 等人激进地认为：时间之被给予，就等于时间在想象力的作用中被构造。这一看法直接混淆了直观意义上的时间和纯粹想象力构造的时间。笔者将会说明，这两种层面上的时间具有不同的内容和功能，只有后者才能承担起先验图型的任务。

笔者将在本文厘清上述混淆，并对为什么先验图型就是"形式直观"进行详细论证，同时回答 Eva Schaper 那令人回味的问题：感性论意义上的时间只有经过纯粹想象力即构型性综合的特殊作用——时间的"空间化"，才能够成为先验图型。不过在进行这一工作以前，我们首先需要先对想象力的活动有充分的理解，并通过此来说明模型 1 和模型 2 的失败。

一、想象力的作用与语言模型、中介模型的失败

在绪论中，笔者曾提到《批判》展示出直观—想象力—知性协作的人类认知图景。先验

① Eva Schaper, "Kant's Schematism Reconsidered", *The Review of Metaphysics*, 1964, pp. 267-292.

② Molke S. Gram, *Kant*, *Ontology and A Priori*, Northwestern University Press, 1968, pp. 83-129.

③ Robert B Pippin, "The Schematism and Empirical Concepts, *Kant-Studien*", 1976, p. 116.

④ Béatrice Longuenesse, *Kant and the Capacity to Judge*, translated by Charles. T. Wolfe, Princeton University Press, 1998, pp. 211-228.

⑤ Arthur Melnick, "Categories, Logical Functions, and Schemata in Kant", *The Review of Metaphysics*, 2001, pp. 615-639.

图型是想象力的产物，因而，图型法的解释必须立足于对想象力总体的理解。在本小节，笔者将阐述想象力的功能和特点，即想象力在概念对直观的应用中起的中介作用，以及其所拥有的盲目性特征。并借此说明，语言模型和中介模型之所以失败，正是因为它们对上述的想象力的功能和特征的忽略。由于第二、三节主要涉及直观和想象力对直观的作用，因此在本节中，笔者将偏重于想象力和概念间的关系。

(一) 想象力的功能和特点

狗的形象出现，"狗"概念就会当下地呈现在心中。看到"按下开关"和"灯泡发亮"两个事件相继发生，当下地就明白二者的"因果"关系。就像大脑总能对神经传递来的信息作出迅速的选择和反应，特定概念和其所对应的感性直观的联系貌似是作为事实而直接呈现出来，无需心灵的操作，并且这种联系也总是成功完成。认知在一般情况下的迅速、准确，掩盖了生产性想象力的活动在认知活动中的核心作用，也掩盖了认知作为想象力活动的结果的身份。"先验的想象力"将感觉印象综合成一个对象，使直观能够借此呈现给知性，它是一种直接面对直观的、生产性的活动。作为先验认知要素，想象力在康德的认识论体系中是起核心作用的。只有理解想象力的活动，我们才能够了解概念是如何规定直观以及我们如何对经验事物作出判断。

首先，任何概念对直观的应用或归摄必须以想象力的综合为中介才能完成。范畴的应用或归摄不是作为事实而直接地、无需中介地被给予，而是需要心灵隐秘的操作、想象力活生生的运动才能够实现。康德对概念的构想是反柏拉图主义的：概念在想象力的生产动或图型中被赋予意义，而非具有自在的意义。概念有两个层次：标明综合活动的统一性的概念和作为前者的结果、在静态下呈现的概念。不论范畴还是经验概念，任何被抽象设想的"既成的"概念不可能凭借自身而被理解，或者说，仅仅就其自身而言，并不具有意义。① 概念只有回到想象力活生生的综合活动中才能具有意义或被理解。

作为"综合统一"概念的这两个层次，一层是伴随着某一综合行为的统一性，即伴随着先验统觉、依据统一的规则进行的综合活动；另一层是在统一的意识中即先验统觉中呈现出来的综合活动的结果。这两个层次对应着"正在认识""正在联结的表象""综合的统一性"与"已经认识到了""已然联结的表象""分析的统一性"。从心理学来说，作为动作的前者总是很微弱，以至于我们总是只意识到作为结果的后者。② 然而从先验逻辑来看，前者才是更重要的一层。因为，概念首先意味着"综合活动"的统一性。任何作为认知"结果"

---

① Robert B Pippin, "The Schematism and Empirical Concepts", *Kant-studien*, 1976, p. 116.
② [德]康德著：《纯粹理性批判》，邓晓芒译，杨祖陶校，人民出版社 2017 年版，第 90 页。

的分析的统一性，或静态呈现出来的概念统一性，都是被前者所产生，以前者为基础。① 一方面，从概念本身来说，去掉想象力的综合活动，概念本身就等于空洞的先验统觉，没有任何感性内容，仅仅标示着一种空洞的统一性。单凭这种空洞的统一性，我们根本无法理解任何概念，也不能区别开 A 概念和 B 概念。

正如 Longuenesse 指出的，在《批判》中，任何有意义的概念比较都只能是图型的比较。图型在这就是指想象力按照某种规定的综合活动，只有通过观察与某概念对应的综合活动，才能理解这个概念以及它和其他概念间的差异。② 例如"红"概念只有在规定红的事物，即通过想象力将我们眼前的"红"的视觉元素综合、联结成一个"红"的东西时，它的意义才能被理解，红概念才能和其他颜色概念区分开。"因果性"范畴也只有在对时间秩序进行规定时才能展示出意义。

另一方面，任何直观也只有在时间和空间中显现，并通过想象力的综合活动才可能进入意识之中，进而被知性规定的。例如，关于一只狗的感性信息只有从其所混杂其中的环境被分离出来，通过想象力形成狗的"形象"，才能被狗的概念所规定。一段时间只有被先验图型组织成因果性的时间秩序，其所包含的经验内容才能被规定为具有因果关联的。可见，只有通过想象力的综合时间才能和范畴关联，直观的感性内容也只有通过想象力赋予图像才能和感性概念相关联。通过想象力的活动才能关联起知性和直观。

想象力具有"盲目性"的特性，但这被语言和中介模型所忽略。康德强调："一般综合只不过是想象力的结果，即灵魂的一种盲目的、尽管是不可缺少的机能的结果。不过，把这种综合用概念来表达，这是应归之于知性的一种机能。"③

首先，盲目性意味着先验想象力的活动本身和狭义的知性，即我们通常说的概念之间有一定的独立性。任何知识都为先验想象力所生产，或是先验想象力的活动的表达和产物。但这种想象力的技艺不能被知识所掌握，更不能为我们故意发动，就像主动地做出概念推论那样。想象力具有超出我们掌控的神秘的自动性。④ 这和被看作推论的技艺的形式逻辑截然不同。

这表明：即使想象力的活动有必然的、先天的一面，即作为先验想象力而活动，但这

---

① [德]康德著：《纯粹理性批判》，邓晓芒译，杨祖陶校，人民出版社 2017 年版，第 70 页。

② Béatrice Longuenesse, *Kant and the Capacity to Judge*, translated by Charles. T. Wolfe, Princeton University Press, 1998, pp. 136-140.

③ [德]康德著：《纯粹理性批判》，邓晓芒译，杨祖陶校，人民出版社 2017 年版，第 55 页。

④ David. Bell 说：想象力或判断力的活动或是当下的和直接的。这就是在强调想象力活动的这种自动性，如果先验的想象力是能够被我们所有目的地使用，那它的活动就是间接的和非当下的了。参见 David Bell, "The Art of Judgement", *Mind*(*New Series*), 1987, pp. 221-244.

种必然性、先天性不同于概念间的推论活动的必然性：它的活动所遵从的必然性是盲目的。这一区分也对应着康德的先验逻辑和作为推论的技艺的形式逻辑的不同。正如上面所论述的，任何已经形成的概念都指向着想象力活动的统一性，先验的图型作为想象力的成果自动地规定事物，这和概念间的推论只能被我们主动地做出不同。这部分地因为，彻底为我们掌握的非盲目的认知活动，只有分析判断，但由于想象力是在时间中进行的，在时间中产生综合判断。因而，想象力不仅不遵循分析判断所遵循的矛盾律，甚至冲击着矛盾律。①

想象力的盲目性和不可掌握性还体现在：想象力的综合活动有时可能会失败，不能以此推论想象力能力的缺失。想象力活动既然是不可掌握的，也就不能被形式逻辑的推论所透彻解剖。例如，我们都拥有骨髓的概念，却未必能认知出骨髓。这一事例无法拿来说明我们的想象力失灵，最多只能说想象力是模糊的和不敏锐的而已。"能够"和应用的成功准确是不同层面的，无论对骨髓的理解有多少，这些理解所具有的统一性都能够引导我们对与之符合的感性材料进行规定，即使这一规定有可能是错误或不清晰的。是否具有综合的能力是先验的区分，而能否顺利使用只是经验的区分，因而并不能拿后者来推论前者。拥有先天的综合、规定能力，和这一能力敏锐与否无关。这说明，不仅想象力的活动不能被知性所掌握，也不能根据其想象力的现实的结果，来推论这种神秘的技艺存在与否。因而想象力是盲目的。

（二）为什么语言模型和中介模型是失败的

接下来，笔者将依据上面对想象力的分析，来说明"想象力的先天产物"，即先验图型的作用，进而指出语言模型和中介模型为什么是失败的。

首先来看中介模型。我们已经了解到，概念对直观的规定并不是给予的，而是要通过想象力的盲目的活动才能造成，只有图型和想象力的活动才能赋予概念以意义。当康德指出范畴即"判断的逻辑机能"——"把所予表象（不论是直观还是概念）的杂多纳入一般统觉之下的这种行动"②，肯定范畴就是图型。范畴和直观的界限就在图型中被打破了。在笔者看来，康德所谓的知性和感性的异质性是指它们服从于不同的形式：先验统觉和时空，而同质性是表明它们能够共同参与到想象力的活动。想象力的活动在知性和感性之间搭起了桥梁，通过此，知性规则和感性的被规定者间的异质性才能被展示出来，二者间的同质

① "一个等于 A 之物如果是等于 B 的某物则不能在同一时间又是非 B，但它完全可以前后相继地是两者（既是 B 又是非 B）"，后半句即肯定综合判断不必遵循矛盾律。参 [德] 康德著：《纯粹理性批判》，邓晓芒译，杨祖陶校，人民出版社 2017 年版，第 113 页。

② [德] 康德著：《纯粹理性批判》，邓晓芒译，杨祖陶校，人民出版社 2017 年版，第 74 页。

性也直接呈现在这一动态性的活动中。"两个异质性的东西如何可能取得同质性"这样的问题，只是在为了方便理解而做的静态分析。但通过分析和语言的描述，难免就将活动的想象力混淆为静态的、抽象的东西。只有按照上一部分所说的，区分开概念的两个层次，才能够理解康德"知性的图型法通过想象力的先验综合，所导致的无非是一切直观杂多在内感官的统一，因而间接导致作为内感官（某种接受性）相应的机能的那种统觉的统一"①的说法。"一切直观杂多在内感官的统一"是针对综合活动的统一性而言，"统觉的统一"是针对已形成的概念的分析性统一而言的。将图型视作沟通直观和概念间的某个静态的、抽象的第三者的第二个模型，混淆了概念的两个层面，没有意识到图型的中介作用是作为活动而动态地实现，因而这一模型是失败的。

至于语言模型，一方面，这一模型犯下与中介模型相同的错误：忽略了概念的第二个层次，即其作为综合活动或想象力活动的统一性，只看到这一活动的结果——作为分析的统一性的语词和概念。但根据《批判》，我们能否拥有和使用某一语词，首要要取决于我们是否已拥有发起对应的想象力活动的能力。并且，脱离了想象力活动，语词和概念也不能有任何感性意义。另一方面，更重要的是，它混淆了作为先验逻辑的核心部分的想象力和形式逻辑的差异。想象力的"直接性""当下性"和"非推论性"无法在这一模型中展现出来。想象力这种神秘的技艺完全不能归并入作为心灵的主动推论的形式逻辑的技艺。语言模型忽视了综合活动不是推论活动而是"盲目的"机能的事实，忽略了"图型"只有作为一种人类心灵特别的主观力量才能发挥作用：图型作为"人类心灵深处隐藏着的一种技艺，它的真实操作方式我们任何时候都是很难从大自然那里猜测到、并将其毫无遮拦地展示在眼前"②，图型的这一特点和语词、概念所具有的推论的客观性、能被掌握的特点不同，占有一个图型不等于在经验层面上必然能成功地应用它，而逻辑规律和它的应用则往往是清晰、确定的。前康德哲学家推崇逻辑而贬抑想象力在认知中的先验作用，也正因为此。面对语言模型和中介模型的失败，我们可以选择被"构造的时间"解释模型来理解图型法。

二、三种时间概念与作为形式的直观的先验图型

《批判》通过三个概念来讨论时间和空间："直观的形式""纯粹直观"和"形式的直观"。前两者更多的是在"先验感性论"中得到讨论，而后者则出现在 B 版演绎那个著名的注释中：作为对象而被表象出来的直观，"包含有比直观的单纯形式更多的东西，这就是

① ［德］康德著：《纯粹理性批判》，邓晓芒译，杨祖陶校，人民出版社 2017 年版，第 110 页。
② ［德］康德著：《纯粹理性批判》，邓晓芒译，杨祖陶校，人民出版社 2017 年版，第 108 页。

把按照感性形式给出的杂多统摄在一个直观表象中，以致直观的形式只给出了杂多，而形式的直观却给出了表象的统一性"。① 笔者将在本节说明，作为"形式的直观"的时间与作为"纯粹直观""直观的形式"的原初时间之间的不同。后两者描述在直观中被给予的原初时间，当时间接受了想象力的作用而成为知性的对象则转变为前者。"纯粹直观"说明时间自身具有先天的内容，并具有"无限制性"及潜在性，凭此，时间使得感性杂多得以显现，因而和空间共同起"直观的形式"的作用。"形式的直观"则是想象力对感性论意义上的时间进行构造的产物。不过，一方面，只有时间转化为"形式的直观"，我们才能形成时间的知识，虽然在此过程中，时间原初的连续性被想象力破坏。另一方面，"形式的直观"也在想象力的层面保持直观的形式的作用，并由此起到中介直观和知性的作用。由于"形式的直观"具有上述两个功能，只有它才能成为"先验的时间规定"。

(一) 对三个时间概念区分的初步说明

谈到《纯粹理性批判》中的时间，有两个问题需要特别注意。第一，"时间"并非总是被直接意识到的。当包含着感性杂多的直观被意识到时，它必须通过想象力的作用、作为"知觉"或"领会"（Apprehension）的结果才能被呈现："只要现象仅仅作为诸表象而同时就是意识的对象，那么它们就与想象力的综合中的领会即接受没有什么区别。"②无论对纯粹直观还是其包含的经验内容来说，只有接受想象力综合的部分才可能被我们的心灵所意识到，因而直观的更多部分并不必然被意识到。康德在《实践人类学》中提到了存在我们"拥有表象却没有意识到它们"③的情况。他举出了这样的例子，我们意识到我们看到远处的一个人，但并没有意识到看到他的眼睛、鼻子、嘴巴，等等，虽然我们确实接受了这些感性信息。相比于这些未能被意识到的表象（"模糊的表象"），被意识到的感性直观（清楚的表象），"仿佛在我们心灵的巨大地图上只有少数地方被照亮一样"④。再如，身体一些细微的接触也不被意识到，例如光滑的衣服在每时每刻都和身体摩擦。这些是本可以被意识到的，但我们往往对其没有意识。如果直观的经验内容未必全部呈现在知性中，那么伴随着它的时间和空间也未必全被意识到。由此，作为"直观的形式"和"纯粹直观"的时间的内容未必像"形式的直观"那样全部都在我们的意识之中，作为概念的前者的外延大于后者。此外，在下面的分析中笔者还会说明：前者和后者还存在认识论作用的不同。

---

① [德]康德著：《纯粹理性批判》，邓晓芒译，杨祖陶校，人民出版社2017年版，第82页。

② [德]康德著：《纯粹理性批判》，邓晓芒译，杨祖陶校，人民出版社2017年版，第135页。

③ [德]康德著：《实用人类学》（外两种），李秋零译，中国人民大学出版社2013年版，第15页。这个例子不仅是对空间有效，也对时间有效。因为我们是同时在时间和空间中，知觉着远处的人。

④ [德]康德著：《实用人类学》（外两种），李秋零译，中国人民大学出版社2013年版，第15页。

第二，康德的术语"直观"（Anschauung/intuitio/intuition），其拉丁词"intuitio"一方面可以指直观的行为，一方面又可以指被直观者，康德也正是如此含混地使用这一术语：这正加深了我们理解的难度。如果图型法的"先验的时间规定"是针对"直观的行为"，难道是在暗示我们能够规定性地直观吗？还是说，我们只能规定转化为知性的对象的"纯粹直观"？答案只能是后者，因为前者就等于智性直观。纯粹直观只有经过想象力作用成为"形式的直观"，才能成为被规定的对象，因而"先验的时间规定"必须针对作为对象的"形式的直观"，而不能针对直观行为的形式。下面，笔者将分别说明作为"直观的形式""纯粹直观"和"形式的直观"的时间。

（二）作为"纯粹直观"和"直观的形式"的时间

在"感性论"中，时间被"直观的形式"和"纯粹直观"两个术语所描述。康德认为，感性论意义上的对象或显像，只有在时间和空间的条件下才能被给予。时间和空间不是物自身或物自身之间的关系，而是感性直观的形式，是"使得显像的杂多能在某种关系中得到整理的东西"①。而时间和空间自身作为不依赖感性杂多的、不包含任何感性杂多的表象，就是"纯粹直观"。

一方面，直观作为心灵的一种能力，具有同质化或综观（Synopsis）的作用，将诸显像归于时间或空间这同一个形式之下，这种作用便是"直观的形式"。另一方面，时间和空间又有着自身的内容，便也有可能被单独作为认知的对象，因而又可作为一种特殊的直观——"纯粹直观"。时间和空间所独有的纯粹的、先天的内容，即"纯粹直观"所包含的先天杂多。② 正是依据时间作为"纯粹直观"的内容，时间才能发挥"直观的形式"的作用，感性杂多才可能显现。

笔者将具体地说明一下"直观的形式"和"纯粹直观"所描述的原初的时间的特性。由于时间的流逝性和内容的贫乏，先从空间入手会更容易。在《未来形而上学导论》中，康德举出的几个例子来说明：即使两个事物有着规定上的一致性，却仍然有着"内在的差异"，并且这种差异"唯有通过空间中的外在关系才能够显示出来"，也就是说，这种纯粹的感性差异就是显像间的空间性差异。

例如，一只左手的手套和对应的右手的手套、某一事物和其镜像，双方有着一致的规定性，甚至可被设想有着完全一致的经验的内容，但其在空间中位置和方位的差异是无可置疑的、不可取消的。这是从对象的规定出发来自上而下地发现对象的纯粹的感性差异。

---

① ［德］康德著：《纯粹理性批判》，邓晓芒译，杨祖陶校，人民出版社 2017 年版，第 22 页。
② ［德］康德著：《纯粹理性批判》，邓晓芒译，杨祖陶校，人民出版社 2017 年版，106 页。

如果自下而上地、从纯粹直观的内容本身出发来分析，我们会意识到，取消空间中的方位和位置，那么任何对象的规定都变得不可能：一个在世界中没有位置和方位的东西，根本不可能显现。可以看出，显像只有在空间的形式下才可能显现，这也是依凭着空间的先天内容——纯粹直观才能完成的。作为另一种"直观的形式"的时间，也具有如是的功能和先天内容，任何两个时间片段都有着时间性的差异，并且依据于时间的先天内容，时间所包含的感性杂多才得以显现。

另外，作为纯粹直观的时间和空间本身，具有"无限制"（unlimited）的特性。原初的时间所具有的潜在性，使得它不可能整体地、未加任何作用地就能进入意识之中。时间的这一特性表明它潜在地包含着无穷小的（infinitely small）差异。康德说："时间以及时间中的现象都不是由一些最小的部分构成的"[1]，时间和空间都潜在地可被划分为无穷小的片段，即使是任何极其细微的两个时空片段之间，都潜在地可被划分出差异。只不过时间所包含的差异是潜在的，其本身则不能在其原初的状态被当作实在的经验对象被了解。正是凭借时间蕴含的潜在的、纯粹的原初差异，显像以及其间的经验差异才能够显现。作为纯粹直观的时间所包含的这些潜在的原初差异，不仅不需要想象力就能够发挥"直观的形式"的作用，而且想象力的参与甚至会破坏其所包含的潜在性。

（三）作为"形式的直观"的时间

下面来看"形式的直观"。如之前所说的那样，纯粹直观，是不能保持其原初的状态就进入意识的。若要进入意识，它必须接受想象力的作用。A 版演绎中提到了，领会的综合"也必须先天地、亦即在那些并非经验性的表象方面加以实行。因为没有它们我们将既不可能先天地拥有空间表象，也不可能先天拥有时间表象"[2]，通过先天的领会，即先验想象力的作用，作为对象的"形式的直观"才能被产生出来，不过这一过程必然破坏时间的原初状态。因为，任何领会都是对经验的或先天的杂多的"贯通""总括"，在此过程中，我们必然对被给予的直观进行压缩或删节。例如在一个平行四边形的直观中，我们会注意到它的四条边或一个整全的平面，而不可能关注这个平面内所包含的诸点间无限细微的空间差异。对一个时间的领会也一样，我们只能看到 t_1 和 t_2 两个时间点中间作为整体的"一段"时间 $t_1—t_2$，也能意识到这段延续的时间 $t_1—t_2$ 和 t_1 之前的、t_2 之后的时间之间的差异，但该段时间之中所蕴含的潜在的、无限细微的纯粹差异就被忽略了。不过，"形式的直观"的质料仍是作为"直观的形式"的纯粹直观，因而在这个意义上，我们也可以将"形

---

① ［德］康德著：《未来形而上学导论》，李秋零译，中国人民大学出版社 2013 年版，第 29 页。

② ［德］康德著：《纯粹理性批判》，邓晓芒译，杨祖陶校，人民出版社 2017 年版，第 23、88 页。

式的直观"称为"纯粹直观"。

上面所说的是前两种时间所描述的原初时间具有"形式的直观"没有或丧失的特性和功能。不过，无论从理论上还是从《批判》文本的内在关联来考虑，"形式的直观"和前两种意义的时间并非决然分开的，而是相互关联的。

从《批判》的文本整体来说，上面所说的"直观的形式"和"纯粹直观"主要是在"感性论"中被论述，而"形式的直观"则出现在"分析论"中。但"感性论"并不是脱离"分析论"的，时间的三个概念也不是相互分离的。这一方面是因为仅仅依靠"感性论"中对"直观的形式"的说明，任何时间和空间的知识都不可能被产生，需要"分析论"中的知性和想象力参与将之转化为"形式的直观"才行。另一方面，"感性论"的许多说明都已经预设了"分析论"的观点，只是限于"感性论"的特殊任务，而并未展开。在对原初的时间的说明中，康德已经悄然引入了"形式的直观"，例如，在时间和空间的"形而上学阐明"中的那个思想实验——我们能在空间和时间中取消显像，却不能够保留显像而取消空间和时间，[1] 以及"感性论"开头对时间和空间的单纯形式的还原。[2] 这两个实验涉及"取消"或"还原"的知性行为。时间、空间和显像在此都是作为想象力综合的对象，而非原初的或未经想象力加工的时空和显像。[3] 纯粹直观只有经过想象力的综合或转变为"形式的直观"才能进入意识，这一点是"感性论"所未说明的，但却是其工作展开所需要的：不对时间和空间进行建构，就没有作为"概念"的空间和时间，我们就无法对空间和时间有任何理解。只有三种官能协作，才能产生出包括"时间"和"空间"的知识在内的一切知识，这些知识中也包含"感性论"里对时间和空间的那些说明。不通过想象力的作用，没有空间的形状和作为一个片段持续的时间，我们便无法拥有任何对时空的确定的知识，而只是感受着无法把握的空间和时间之流。只有时间转化成"形式的直观"，才能变为时间的知识，我们才拥有实体、因果性等时间概念。不过，另一方面，"形式的直观"也有了整理、统合直观中的经验内容的功能。想象力的先天活动是对作为"直观的形式"的"纯粹直观"的综合。直观的形式伴随着一切其所包含的感性杂多，因而，想象力建构的"形式的直观"必然伴随着一切经验的综合统一。唯有通过"形式的直观"，直观中经验内容才能够被带入意识中，从而得到规定。作为"形式的直观"的时间便又成为经验的综合统一的形式：这可以说是在知性的层面上保

---

① ［德］康德著：《纯粹理性批判》，邓晓芒译，杨祖陶校，人民出版社 2017 年版，第 28 页。
② ［德］康德著：《纯粹理性批判》，邓晓芒译，杨祖陶校，人民出版社 2017 年版，第 22 页。
③ 试想，面对着一个杯子，我们去除掉对它的判断、概念，再去除掉白色、坚实性等经验特征，而只留下一个圆柱体。但此圆柱体并非原初的直观，而是通过"构型性综合"才产生的知性的对象，因为空间里只有潜在的和无限小的位置和方位差异，而没有作为统一整体的对象的圆柱体。可见，"去除"活动是想象力的活动，其对象"圆柱体"也是想象力先前建构的结果。

持了"直观的形式"的功能，正因为其保持了这一功能，"形式的直观"才能成为直观和知性之间的中介者。时间及其包含的经验内容陆续地给予，而想象力动态地将时间塑造为"形式的直观"，通过它，直观才被带入知性。前面所提及的两个失败的解释模型忽视想象力的作用，也就忽视了想象力对时间的动态的塑造，从而失去了从时间本身出发理解图型的机会。通过对三种"时间"概念的区分，笔者想要表明的是，一方面，作为被给予的时间，即感性论意义上的"直观的形式"和"纯粹直观"所描述的时间，具有纯粹的、先天的内容，这些内容并非想象力建构的结果。因而，它和"形式的直观"具有不同的源头。另一方面，它也有着不同于"形式的直观"的认识论功能，这一功能无需想象力的参与就可以在感性领域得到发挥。"形式的直观"作为被限制而成的知性"对象"，不具有潜在性或"无限制性"，因而不具有使得显像以及显像间的原初的差异显现的功能。同时，时间和空间的一切先天杂多也不可能都被想象力都带入意识中，原初的、感性论意义上的时间以及其所包含的时间状态间的具有潜在性的差异本身，都是不可能被知性所完全认知的，唯有通过想象力对其"贯穿""放大"成一个可理解的时间片段，它们才能够在知性中得到表达，从而成为时间知识或时间概念。

"形式的直观"是以感性论时间为质料而被生产出来的，是其通过先验想象力的构造得到的产物。同时，"形式的直观"又在知性和想象力的层面上，保持了直观的形式的作用，即使这一作用和其在纯粹的感性意义中不同。正是在此情况下，"形式的直观"成了知性和直观之间的中介者，即成为建立起直观和知性的同一性的图型。而"感性论"中被"纯粹直观"和"直观的形式"所描述的原初时间并不能实现这一中介功能，至多作为想象力的质料而潜在地有望实现这一功能。可以说，图型作为"先验的时间规定"，作为在知性影响下的想象力的产物，只有可能是针对"形式直观"而言的。

三、"先验的时间规定"与"构型性综合"

在第二节，笔者表明了想象力活动在知性规定直观时的作用，在上一节，笔者确定了图型必须是"形式的直观"。但仍有待说明的是：想象力是如何规定纯粹直观的，即如何造成"图型"或"形式的直观"。B版演绎中所说的"构型性综合"，是先验想象力对纯粹直观的综合，既是产生先验图型的源头，也是图型中介作用的关键。在本部分，笔者将结合"构型性综合"（figürlich Synthesis/figurative synthesis），从三个方面对作为"形式的直观"的"图型"进一步展开说明，这三个说明涉及图型如何在想象力的作用下产生，以及如何分别同范畴和直观关联。首先，感性论意义上的时间如何通过"构型性综合"成为先验图型？这一问题必须通过"时间的空间类比"来加以解答。其次，相对于"演绎"，图型具体展示了每一范畴如何和直观关联，但范畴在纯粹直观中的具体化，只有通过"构型性综合"为时间图型建立起的空间形象才能被展示。最后，虽然先验图型仍保持着某种意义上的"直观的形式"的功能，但图型的中介功能只能是间接地发挥作用，这和感性论意义上的时间直接地发挥作用不同。

（一）构型性综合与"时间的空间类比"

B 版演绎对先验想象力的说明是可以和"知性概念的图型法"互补地阅读。先验想象力，即"构型性综合"，如其名所显示，首要针对的是空间的综合。先验图型作为时间的表象，必须借助空间性的综合才能产生，感性的时间必须通过空间的类比建立起"空间形象"才能转化为"形式的直观"，从而成为先验图型。时间的先验规定所面对的时间只能是"空间化的时间"，这仅从图型法的文本不容易看出。

要想让时间接受知性先天的规定，必须接受空间的影响，为时间本身建立起空间的形象。一方面，空间作为纯粹直观，具有同时性的先天特质，使得其所包含的先天内容可以在一个综合行为面前，作为质料直接地一并呈现出来。这对于认知是再方便不过了的。相比之下，时间的秩序不是同时性，而是连续性或相继性的，即包含着不断的消逝和再给予，只有通过直观以外的方法我们才能抓住时间本身，从而对之产生知识。就人的知觉来说，时间至少要被限制成一个瞬间（instance）才能在领会中被把握，① 但这种"限制"就意味着"同时性"。因为即使在一个瞬间之中，也潜在地包含无限多连续的意识状态。但只有通过"限制"其流逝，或借助空间的观念来进行类比，连续的意识状态才能被同时呈现，成为一个"瞬间"。因而，在时间的不断流逝中，我们只有类比地为其建立空间的形象，才能得到"一个"时间表象或"形式的直观"，进而得到一个"图型"。

另一方面，空间的三维特质可以使得其呈现出多样的几何图形，从而包含着形状等信息，空间为想象力的综合提供丰富的材料。但时间的一维性导致了其内容的贫乏：除了空洞的连续性，时间什么内容都没有，以至于时间的一维性也是参照空间才被表象的。②

同时，康德也强调，内感官没有任何先于经验的内在规定，这更说明时间自身不可能有属于其自身的丰富信息先天地给予。因为假如真有这样的丰富信息，那作为其直观形式的时间，必须能够先于这些信息，就拥有与之对应的丰富的先天内容，来使得这些经验的信息显现。但这一假设无法实现，因为作为纯粹直观的时间的内容是贫乏而空洞的。因

---

① ［德］康德著：《纯粹理性批判》，邓晓芒译，杨祖陶校，人民出版社 2017 年版，第 88 页。在笔者看来，"瞬间"是一个心理学性质的术语，指一般情况下，知觉能感知的最小的时间单位。
② ［德］康德著：《纯粹理性批判》，邓晓芒译，杨祖陶校，人民出版社 2017 年版，第 80 页。

而，唯有通过求助于空间，时间的表象才能生产出有认识价值的内容。

归摄于先验统觉之下的想象力，是以先天的经验知识为目标的自发性规定能力。对空洞的时间进行综合，不仅不符合知识的目标，也必然一无所获。因而，如果想要先天地表象时间，并使其服务于作出有意义的先天综合判断的目标，必须参照对空间的构型性综合才能实现。

"正因为这种内部直观没有任何形状，我们也就试图通过类比来补足这一缺陷，用一条延伸至无限的线来表象时间序列……"①我们不能表象时间，"如果我们不是引出一根直线(想要它作为时间的外部表象的形象)时只注意我们借以前后相继地规定内感官的那种对杂多的综合行动、并因而注意在内感官中这种规定的前后相继性的话"。②

作为"先验的时间规定"的时间是参照空间的构型化综合而实现的，时间的连续性和一维性的先天特质正是通过此才被表象出来的——时间被一条逐渐引出的线的形象表达。同时，构型性综合是伴随着先验统觉而完成的，而范畴是将直观中的杂多带到统觉的统一的唯一途径，③ 所以这一综合是依照范畴而进行的。因而，这便证明了范畴可以先天地被应用于时间表象，从而实现了对时间中的先天规定，也就产生了先验图型。

不过，借助于空间形象而被表象和规定的时间，是和原初的时间有所不同的。这是因为时间的根本特质，即连续性被破坏了。现在，这种连续性不是通过直观的呈现，而是通过复现的想象力才能够被表达出来。那么时间的"形式的直观"就不作为原初的连续性而被"直接地"规定，而是通过想象力的保持(retention)、复现活动才被呈现。例如：当我们在物理学中表示，在一个线段式的时间 t_1—t_2 中，t_1 和 t_2 作为该线段上的两个点而是连续的，这已暗示了 t_1 和 t_2 的同时性，而非原原本本地呈现其连续性。康德也意识到了这个问题，因而他说：用来表象时间的线的属性"推想到时间的一切属性，只除了一个属性，即这条线的各部分是同时存在的，而时间的各部分却是前后相继的"。④

(二) "时间的空间形象" 与范畴对先验图型的规定

下面来看第二个问题：作为"形式的直观"的时间如何是必然接受范畴的规定的。虽然，B 版演绎已经有着明确的说明，因为先验想象力必然服从于先验统觉，构型性综合所构造的时间和空间表象必然接受范畴的规定。但康德并没有具体说明这一点。亨利·阿利森对范畴之能先天地应用于时间表象提出了一个可能的疑问："虽然根据对一条直线的引

---

① [德]康德著：《纯粹理性批判》，邓晓芒译，杨祖陶校，人民出版社 2017 年版，第 29 页。
② [德]康德著：《纯粹理性批判》，邓晓芒译，杨祖陶校，人民出版社 2017 年版，第 79 页。
③ [德]康德著：《纯粹理性批判》，邓晓芒译，杨祖陶校，人民出版社 2017 年版，第 75 页。
④ [德]康德著：《纯粹理性批判》，邓晓芒译，杨祖陶校，人民出版社 2017 年版，第 29 页。

出来分析时间的表象，暗示了量的范畴已经被牵涉其中，但似乎不大可能由此就推广到其他的范畴。"①在提出这个疑问之后，阿利森通过综合行为对先验统觉的归摄而论证了范畴的必然运用。不过，如果在综合活动中不能看出各种范畴何以规定时间表象，那么即使通过统觉的最高原理来论证范畴的必然适用性，似乎也不能显示其确能如此：图型作为活生生的想象力的活动的产物，应该是可能被我们所经验到的，而不仅仅是被论证出的。

如果我们注意到时间必然通过其空间形象才能被理解或被表达，那么这个问题就不难解了。我们固然可以从时间中去除掉显像，但我们没有能力去除掉时间表象和空间表象之间的先天关系。没有构型性综合连续地构造出空间本身的表象，那么想象力就不可能构造出时间表象。简单地感受到心灵状态的相续不能带来任何知识，时间必须空间化才能被范畴所规定，范畴也因此被具体地展示出来。

我们只能根据空间的形象建构来实现对时间的表象，或者说，我们只能够规定空间化的或以空间为形象的时间。在时间中"陆续"引出一条直线，这条直线是在时间中渐次给予的、是正在被画出的，而不是一条静态的线段。通过这样一个"现象"，因果性、实体性等似乎都能够顺利地被应用。例如，实体的概念就是在我们所构想的这条不断给予的"时间之线"的整体。因果性概念就是这条时间之线不断给予的各个片段的必然相继性。如果拿这条时间之线的渐次给予来比拟颜色的色差、酸碱度等程度的差异就可以得到质的范畴。在笔者看来，阿利森似乎混淆了直接呈现出的线段和在时间中未被限制而被渐次给出的直线的区别，才认为范畴对时间的应用是难以通过时间的空间形象而被设想的。

图型是时间的空间形象，也可以解释图型法中对先验图型的两个令人费解的说法，"外感官的一切大小的纯粹形象是空间，而一般感官的一切对象的纯粹形象（Bild/image）是时间"②"图型在与范畴的一致中本来就只是现象（Phaenomena），或只是一个对象的感性概念。"③无形象的纯粹直观的时间只有通过构型性综合所提供的空间化的时间或时间得以表达的空间形象，才能成为"一般感官的一切对象的纯粹形象"。而对于后一条文献所说的图型只是"现象"，是说图型的内容是构型性综合所产生的时间的空间表象，是接受着范畴的规定的纯粹现象。又因图型是根据规则而被产生出来，因而又被康德说是"感性概念"。

通过上面的说明，我们可以看到：一方面，时间"形式的直观"的构造，要得到空间的构型性综合的辅助才能够完成；另一方面，因为时间自身的空洞性，时间也只有借助于空

---

① ［美］亨利·E. 阿利森著：《康德的先验观念论——一种解读与辩护》，丁三东、陈虎平译，商务印书馆 2014 年版，第 241 页。

② ［德］康德著：《纯粹理性批判》，邓晓芒译，杨祖陶校，人民出版社 2017 年版，第 73 页。

③ ［德］康德著：《纯粹理性批判》，邓晓芒译，杨祖陶校，人民出版社 2017 年版，第 75 页。

间性形象表达自身，才能够被范畴所规定。

(三) 图型中介功能的间接性

构型性综合所能带给我们的第三个启发是关于图型对直观的规定。《图型法》中关于图型实现了直观和范畴之间的同质性的说法，也许会给人带来某种误解：仿佛有了图型，就能直接地、当下地给直观中的感性信息以某一先天的规定。但真的是这样的吗？

我们需要对此保持清醒：这种可能的误解混淆了"直观的形式"对感性杂多的直接作用和"形式的直观"对感性杂多间接的作用。范畴直接地规定时间的"形式的直观"，但图型只能和感性直观中的后天内容间接发生关联，而不是直接地赋予其规定。作为"直观的形式"的时间，是经过构型性综合的作用才能转化为"形式的直观"的。因而，相比于直观的形式之能对感性信息直接整理，后者作为想象力的产品、作为知性的先天地规定感性的手段，只能间接地组织感性杂多。所以，图型和感性活动之间存在着相对的独立性。图型所归属的想象力和直观属于不同官能，图型不能跨过两种官能之间的界限。参考 B 版演绎的一段文字，我们会有更清醒的认识：

"……空间和时间不仅被先天地表象为感性直观的诸形式，而且被表象为(包含着杂多的)诸直观本身"，因而，一切被规定的感性杂多的综合统一"就已经和这种直观一起(而不是在它们之中)同时被先天地作为一切领会的条件而给予了"。①

这段文本所说的"诸直观本身"在此即指"形式的直观"。康德强调作为条件的"形式的直观""和这种直观一起(而不是在它们之中)"，就是强调作为"形式的直观"的图型，不同于直观的形式直接包含感性内容"在其中"，而是只是作为一个特殊的表象伴随着这些被想象力综合的感性内容，因而图型和感性直观的内容之间存在独立性。图型不同于纯粹直观的时间，是取决于心灵主动的想象能力，心灵主动的想象和排列不会直接呈现在直观之中，是作为另一种官能的活动异于直观活动的。我们在第一部分所强调的想象力的"盲目"或并非完全受我们控制，以及概念的规定并非直接给予的，就是这个意思。

具体地说，《批判》并未排除这一可能：作为知性活动的想象力，在通过图型"间接地"规定感性直观时，可能陷入一种犹豫和混乱的情况，而非总是确定的和清晰的，就像直观的形式对感性杂多的必然应用那样。这种情况下，面对同一些经验杂多，多种先验图型可能同时呈现和发生作用。当然，有时这种同时发生是必然的、无害的，例如"因果性"范畴必然预设"实体"范畴。但在许多情况下，图型的应用达不到认识所要求的明晰性，甚至陷于混乱。举例而言，在"原理"的"第二类比"，康德陈述了因果性的两种意义：①同

---

① ［德］康德著：《纯粹理性批判》，邓晓芒译，杨祖陶校，人民出版社 2017 年版，第 82 页。

一个实体的两个状态根据规则的必然相续。②两个不同实体间单向的连续作用。这两种意义是相冲突的。① 但当我们努力认知一个陌生、对之没有充足经验的因果事件时，这两种意义同时呈现完全是可能的：面对一个复杂的事态，我们可能会区分不开事件 A 和事件 B 是同一实体的两个状态还是两个不同实体的相互作用。康德为说明范畴(实际上就是图型)对直观的应用，举了"房子"和"水在结冰"的例子，但这两个例子太过于平常了，以至于在这两个例子中，我们无须花费任何专门的努力，就能将适当的图型顺利、确定地应用出来。但在更复杂的情况下，图型的应用也许不会这样顺利：一种图型的多种意义或多种图型可能会同时出现在我们的判断活动中，以至于使我们陷入犹豫和怀疑之中。这说明了图型作为"形式的直观"，其应用不同于对"直观的形式"在感性直观中的应用：前者的应用只能是间接的，后者才是直接的。

如果像 Longuenesse 或 Arthur Melnick 那样混淆了"形式的直观"和"直观的形式"，那么就会产生严重的后果：不仅仅纯粹直观的那些想象力无法彻底把握的原初差异都进入了意识之中，甚至，因为"形式的直观"或图型在他们看来就等于"直观的形式"，图型能够直接就给其中的感性内容以确定的规定。但正如我们所说的，图型的应用并不总是直接的、确定的，而常常是模糊的、不清晰的甚至是相互冲突的。

四、结　语

康德对先验图型法给出了多个看起来相互矛盾的说法，它们均可以统一于"先验的时间规定"或"按照规则的先天时间规定"："现象"②"对象的感性概念"③、纯综合④、"想象力的先验产物"⑤、范畴和显像之间的"第三者"⑥、"先验的时间规定"⑦"知性概念在其运用中限制于其上的感性的这种形式的和纯粹的条件"⑧"想象力为一个概念取得它的形象的某种普遍的处理方式的表象"⑨。这些看起来混乱的描述只是对先验图型作为先验想象力的产物，以及它在直观和范畴之间的中介作用不同角度的解释而已。"现象"或"作为一切

---

① ［德］康德著：《纯粹理性批判》，邓晓芒译，杨祖陶校，人民出版社 2017 年版，第 134～146 页。
② ［德］康德著：《纯粹理性批判》，邓晓芒译，杨祖陶校，人民出版社 2017 年版，第 110 页。
③ ［德］康德著：《纯粹理性批判》，邓晓芒译，杨祖陶校，人民出版社 2017 年版，第 110 页。
④ ［德］康德著：《纯粹理性批判》，邓晓芒译，杨祖陶校，人民出版社 2017 年版，第 108 页。
⑤ ［德］康德著：《纯粹理性批判》，邓晓芒译，杨祖陶校，人民出版社 2017 年版，第 108 页。
⑥ ［德］康德著：《纯粹理性批判》，邓晓芒译，杨祖陶校，人民出版社 2017 年版，第 106 页。
⑦ ［德］康德著：《纯粹理性批判》，邓晓芒译，杨祖陶校，人民出版社 2017 年版，第 106 页。
⑧ ［德］康德著：《纯粹理性批判》，邓晓芒译，杨祖陶校，人民出版社 2017 年版，第 107 页。
⑨ ［德］康德著：《纯粹理性批判》，邓晓芒译，杨祖陶校，人民出版社 2017 年版，第 107 页。

对象的纯粹形象""感性概念"的时间这三个说法，笔者在第三节已经解释了，是说明图型是先验时间本身的空间性形象。而"纯综合""想象力的先验产物"、知性概念的纯粹的条件和感性形式，是说先验图型作为被构造的纯粹直观，先验地参与想象力的活动，并在知性的层面继续发挥"直观的形式"的作用，将感性杂多带入先验统觉。"想象力为一个概念取得它的形象的某种普遍的处理方式的表象"这个说法主要指的是经验图型的作用，但似乎也能用来理解先验图型：先验图型建立起时间的空间形象，即范畴的普遍的"草图"（monogram）。① 将图型理解为"形式的直观"的时间，才能够使得"纯粹知性概念的图型法"看似混乱的文本得到融贯的理解。

总结一下这篇文章的主要观点。从语言和概念出发的模型 1 和将图型视作一个静态的中介者的模型 2 的失败，是因为他们没有从想象力的盲目活动角度出发来理解图型，只有从模型 3，即"时间"出发来理解图型法，才能做到这一点。图型作为一种特殊的时间，只能是"形式的直观"而不是"直观的形式"或感性论意义上的"纯粹直观"，后者只有经历了"构型性综合"而建立其空间的形象才能得到范畴的规定，成为图型。

本义对图型法本身的研究只是基础性的，如果将作为时间的图型法和《批判》其他要素甚至康德的其他文本关联起来，依旧可以发现许多有趣的话题。比如，《批判》不仅仅讨论了先天综合判断如何可能，也关注着经验整体或经验世界如何可能构造的问题，而时间所具有的整体性，对这一问题就有重要的意义：作为整体的经验必须以整体性的时间为基础。当然了，时间在此必须转化为"图型"才能发挥作用。再比如，感性的经验内容通过时间才对我们显现，然后再通过图型和想象力盲目地活动，经验内容才能被知性规定。知性对感性杂多的规定是间接性的，这使得心灵主观的力量——想象力得以发挥作用，因而这种间接性、主观性，使得认知活动和自然的客观因果关系相区别，也和实证主义意义下的心理学的因果性相区别。这也令人想起康德伦理学对自由的论述：在消极的意义上，自由就是独立于外来的因果性。值得思考的是：图型如何在确保人的认知活动的自由发挥作用。同时，似乎可以认为，先验逻辑暗示着一种每一个认知主体都要去遵循的普遍的认知公共性规范，那么范畴和先验图型就又具有了一种认知伦理学的意义。时间、图型和认知公共性的关系，也是有趣的话题。这样的话题还有很多，而且都很重要，它们都呼唤着我们去继续注视"图型法"，这是康德哲学最美丽的结晶，从不同维面反射出的耀眼光芒。

---

① ［德］康德著：《纯粹理性批判》，邓晓芒译，杨祖陶校，人民出版社 2017 年版，第 108 页。

Irrelevant Influences Vindicated

胡源也[①]

Abstract

Some of our beliefs are often accused like this: you just believe that God exists because you have a Catholic upbringing; you just believe that females are inferior to males because you were raised in an anti-egalitarian community. This sort of accusations reveals a bothering phenomenon. That is, our beliefs are susceptible to some irrelevant factors, which might be derived from our cultural backgrounds, our educational experiences, even the evolutionary process of human beings. Some are worried about irrelevant influences that given that irrelevant factors do not bear on the truth of our beliefs, we are not rational in holding the majority of our beliefs so that we should give less credence to our previous beliefs once we realize that they are affected by some irrelevant factors. This paper is trying to relieve such a worry, namely, to vindicate irrelevant influences. The main strategy is to pick out a particular but representative member of irrelevant factors, the *cultivating* irrelevant factor (IF_C), which exerts influences in a cultivating way, and to figure out that IF_C features *ineluctability* and *indispensability*. Having these two attributes elaborated, I conclude that irrelevant influences are not as worrisome as people thought. In addition, the investigation of irrelevant influences reminds us of some facts about how exactly we are, as epistemic creatures.

Key words

belief; doxastic attitudes; irrelevant influences; rationality

---

① 作者简介：胡源也，武汉大学哲学学院现代哲学国际班 2015 级本科生。

1. Introduction

Disturbing as we find, our beliefs often reflect the influence of irrelevant factors. Let me briefly recapitulate what has been frequently used to illustrate this issue, the Cohen's story[1]. Cohen was an Oxford graduate and he accepted the analytic/synthetic distinction. Later he found that philosophers of his generation who were from Oxford were prone to countenance this distinction while those who studied at Harvard were to abnegate it. Then he raised a worry about his belief that he might accept the analytic/synthetic distinction because he studied at Oxford, but where he arbitrarily chose for graduate school should have little to do with the soundness of such an intricate philosophical distinction.

Cohen thought it was really a problem, because the reason why he had the belief seems irrelevant to whether the belief is true, and it follows that Cohen might be less rational in what he believed. What is worse, such irrelevant factors are pervasively influential in our daily lives: Jack just believes that God exists because he has a Catholic upbringing; Rose just believes that females are inferior to males because she was raised in an extremely anti-egalitarian community. Such pervasiveness follows that we might be irrational in what we believe in a large scale. This concern is a prima facie member of the genus of skeptical positions, saying that if our beliefs are vulnerable to irrelevant factors, then we would think that we can maintain, if any, little rational beliefs. In other words, we would have less rational confidence in our beliefs once we realize that we might believe something just because of some irrelevant factors.

As thus, worries raised here that irrelevant influences would impair our confidences to rationally believe what we believe are exactly the worries about the adulteration of the causes of our beliefs. There are a bunch of arguments, aiming to undermine the epistemic status of our beliefs by resorting to their genealogical causal origins, called debunking arguments. The most influential epitome is evolutionary debunking argument, which, as Vavova puts it, takes the form that "you just believe what you do because you evolved to, therefore you're not justified in believing what you do".[2] Arguments of this kind reveal that our doxastic attitudes, especially in morality, are

---

[1] This case of Cohen was initially presented in Cohen's own work (2000), and has been paraphrased and reconstructed by many philosophers engaged in this issue, for instance, R. White (2010), M. Schoenfield (2012), K. Vavova (2018) etc.

[2] K. Vavova, "Debunking Evolutionary Debunking", *Oxford Studies in Metaethics*, 2014, pp. 76-102.

shaped by the evolutionary process, which aims not at truths but at survival and fitness and thus would be considered as an irrelevant factor. As recognized, the problem of irrelevant influences is probably more serious than we thought, for being not only pandemic in our everyday epistemic lives, but ineradicable in the scope of more essential inquiries: What kind of epistemic creatures are we human beings? Are we blocked to believe rationally, given who we are? With irrelevant influences postulated, it seems that the answers to these questions are rather pessimistic. Therefore, worries arise.

Under this background, this essay is going to delve into the issue of irrelevant influences on our beliefs and then attempt to relieve people's worries about that. Specifically, I would like to focus on a certain genus of irrelevant factors, which I call the *cultivating* irrelevant factors. The basic idea is that this kind of irrelevant factors influence our beliefs by cultivating them, which I would like to explain more in detail in section 2. Surely there are many other ways in which irrelevant factors exert influences on our beliefs, but I think the cultivating irrelevant factors are most pervasive and allegedly influential in our ordinary lives, thus responsible for our intuition that irrelevant influences are apparently worrisome. After clarifying what this kind of irrelevant influences are like and how they work, in section 3, I will attempt to vindicate that they are not as worrisome as we thought, so that it is not always irrational for us to obtain our affected beliefs once we realize that they are affected by irrelevant factors. In order to do so, I will argue that cultivating irrelevant factors feature *incluctability* and *indispensability*. With these two features figured out, we can also have some revelations about what kind of epistemic lives we lead.

2. The Cultivating Irrelevancy

Before delving into some specific arguments, either raising or relieving worries, this chapter is initially devoted to answering the question what the irrelevant influences is. Roger White sketches that an irrelevant factor in question is on the chain of causal information of a belief, outside the realm of justifying reasons, and raises challenge to the status of one's belief.[1] Katia Vavova gives a more specific definition that "an irrelevant influence for me with respect to my belief that p is one that (a) has influenced my belief that p and (b) does not bear on the truth of p" and underscores the relativity of irrelevancy that a same factor "can be irrelevant with respect

---

[1] R. White, "You Just Believe that Because...", *Philosophical Perspectives*, 2010, pp. 573-615.

to one belief for one person and relevant for another belief or another person".[1] I find that both White's and Vavova's characterizations reveal two features of irrelevant factors: one is that an irrelevant factor is irrelevant, and the other one is that an irrelevant factor has some influences. Then in this section, I will work on two tasks in terms of these two features. The first one is to address the problem that in which sense the factor is irrelevant, more specifically, to pick up a certain kind of factors distinguishable from what we consider indubitably relevant to our beliefs. The second one is to figure out which way irrelevant factors might influence our beliefs. In particular, I will specifically elaborate one way to exert influences, i. e. cultivating.

2.1　Irrelevancy

The fact that Cohen went to Oxford which is allegedly irrelevant to his belief about analytic/ synthetic distinction, in a prima facie sense, has nothing to do with the soundness of this distinction. In this case, the irrelevant factor F is Cohen's choice of graduate school, the believer S is Cohen, and Cohen's belief p is that the analytic/synthetic distinction is sound. According to Vavova's definition, to say F is irrelevant to that p is to say F does not bear on the truth of that p; the belief that p is true if and only if this distinction is sound, so that F does not bear on whether or not this distinction being sound is a matter of fact. What is it that bears on p as a matter of fact? A tentative answer I would like to give is that a factor has a bearing on p as a matter of fact if this factor raises or reduces the probability for p to be true. Then comes my proposal for irrelevancy:

IR: The factor F is irrelevant to a belief p *iff* F neither raises nor reduces the probability of p's being true.

I would like to check this proposal by answering these two questions: On the one hand, can IR explain those allegedly irrelevant factors are irrelevant in foregoing cases? On the other hand, does IR rule out all kinds of relevant factors? The answer to the first question is yes: whether Cohen attends to Oxford or Harvard would pose no effect on the probability of the analytic/ synthetic distinction's being sound; whether or not Jack has a religious upbringing and whether or not Rose was raised in an anti-egalitarian community would not raise or reduce the probabilities of their beliefs' being true. As for the second question, although I cannot hastily exhaust all cases to illustrate the exclusivity of IR, I would say that this proposal does not wrong the majority of relevant factors. However, IR is not as refined as expected partly because of the versatility of the

---

[1]　K. Vavova, "Debunking Evolutionary Debunking", *Oxford Studies in Metaethics*, 2014, pp. 76-102.

term "probability". Given that there are lots of distinctive notions of probability, for instances, the objective probability, the subjective probability and the epistemic probability, it is hard to clarify what kind of probability is exactly involved in this situation, thus making IR not entirely satisfactory. Refining work is in need, but I prefer not going on this for that the present work suffices my later discussion on irrelevant influences.

Inspired from the defining work of irrelevancy, I think there are two things meriting our attention. Firstly, our discussion of irrelevancy is about nothing but the truth of that belief. Secondly, the definition of irrelevancy is, in some sense, obscure; maybe we have some intuitions to have an immediate verdict when confronted with a certain irrelevant factor, but what exactly features and determines the irrelevancy is not so intuitive.

2. 2　Cultivation

The irrelevant factors at issue are not only irrelevant but influential. After all, if those irrelevant factors are just none of our business in every respect, why should we be worried? One should never be worried that the number of planets would influence her belief that a cup of coffee is in front of her. Here comes the second task, in which I attempt to pick out a certain fraction of numerous irrelevant factors that would impose effects in a certain way on one's doxastic attitudes.

Vavova briefly touches upon this problem by saying "no single way in which irrelevant factors might influence our beliefs," and listing some usual types of influences of irrelevant factors, such as causal influences, counterfactual influences, and contingent influences.[1] A more detailed discussion about this problem is available in Avnur and Scott-Kakures' work, in which they draw a distinction between the positional influence which "put(s) us in a particular position, rather than some other, to possess certain reasons"[2] and the directional influence which "causes our handling of evidence to favor a particular, predetermined outcome, where the desire that determines the favored outcome go beyond merely interest in believing truth".[3] I am inclined to introduce another way in which an irrelevant factor might influence our beliefs. That is, the way of cultivating.

---

①　K. Vavova, "Debunking Evolutionary Debunking", *Oxford Studies in Metaethics*, 2014, pp. 76-102.

②　Y D Anur. Scott-Kakures, "How Irrelevant Influences Bias Belief", *Philosophical Perspective*, 2015, pp. 7-39.

③　Y D Anur. Scott-Kakures, "How Irrelevant Influences Bias Belief", *Philosophical Perspective*, 2015, pp. 7-39.

2.2.1　The Basic Idea

A basic construal of this certain kind of irrelevant influences is as following:

Cultivation: Some irrelevant factors influence one's beliefs by *cultivating* them.

By the term "cultivate", I suggest that sometimes the process of an irrelevant factor's influencing a certain believer with respect to his or her belief is quite similar to plant cultivation. This metaphor makes sense. Consider what the process of growing plants is like. There is a stretch of land with a certain climate, where the soil texture and the hydrologic characteristics are fixed and relatively immutable. Living on the land is a farmer, who adjusts his agricultural measures to the local conditions, selecting proper breeds, scheduling the amount of yield, fertilizing and watering the plants, and expecting the harvest. Natural environment and climate would determine the breeds and amounts of plants, then fertilization and irrigation would influence whether the plants survive and how the plants grow.

Things are quite similar in belief cultivation: A believer is a belief-grower, leading his life on a certain stretch of "land", namely the community where he was raised, the institute where he studies or works, and the like. Parallel with the land, there is supposed to be a certain "climate", religious or not, egalitarian or not, believing in analytic/synthetic distinction or not, which is ubiquitous and would ineluctably influence what kinds of beliefs are grown. Under such circumstances, the believer can only grow beliefs of a determined breed and of a restrained amount. The only difference he can make, by "fertilizing" and "irrigating", is of whether the seeds of these beliefs would burgeon and how they continue to grow. These lines describe a scenario, analogous to plant cultivation, where some sorts of irrelevant factors (IF_C hereafter) cultivate one's beliefs.

2.2.2　The Causal Contribution

In this subsection, I tend to give a more detailed characterization of how an IF_C works in regard with whether it falls under the causal factors, and if so, how its causal contribution is made. My initial claim is that an IF_C does not serve as a cause of any of our beliefs, but to makes some causal contributions. By saying "does not serve as a cause" I suggest that an IF_C does not itself take up any link on the causal chain leading to the target belief and that more clarifications are needed on how it makes causal contributions—the relationship between one's believing that p and the IF_C at issue cannot be simply designated by the conjunctive phrase "just because".

To begin with, the causal contribution made by IF_C is to control the orientation and confine the length of the extension of the causal chain, as shown in figure 2. 1.

$$L_1 - L_2 - L_3 - \cdots\cdots - L_{n-1} - L_n - S's\ B\ p$$

Figure   1

As illustrated in this figure, the IF_C is the scope enclosed by the oval, in which there is a certain causal chain composed by several links (L_1, L_2, L_3... L_n) ultimately leading to S's believing that p.

Cohen's studying at Oxford, as thus, is a cultivating factor of his believing in the analytic/synthetic distinction. However, it might be puzzled at the first place to say that Cohen's choice of graduate school is not on the causal chain leading to his belief. To scrutinize this point, I would like to clarify two things about Cohen's story. The first thing is that, to say the irrelevant factor is Cohen's choice of graduate school is misleading. The exact IF_C that cultivated Cohen's belief is not the instantaneous isolated incident that Cohen chose to attend Oxford, but a set with a certain duration, composed by lots of incidents subsequent to his action of choosing, such as what his advisor told him and what books he had an access to, either relevant or irrelevant to his belief about the analytic/synthetic distinction. That Cohen chose to attend Oxford, therefore, is not the IF_C per se, but at best a sign of the IF_C. Perhaps every irrelevant factor in our cases has a sign: the sign of the factor that Jack has a religious upbringing might be the incident that he was born in a religious family, but what we want to probe is not this certain incident of Jack's birth but what follow. Using S (IF_C) to denote such a sign, here comes Figure 2. 2.

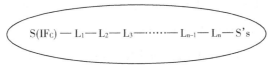

$$S(IF_C) - L_1 - L_2 - L_3 - \cdots\cdots - L_{n-1} - L_n - S's$$

Figure   2

Figure 2. 2 makes salient the distinction between IF_C and its sign S (IF_C). Still, IF_C is the scope enclosed by the oval. The S (IF_C) is not enclosed in the scope of IF_C but on the edge of the oval. It might be the case that the S (IF$_C$) is on the causal chain, but this does not mean that the IF$_C$ is on the causal chain; also, the certain link taken up by the S (IF$_C$) is not encompassed by the scope of IF$_C$. Besides, the links of a legitimate causal chain are supposed to be ordered in a certain sequence; since almost every links of the chain leading to Cohen's belief reflects the influence of the IF$_C$, the IF$_C$ itself cannot take up a specific link on a specific location of the putative causal chain, therefore the IF$_C$ is not supposed to be on the causal chain.

To specify how IF$_C$ makes the causal contributions—not to cause the target belief but to provide a certain circumstance where the belief as well as its causes occurs—helps to illustrate why the two features with which I try to relieve the worries about irrelevant influences in next section can be ascribed to IF$_C$.

2.2.3 Why Worrisome

The last thing before my vindication is to investigate why IF$_C$ appears worrisome to some people. Since IF$_C$ can be regarded as an epitome of irrelevant factors, worries about irrelevant factors in general can also serve as worries about IF$_C$ in particular.

Previously in the discussion, the concern about irrelevantinfluences is usually regarded as a hint of other generic epistemic worries. Some philosophers diagnose that the evidence of irrelevant influences is actually the evidence of disagreement. Consider Cohen's worries about his conviction. What initially worries him is that a bunch of well- credentialed others, i. e. his Harvard peers, believe otherwise. "Cohen's problem" as Vavova puts it, "isn't that he would have believe otherwise, but rather that other intelligent people do".① Then Cohen suggests that, if people have no better grounds for their beliefs than others have for believing otherwise, it is irrational for them to continue to hold such beliefs. White countenances such a relation between our worries about irrelevant factors and the issue of disagreement and makes a diagnosis that "Cohen's information about the etiology ofhis beliefs is adding nothing over and above the problem of disagreement". Mogensen is in this ally, endorsing that the alleged irrelevant influences just make salient the fact of disagreement and put forward what he called the Disagreement Hypothesis, saying that "any defeater that occurs is to be explained by reference to the epistemic significance of

---

① K. Vavova, "Debunking Evolutionary Debunking", *Oxford Studies in Metaethics*, 2014, pp. 76-102.

disagreement"①. Mentioning but not favoring, Vavova suggests a more modest and acceptable version of this view that every case of irrelevant influences is a case of possible disagreement, and then gives us several options to reject this reductive move: firstly, what will always remain possibility and is hard to be actualized is not so worrisome; secondly, this kind of proposal just establish a correlation at best not a causal relation between irrelevant influences and disagreement; thirdly, even if every case of irrelevant influences is a case of disagreement, not every case of disagreement involves irrelevant influences—they are not so strictly corresponding to each other.②

Another reductive view of irrelevant influences is that our feelings of unease generated by the recognition of irrelevant influences are just feelings of Contingency Anxiety. As Mogensen explicates, such kind of anxiety happens "in case where we discover that our beliefs about some Topics are contingent on some arbitrary background factor" and the contingency here means that once the arbitrary related factor varies, we might hold some contrary belief.③ Some cases of contingency anxiety involve considerations of disagreement while some do not, but Mogensen claims that those which exclude the element of disagreement are equally problematic.④ However, in later discussion, I would like to argue that the contingency anxiety generated by arbitrariness of irrelevant influences are not as problematic as imagined.

People who are worried about irrelevant influences sometimes have a more profound skeptical concern. The recognition of irrelevant influences on our believes drops a hint that we might be blocked to believing in anything rationally because of the huge possibility of error. However, I think this concern digresses too far. After all, the discussion about irrelevant influences is always about our ordinary epistemic lives—it is not necessary to suppose that we were all brains in a vat or brainwashed by an evil demon in such everyday cases we pay attention to. Vavova draws a distinction between local and global errors to illustrate this point, saying that our issue is about local errors, in which we could address what we could and should do given the evidence of

---

① A. Mogensen, "Contingency Anxiety and the Epistemology of Disagreement", *Pacific Philosophical Quarterly*, 2015, pp. 590-611.

② K. Vavova, "Debunking Evolutionary Debunking", *Oxford Studies in Metaethics*, 2014, pp. 76-102.

③ A. Mogensen, "Contingency Anxiety and the Epistemology of Disagreement", *Pacific Philosophical Quarterly*, 2015, pp. 590-611.

④ A. Mogensen, "Contingency Anxiety and the Epistemology of Disagreement", *Pacific Philosophical Quarterly*, 2015, pp. 590-611.

irrelevant influences of this or that certain belief.① If the problem of irrelevant influences just functions as nothing more than a pointer to skepticism, then we can just sit around, doing nothing about this kind of influences as well as the affected beliefs.

To recapitulate, the foregoing paragraphs address three main worries about irrelevant factors—worries about peer disagreement, contingency and skepticism, which suggest that, when confronted with the problem of irrelevant influences, some philosophers are prone to consider it as an "indirect pointer"② to some other generic epistemic problems that always threaten our confidence of holding beliefs. But I want to propose a diversion of strategy to think about the irrelevant influence itself. DiPaolo and Simpson③ also take this option, underscoring that the epistemic significance of irrelevant influences is direct and independent, not a derivative of any other epistemic issues. Then they give a diagnosis that some irrelevant influences reveal that our beliefs are resulted from indoctrination, which is an anti-reliable way of forming beliefs.④ Though I disagree with their diagnosis that the irrelevant influence brings about indoctrination anxiety, there is at least one thing that we share in common: the evidence of irrelevant influences is not always reducible to evidence of other epistemic concerns and the problem of irrelevant influences can be addressed as an independent issue. Its independency is on the part of two features elaborated in next section, with which I will diagnose IF_C innocuous.

Another thing is that White⑤also figures out, albeit finally rejecting, some worries directly about irrelevant influences per se—beliefs affected by irrelevant factors are not sensitive, not safe and likely to be false etc. I prefer not to talk more about these worries for the reason that my strategy of vindicating irrelevant influences is not to solve the alleged particular difficulties one by one, but to manifest some intrinsic features of IF_C so that people would bear in the mind what exactly the irrelevant influence is like and realize that it is not as worrisome as they thought.

---

① K. Vavova, "Irrelevant Influences", *Philosophy and Phenomenological Research*, 2018, pp. 134-152.

② This term is from DiPaolo and Simpson (2015).

③ J. DiPaolo, and R. Simpson, "Indoctrination Anxiety and the Etiology of Belief", *Synthese*, 2015, pp. 3079-3098.

④ J. DiPaolo, and R. Simpson, "Indoctrination Anxiety and the Etiology of Belief", *Synthese*, 2015, pp. 3079-3098.

⑤ R. White, "You Just Believe that Because…", *Philosophical Perspectives*, 2010, pp. 573-615.

3. Irrelevant Influences Vindicated

So far, I have finished my preliminary work on depicting what IF_C is and why it appears worrisome, then comes the key part of this essay, the part of vindication. In this section, I would like to point out two features of IF_C without referring to any other epistemological concerns. I hope these two features can help us better understand irrelevant influences so that we need not be as worried about them as before.

3.1 Ineluctability

The first feature I want to ascribe to IF_C is ineluctability. The basic idea of the thesis of ineluctability is that the IF_C serves as an inconspicuous but ineluctable intermediary for us to form beliefs. I would like to start with an analogy. Consider the following scenario:

Leopard. You are observing a leopard several yards away from you. The visibility is good, so that you can clearly see the body shape, color, spots, gestures and other physical features of that leopard. Then you collect all your visual experiences and form a belief that there is a leopard with some certain features. Suddenly, it is coming in foggy, making those features of the leopard obscure for you to observe — you can only see some brown spots now. Such brown spots can lead someone to believe that there is a sika deer rather than a leopard. Then you realize that there is an inconspicuous intermediary, i.e., the atmosphere, between you and the observed object. The sudden fog just makes it salient and makes you reflect on your previous belief about the leopard—it is affected by the atmosphere condition which is an irrelevant factor. This irrelevant factor seems worrisome in the first place for that you could believe otherwise that there is a sika deer rather than a leopard.

In the *Leopard* scenario, does the protagonist should reduce her confidence of believing that there is a leopard? My suggestion is no. Then I would like to sort out the pairs of analogues and clarify what this scenario reveals about our issue of irrelevant influences. The target belief in a case of irrelevant influences is just like the belief that there is a leopard; the forming process of that target belief is just like the observation of the leopard; the cultivating irrelevant influences are in some sense the atmosphere in this putative scenario, which is inconspicuous in the first place; the accusation that you believe such and such just because of these irrelevant influences is like the sudden fog, which makes you realize that this irrelevant factor might play a misleading role in your holding that belief. Now we have an analogous formulation of the cases of irrelevant influences: at the very beginning, you have sufficient evidence and justifying reasons for believing that *p* without awareness of the irrelevant factor; suddenly someone reminds you that your belief that *p* is probably influenced by a certain irrelevant factor and suggests that you would have believed otherwise so that you should not obtain your belief that *p* as strongly as before. In the *Leopard* scenario, probably you would be steadfast in believing that there is a leopard rather a sika deer. Then why are you irresolute in the analogous scenario of irrelevant influences?

The analogy above helps to illuminate some features of cases of irrelevant influences, thus giving us a prima facie impression that irrelevant influences might not be so worrisome. To make this impression more convincing, I would like to highlight and elaborate the key point of the analogous lines: the cultivating irrelevant influences are in some sense like the atmosphere. As I illustrate before, one of the resemblances between irrelevant influences and the atmosphere in the putative scenario is that they are both too inconspicuous for the subject to consider them during the belief-forming process. This makes sense—when forming a certain belief, which is not about our upbringings, we would hardly take the background information of us into account and we could not spontaneously realize that this kind of factors probably exert any influences on what we believe. However, the mere inconspicuousness does not suffice to relieve the worries about the irrelevant factor—once we realize it, it is not inconspicuous any more so that it disturbs us. We need something more.

Another resemblance between irrelevant influences and the atmosphere, hidden but crucial, is the ineluctability. Why would the protagonist in the leopard scenario be reluctant to reduce the credence after realizing the putative influences of the atmosphere condition? Well, it is partly because the atmosphere condition is ineluctable in every observation. Even if the protagonist recognizes a more specific influence the atmosphere condition exerts on his observation, for instance, to contort the light refraction, so that she might be wrong about the existence of the leopard, she could only say that "I cannot avoid such influences and this is what my observation exactly is". It might strike her that if the atmosphere condition were different, she would have observed something other than the leopard so that she would have had a different belief. But she immediately realizes that the belief she would have had is also affected by a different atmosphere condition. Then it seems that he should not give up the evidence from what she has already observed and reduce her confidence in the established belief, which is the best-justified belief she can hold, that there is a leopard. The cultivating irrelevant influences work the same. Cohen's belief about the analytic/synthetic distinction was cultivated in Oxford and he was steadfast in this belief until he realized that it might be the case that he believed so just because he was from Oxford. He thus became less confident. If I were Cohen, I would not reduce my confidence at all, considering that those who reject this distinction hold their beliefs just because they were from Harvard. They are not in a better epistemic situation than me. Given that I have other evidence to support my position, why not just preserve my confidence?

A potential criticism might be that the foregoing lines work only when the protagonist choses to form some belief so that she has to be affected by some IF_C—she could, however, not form any belief, namely to suspend her judgement at all, then she would be immune to any IF_C. In response to this criticism, I would say that one can feel free to suspend her judgement before she forms any belief or disbelief, but this is not the situation we are talking about. Given that one has formed a certain belief that p already, it is not as appropriate for her to suspend her judgement later unless she could gain sufficient disproving information with which she could no longer preserve her previous belief. Even if she could realize that both believing that p and believing not that p are affected by some IF_C, she still has more evidence to believe that p than to believe not that p. Her recognition of irrelevant influences is not as destructive as to neutralize all her previous evidence so that she should not change her mind, even just to suspend her judgement.

Then might come a new concern that, echoing the basic idea of conciliationism, once one finds a peer disagreeing with her, this new evidence would neutralize her previous evidence, thus requiring her to suspend judgment. I have some quick responses to this concern. First of all, the problem of irrelevant influences is not always reducible to the problem of disagreement, as I previously pointed out, so that one's realizing her beliefs affected by some IF_C is not parallel with her realization of some peer disagreements— there are a lot of cases of irrelevant influences which do not involve any peer disagreement at all. Even if we consider those cases in which it is exactly the peer disagreement that makes salient the IF_C, such as Cohen's initial worries with his Harvard peers, I think it oversimplified to suspend judgement simply because of other's disagreement—it is not the disagreement per se but the reasons why others disagree that should be taken seriously. Realizing a fact of a mere disagreement is supposed to be at most an alert for you to revisit your previous evidence, and the previous evidence would not be neutralized until you figure out how the disagreement comes about and are persuaded by your peers to relinquish some parts of your previous evidence—evidence does not always accumulate, but is sometimes subtractable. In this sense, I think the realization of the peer disagreement per se is not an overwhelming additional evidence which overshadows your original evidence, but to subtract some problematic parts of your evidence. After being revisited and subtracted, if your evidence still suffices to believe that p, then just hold on to it; if the outcome fall short of sufficiency, then suspend your judgment — this is, however, not resulted from your mere realization of those threatening factors, but your deliberation of the belief that p itself.

The elaboration of ineluctability of irrelevant influences also reveals a feature of our epistemic lives. That is, we can hardly hold beliefs in a vacuum. The "vacuum" here means a situation free from any IF_C. In those cases where our beliefs are affected by an irrelevant factor, we are bound to be affected by some irrelevant factor(s). In such a case, that the belief is actually influenced by an irrelevant factor implies that this certain belief is of the genre susceptible to irrelevant factors. Therefore, even if the belief were not cultivated by IF_C, it would be cultivated by another irrelevant factor $IF_C *$. Here I adopt a modest reading of the claim that we are bound to be affected by IF_C by restricting the ineluctability to a certain kind of cases. Whereas, this kind of cases is so usual that the ineluctability is still prominent even with the restriction.

However, a possibility might be conceived in which Cohen does not go to any graduate school, thus free from any expert's influences; instead, he thinks carefully about this issue on his own, like an ideal reasoner and comes to his belief solely on the basis of his evidence. This concern suggests that even if some beliefs are in fact influenced by some IF_C, it could be the case that these beliefs are immune to any IF_C. I am not sure whether or not the so-called "ideal reasoner" is realizable—actually I think IF_C is indispensable and being affected by some IF_C is part of our reasoning mechanism, which I would like to say more about in next subsection of "indispensability". What is more, the issue here is more about how our ordinary epistemic lives are like than what we expect. We are all expecting to be ideal reasoners who are able to form beliefs merely based on evidence, not bothered by any kind of adulteration. This is, however, not who we are.

Some might be also worried whether these ubiquitous and ineluctable influences would block us from ever believing truly, or from at least knowing whether we believe truly or not. As White proposes, given the influences of irrelevant factors, one might find his beliefs insensitive so that if p were false, he would still believe that p. Then he relieves this worry by first saying that any false belief automatically meets this insensitivity condition, but this does not entail that every false belief is unjustified. He also says that one might be worried that he is not justified in believing that p if he is justified in believing that he would have believe that p even if it had been false, but he then argues that if so, we would be not justified in believing much of anything[1]. I agree with White's diagnoses, but I would like to take another strategy to respond: Usually the putative screen of irrelevant influences is thin—most evidence and justifiers are still accessible for us, just like that we can clearly see the physical features of the leopard. Despite the extreme possibility that the atmosphere distorts our sights, in ordinary cases, we are rational to believe and to continue to believe that there is a leopard; despite the extreme possibility that we are all brainwashed by a dictator, in ordinary cases, we can preserve our rationality in holding and in continuing to hold our beliefs.

3. 2 Indispensability

Unlike the thesis of ineluctability attempting to exonerate irrelevant influences from being charged, the thesis of indispensability attempts to underscore the epistemic significance of irrelevant influences. The basic idea is that IF_C are indispensable for constructing our belief systems.

Recall Cohen's worries about his belief in the soundness of the analytic/synthetic distinction. Part of his worries is that he would believe otherwise if he were not an Oxford graduate. I would say that, in most cases, if he were not an Oxford graduate, he would have no beliefs about such a technical distinction in philosophy, neither to accept nor to reject. Suppose that at his time, only those who studied at Harvard and Oxford had some ideas about the analytic/synthetic distinction so that had Cohen not been to Oxford or Harvard, he could believe nothing about this distinction, let alone taking a position for it. Should Cohen be worried about this? Absolutely no. If I were Cohen, when someone charged my belief in the analytic/synthetic distinction by saying that "you just believe that because you studied philosophy at Oxford", I would say "Yes, but so what? If I had not studied philosophy at Oxford, I would neither believe nor disbelieve that. I would not have any beliefs about this distinction at all". In this sense, does the fact that Cohen attended Oxford influence his belief about the analytic/synthetic distinction? Yes. But should he be worried about that? No. He was just so lucky, not to believe truly, but to have access to the bunch of evidence which can support or undermine the analytic/synthetic distinction. Why should anyone refute such luckiness?

To endorse such luckiness is not suggesting that believing, either truly of not, is always better

---

① R. White, "You Just Believe that Because…", *Philosophical Perspectives*, 2010, pp. 573-615.

than suspending judgment. Even if one is equipped with relevant information in a great measure, she can still suspend her judgement given that she might be quite meticulous. However, we should think about which kind of judgement-suspending is to be encouraged. When confronted with a question, some might suspend judgement without any hesitation by saying that "I don't even want to think about this, let alone to believe or not, so I would like to suspend my judgement," while some others might probe into the question by gaining and assessing information supporting both sides, and then find it hard to have anything conclusive thus to suspend her judgement. Only in the latter kind of situation is suspending judgement better than forming a belief—in this kind of situation, the IF_C is still indispensable for the information-gaining process for that information which is open to you is still a default setting designed by the IF_C, even if one ultimately suspends her judgement. Again, the indispensability of IF_C does not lie in forcing us to believe or disbelieve, but in providing us with choices among different doxastic attitudes, including suspending judgement.

Generally, in most cases, the influences of IF_C are exerted not in terms of our believing that p rather than not p, but in terms of our holding beliefs about certain parts of the world rather than the other parts. We are not omniscient creatures at all. When an infinite number of beliefs open to us, we can only pick some of them to hold and gradually establish our own systems of beliefs. IF_C helps to set a default for us, influencing us more on the aboutness of our beliefs than on the truth or falsity of them. Given that the members of one's belief systems interact with each other and even take some causal roles, an IF_C which once determines the genus of some beliefs actually plays an indispensable role in constructing and shaping one's whole belief system.

Some might still feel suspicious ofthe indispensability and think that we can have lots of beliefs without any conditions provided by irrelevant factors. I would say that the thesis of indispensability is not suggesting that IF_C is indispensable in any cases but just some cases: for the beliefs about some simple facts such as snow's being white and grass's being green, probably we can directly hold them without any effort, without any help, but as for those beliefs about more complicated facts, political, religious, scientific, and even philosophical, which are quite central to our lives, these irrelevant factors are indispensable for that they provide us with a container which hold a plenty of information and evidence we need to support the beliefs that we will probably have.

4. Conclusive Remarks

So far, I have finished my diagnosis of a certain kind of irrelevant influences: some irrelevant factors, functioning as cultivating the majority of our beliefs, feature ineluctability and indispensability, which suggests that irrelevant influences on our beliefs are not so worrisome as we thought. Once you are reminded that your belief might be influenced by such irrelevant factors, take it easy! It is rational for you not to reduce the confidence in your beliefs.

However, in case that you are a more scrupulous person than I am and still feel unconfident to hold your beliefs, here is an additional suggestion for you: recheck it! What should be scrutinized, nevertheless, are those relevant factors which are contained or brought about by IF_C. Given Cohen's worries, I would suggest him to recollect and recheck the process of his getting to believe in the analytic/synthetic distinction: Who was the first to inform you of this distinction? Does he or she an intelligent and reliable person? Were other testimonies you have got from reliable persons? Are your arguments for the soundness of this distinction sound? Does all of your evidence suffice to verify what you believe? There are many questions you can ask yourself, and then answer them. If there is no problem in your rechecking journey, you just reinforce your confidence in believing so. If something unexpected happens, then you should focus on the problematic links and try to repair them. This is exactly the case where you should reduce your confidence in holding your beliefs, but it is those relevant problematic factors rather than irrelevant factors that are to blame.

Back to my diagnosis that our beliefs are cultivated by some irrelevant factors, which are ineluctable and indispensable, I think this claim reveals some facts about us, not only our beliefs, but ourselves as epistemic creatures: we are always situated somewhere, usually arbitrarily; our doxastic attitudes can hardly break through the fence which determines where we are; being influenced by irrelevant factors might be part of the mechanism of us to form beliefs so that worries about them might be too much of a burden and not necessary at all.

伦理学与政治哲学

罗尔斯《万民法》中的宽容问题

黄已珊①

【摘 要】

　　在约翰·罗尔斯(John Rawls)所构想的万民社会中，合理的自由民主社会和正派等级制社会被认为是组织有序的社会。罗尔斯认为根据合乎情理的多元论的事实以及政治性正义理念，应该给予正派等级制以社会宽容。科克-肖·谭(Kok-Chor Tan)对此持反对的观点，认为罗尔斯的宽容理论中存在极大的缺陷。然而，谭对罗尔斯宽容理论的批判建立在了一个错误的出发点上，并且他对正派等级制社会不宽容的主张将会面临着宗派主义和违背自身自由主义立场的风险。基于一个社会内部以及万民社会中不可调和的多样性学说的存在，罗尔斯主张宽容正派等级制社会将更符合现实，以及更有利于构建一个更为宽广的万民社会结构，营造一种有利于自由主义方向改革的政治氛围。

【关键词】

　　宽容；万民社会；正派等级制社会

　　多样性是当今全球化中不可忽视的事实，一个国家在全球多元化的环境中应该如何与其他国家相处一直是困扰着许多学者的问题。罗尔斯在其著作《万民法》中提出了自由民主社会应该要宽容正派等级制社会，即使这种等级社会并不是自由主义的，但因为其爱好和平并且尊重成员的基本人权，所以也可以被称作秩序良好的社会，被自由的民主人民认可为万民社会中遵规尽责的平等的一员。但是针对罗尔斯宽容正派等级社会的主张，有许多学者对其提出了质疑。科克-肖·谭就是其中具有代表性的全球主义者之一。他针对罗尔斯对宽容的论证进行了批判，并提出了自己的主张：自由民主社会不应该宽容正派等级制社会。本文将分别考察罗尔斯的宽容理论以及检视谭对罗尔斯的批判是否合理，并进一步探讨为什么罗尔斯主张宽容正派等级制社会更具符合现实的意义。

---

　　①　作者简介：黄已珊，武汉大学哲学学院哲学基地班 2014 级本科生。

一、罗尔斯对宽容正派等级制人民的论证

在罗尔斯的《万民法》中，其理性理论分为两部分，第一部分是将"一般的社会契约理论扩展到自由民主人民所组成的社会"①，第二部分是将这一理论扩展到正派人民组成的社会中，即扩展到非自由的正派等级制社会中。自由民主社会与非自由的正派的社会在同一种万民法中达成一致时，万民法的理想理论部分的全部扩展就得以完成。其中，将万民法扩展到非自由人民中去的一个任务就是界定自由主义人民在多大程度上可以宽容非自由人民。一个好战的、侵犯人权的非自由的专制政体是不在自由的宽容范围内的，而罗尔斯认为，在万民社会中，自由民主的人民应该宽容正派的等级制社会。

(一)国内语境下的宽容

罗尔斯的全球理论源自其国内政治自由主义的理论，他在万民社会中主张的宽容理论实际是国内政治自由主义宽容原则的全球性的延伸。罗尔斯认为，"民主社会的政治文化总是具有诸宗教学说、哲学学说和道德学说相互对峙而又无法调和的多样性特征"②，"现代民主社会中所存在的宗教、哲学和道德学说的多样性不是一种很快就要消失的历史条件，而是民主制度之公共文化的一个永久性特征"。③ 即，在一个自由社会内，存在着不可调和的多样性的道德、宗教和哲学的整全性学说，罗尔斯将这个事实称为合乎情理的多元论事实。不是所有个体都想要过一种完满自主性的生活，并不是所有人都愿意将个体自主性的概念应用到生活的所有方面。合乎情理的个体可以拥有关于宗教、道德和哲学的整全性学说的"合理异议"。所以，基于合乎情理的多元论事实和合理异议的存在，要求社会中的所有人都去追求一种完满自主性的生活是不合情理的。

在罗尔斯看来，自由主义的整全性的观点是存在争议的。一个自由民主社会要想获得合理的稳定性，就必须将这些有争议的自由主义整全性的哲学和道德学说放在一边，将政治自由主义放于一个独立的地位，不依赖也不支持任何一种整全性的哲学和道德学说。在这一意义上，自由主义就不是一个具有争议性的学说，而是"能够被当作一种超越各种(包括非自由主义)不同的全面性观念之上并形成重叠共识的东西"。④ "如果社会稳定不仅仅

---

① [美]约翰·罗尔斯著：《万民法》，陈肖生译，吉林出版集团有限公司2013年版，第47页。
② [美]约翰·罗尔斯著：《政治自由主义》，万俊人译，译林出版社2002年版，第3页。
③ [美]约翰·罗尔斯著：《作为公平的正义》，姚大志译，上海三联书店2002年版，第57页。
④ 谭焙乔：《罗尔斯〈万民法〉中的自由主义宽容》，载徐向东主编：《全球正义》，浙江大学出版社2011年版，第368页。

是一种临时协定的话，那么它必须建立在一种关于正当和正义的合乎情理的政治观念之上，这种观念是各种整全性学说达成的一种重叠共识所认可的。"① 所以，罗尔斯实际上是把社会内部的稳定性建立在了一种重叠共识之上。在这种共识中，"各合乎理性的完备性的学说都从各自的观点出发共同认可这一政治观念"②，所谓重叠共识就是指各种合乎理性而各不相容的宗教、哲学和道德学说都会支持一种公共的政治正义观念。

因此，罗尔斯对政治自由主义的问题——一个因各种互不相同但是都合乎情理的宗教、哲学和道德学说而产生深刻差异的稳定而公正的社会应该如何才能存续——做出了回答。他提出了与规定公民社会合作的最适当的正义观念相结合的宽容问题：在一个自由社会内部，如果公民的整全性学说（即便是非自由的）是符合政治性的正义观念和公共理性的，它指导公民遵循公共理性来处理相互之间的关系，这种整全性学说将会得到宽容。这就是罗尔斯在国内语境中的宽容原则。

（二）宽容正派等级制社会

在一个全球语境或者说万民社会中，罗尔斯指出，宽容不仅意味着不采用任何军事的、经济的或外交的政治制裁去压迫一个非自由人民变成自由主义的社会，还意味着将这些非自由社会视为万民社会中平等的一员。

在一个自由社会内部，公民根据政治性的正义观和公共理性来形成与其他社会成员相处的原则，在自由社会的对外政策层面上，万民法是自由社会根据政治性的正义观念形成的据以处理与其他社会之间的关系的一种正当和正义的政治观念。如罗尔斯所说，"一个自由社会将会尊重它的公民的整全性学说——无论是宗教、哲学和道德的——只要追求这些学说的方式能够与一种合乎情理的政治性正义观及其公共理性的相容。相似地，假定一个非自由社会的基本制度符合某些特定的政治和正义条件，并且能尊重一个合乎情理的正义的万民法的话，一个自由人民就将去宽容和接受该社会"。③ 罗尔斯将符合这些条件的社会称为正派的等级制社会。如果一个自由人民要不宽容一个正派的等级制社会，对其施以政治制裁而迫使这个正派的社会改变自己的发展路径，那么这个自由人民必须提供可以为不宽容这一行径进行辩护的强有力的理由。而罗尔斯认为，对正派等级制社会的界定将会证明自由社会缺乏这种不宽容的正当理由。

正派等级制社会必须满足两个标准。其一，该社会必须是和平的非侵略性的，其赞同

---

① ［美］约翰·罗尔斯著：《万民法》，陈肖生译，吉林出版集团有限公司 2013 年版，第 58 页。
② ［美］约翰·罗尔斯著：《政治自由主义》，万俊人译，译林出版社 2002 年版，第 141 页。
③ ［美］约翰·罗尔斯著：《万民法》，陈肖生译，吉林出版集团有限公司 2013 年版，第 101 页。

通过和平的方式，如外交、贸易等，来实现其合法的目的，这确保了正派等级制社会具有与其他社会和平相处的可能。第二个标准包括三个方面。首先，一个正派等级制社会的法律体系必须与其成员的共同善的正义理念相一致，确保所有成员拥有基本人权。其次，一个正派人民的法律体系可以将真正的道德责任和义务施加到其域内的每一个成员身上。在这样的正派社会中，虽然它并不把人首先看作自由平等的公民，但是其成员会被视为负责任的理性的人，他们有能力去分辨什么样的道德责任和义务可以算作与共同善的正义理念相一致的。如果法律体系是与共同善的正义理念相一致的，那么对于正派社会的成员而言，道德的责任和义务将不会是一种强力施加的命令。最后，该正派社会的法官和其他法律管理者真诚地赞同上述两个方面。"这种法律体系必须尊重一种共同善的正义理念，该理念将那些被看作是社会中每个人的根本利益纳入考虑范围。"①所以，第二个标准说明了，根据共同善的正义理念，一个正派等级制社会的法律体系和社会秩序不可侵犯人权，而这要求正派社会需要一种基本结构来有效地阻止这种侵害。罗尔斯将这种基本结构称为协商等级制。在这种正派社会的协商等级制中，人属于一个群休，该群体在协商等级制中由一个小团体来代表，且"每个人都能参与进与众不同的活动中去，并在总体合作计划中发挥一定的作用"。② 也就是说，正派社会的成员是可以发挥自己的政治作用的，即使不是采用与自由社会民主制度相同的表达方式(一人一票)。此外，这种协商等级制为持不同意见者提供了表达异议的机会，只要异议者表达自己观点的方式是处于共同善的正义理念的框架之内，那么其异议就不能被无视。

根据上述罗尔斯对正派等级制社会的界定可以看出，该社会的正派的协商等级制可以符合自由人民要求的某些特定的政治和正义条件。首先，自由人民不能谴责正派人民否定人权。因为正派等级制社会的社会秩序和法律体系是与共同善的正义理念相一致的，这种理念涵盖了该社会中所有人的根本利益。所以其法律体系不可侵犯被称为人权的那种基本权利，并且正派社会的协商等级制为阻止对人权的侵犯提供了保护。其次，自由人民也不能以这种理由来对正派社会施以政治制裁：正派社会拒绝其成员发挥一种实质性的政治作用。因为正派社会所拥有的协商等级制度不但可以保证其成员参与到政治活动中，并且还允许持异议者在合理框架内表达自己的不同意见，并且基于共同善的正义观念，这种异议不能够被忽视。

从万民法的角度来看，首先正派等级制人民是非侵略性的，它们会尊重其他人民的内部秩序与完整性，所以在原初状态中，正派等级制人民会将各人民的代表视为处在公平位

---

① ［美］约翰·罗尔斯著：《万民法》，陈肖生译，吉林出版集团有限公司2013年版，第109页。
② ［美］约翰·罗尔斯著：《万民法》，陈肖生译，吉林出版集团有限公司2013年版，第113页。

置上的。然后，在无知之幕的遮蔽和合理性的要求之下，正派等级制人民根据自己满足的两个标准，尤其是共同善的正义的理念，在原初状态中选择出来作为自己与其他社会相处的公平条款，将会与自由社会代表在原初状态中所产生的万民法是一致的。在一方并没有违背自己对外的相处的原则情况下，对另一方进行不宽容的干涉是不合乎情理的。

罗尔斯所界定的正派等级制社会的基本结构既符合特定的政治和正义条件，如人权、成员的政治作用及表达异议的权利，又符合自由社会据以处理与其他社会的关系的万民法的八大原则。所以，自由社会对正派等级制社会实施政治制裁，迫使其改变发展路径为自由主义是得不到强理由的支持与辩护的。因此，罗尔斯主张自由社会应该宽容正派等级制社会。

二、科克-肖·谭对罗尔斯万民法中宽容理论的批判

谭认为罗尔斯对宽容正派等级制人民的论证存在着巨大的缺陷。他从两个方面来对罗尔斯的宽容理论进行了批判：第一，他认为罗尔斯将全球社会中的宽容理念建立在了错误的类比上，并因此导致了宽容理论在国内和国外应用上的不一致；第二，他指出，罗尔斯对宽容正派等级制社会的主张将会面临自由的宽容与个体自由的要求之间的冲突。通过对罗尔斯宽容理论的批判，谭提出了自己的主张：不应该宽容非自由的正派等级制社会。

(一)整全性学说与正派等级制社会

谭认为，罗尔斯在全球社会中对正派等级制人民的宽容是建立在一个错误的类比之上：对于正派的等级制社会的宽容可以和对一个自由民主国家内存在的多样性的合情理的整全性的宗教、哲学和道德的学说的宽容相类比。在谭看来，这个类比存在着显著的缺陷，因为罗尔斯忽视了整全性的学说与正派等级制社会之间的巨大差别。

首先，这种巨大的差别表现在对国内的整全性学说的宽容与在全球社会中宽容非自由的等级制政体之间存在着政治多样性的不同，前者并不存在着政治多样性。"整全性的学说中，被宽容的是道德上、宗教上或者哲学上的差异观点，而不是政治上的。"[①]也就是说，如果一个社团的整全性的学说在政治上持非自由主义的观点，不认可将自由主义的政治性正义观念作为支配其成员政治生活的哲学，那么这个社团所持的整全性的学说将是"不合情理的"，不能落在罗尔斯所划定的宽容的范围内。然而，在国际层面上，罗尔斯却

---

① 谭焰乔：《罗尔斯〈万民法〉中的自由主义宽容》，载徐向东主编：《全球正义》，浙江大学出版社2011年版，第373页。

主张对并不采取自由主义政治制度的正派等级制人民予以宽容。对此，谭提出了一系列的质疑："非自由主义政治学说，也就是在国内语境下那些不合乎情理的东西，在国际语境下就变得合乎情理起来。相应的，某种在国内自由主义社会中不被允许的观点在被用于国外社会时，就注定获得了可允许性。"①"为什么国内的情况要比国外的情况受到更严厉的判断？为什么宽容的范围在处理国外情况的时候要被扩张？或者为什么当被应用到国际关系中时，自由主义对个体自主性的承诺要减弱？"②谭认为这是罗尔斯为了拓展万民法的适用范围，为了使其也能够被一些非自由社会所接受而放松了宽容的限度。

国内的整全性学说与正派等级制社会之间的另一个重要差异是，后者的成员在政治领域中不具有可供求助的民主制度。谭认为，一个自由社会中的成员是具有双重身份的，他既是所属社团（可能非自由）的成员，同时也是这个社会中自由和平等的公民。因此，即使他们所属的社团在内部实践中并不遵循自由的原则，其在政治生活中仍然可以践行作为公民所拥有的自由民主的权利和义务。然而，正派的等级制社会中成员并不具有这种弥补自己自由民主权利的可能。因为在这一社会中，他们并不被看作自由且平等的公民，而是首先被看作所属群体的成员。他们在政治生活中必须由所属群体的小团体来代表，而不能自由地、独立地且直接地参与到政治决定中。此外，因为正派等级制社会没有一套自由的宪政民主政治制度，所以其成员并不是任何民主秩序中的公民——他们在自己的社会无法作为民主秩序的公民存在，也不可能成为其他自由社会的民主秩序中的公民。不像自由社会内的一些不自由社团中的成员能从政治生活的自由民主制度中获得补偿那样，正派等级制社会的成员无法诉诸一个自由民主的制度，并且也"不能享受民主的全球性公民身份，而这种公民身份或许有助于修补他们在自己国家内所缺乏的那些民主权利"。③

综上所述，谭认为，罗尔斯在全球语境下对正派等级制社会的宽容理论所存在的缺陷是归因于他错误地将正派等级制政体类比为国内的宗教、哲学和道德的整全性学说，后者并不具有政治学说的多样性，而前者的成员并不具有自由和平等的全球性的公民身份，也无法诉诸一个自由民主制度或民主秩序来修补他们所缺乏的自由和平等的公民权利。这种不对等的类比直接导致了罗尔斯所主张的宽容理论在国内和国外的应用上存在着严重的不一致性。谭认为，罗尔斯在万民社会中主张宽容正派的等级制社会，实际上是一种为了解

---

① 谭焯乔：《罗尔斯〈万民法〉中的自由主义宽容》，载徐向东主编：《全球正义》，浙江大学出版社，第 374 页。

② Kok-CHor Tan, *Toleration*, *Diversity*, *and Global Justice*, University Park, PA: Pennsylvania State University Press, 2001, p. 82.

③ 谭焯乔：《罗尔斯〈万民法〉中的自由主义宽容》，载徐向东主编：《全球正义》，浙江大学出版社 2011 年版，第 376 页。

决自由社会和非自由社会之间差异的政治妥协。

(二) 罗尔斯宽容理论面临的冲突

罗尔斯认为，因为我们无法期待所有人都拥有对完满自由主义的渴望，所以我们不能干涉任何一种根据各自整全性学说形成的生活方式。他认为，只要一个社团允许和保证个体的政治自主性，即使社团自身的内部实践是不自由的，我们也不应该对其发起挑战。然而，谭指出，任何社团中都存在着持不同意见的少数派，"不去预期说个人将成为自由主义者(在他们的私人生活中)是一回事，不去支持他们或许拥有的针对那些压制性群体传统的对自由主义的任何渴望则是另一回事了"。①谭认为，罗尔斯宽容非自由的整全性学说的主张将会面临着冲突——对持这种学说的群体内部实践的宽容，或者说是不干涉，将会漠视掉这一群体内少数的持异议者对自由主义生活的要求，这使得罗尔斯将会违背自己对这些个体持异议者的自由主义承诺。

谭认为，这种冲突在国内层面上可以得到一定程度的缓和，但是在国际层面上并不具有缓和的条件。谭通过否定两种观点来证明自己的这一判断。第一种观点是，一个自由社会内的"国家强迫性退出权"可以解决自由主义宽容理论面临的冲突。这种强迫性退出权是指成员可以自愿加入或退出一个社团的权利。谭认为，在国际语境中并不存在实质性的退出权。因为拥有移民出境的权利并不意味同时拥有移民入境到另一个社会的权利。"一个人并不能离开国家，除非他能被另一个国家所接纳。"②谭指出，罗尔斯虽然指出了正派等级制社会中的成员拥有移民的权利，但是没有强调说明其他社会有接受移民的责任。而如果两项权利不能同时受到保证，那么国际层面上的强迫性退出权就是空泛而无意义的。

第二种观点是，自由主义的公共政策将会对非自由的实践产生"自由化"的影响。最具代表性的就是国内公共教育政策，其可以产生自由化的副作用。但是谭认为，在国际层面，并不存在任何全球性的自由化影响，因为罗尔斯对正派等级制社会宽容的主张，不允许自由社会采取任何经济的或外交的政策来干涉正派社会的发展路径，而这些在谭看来恰恰是自由社会可以用来针对正派社会的一项重要的自由化工具。

通过对这两种试图为罗尔斯辩护的观点的反驳，谭坚持认为，罗尔斯所主张的宽容理论会面临宽容非自由社群与个人自由之间的冲突。而这种冲突在国内层面可以在一定程度上被减弱，但是在国际层面上不具有能够缓和的充分条件。

---

① [美]约翰·罗尔斯著：《万民法》，陈肖生译，吉林出版集团有限公司2013年版，第380页。

② 谭焙乔：《罗尔斯〈万民法〉中的自由主义宽容》，载徐向东主编：《全球正义》，浙江大学出版社2011年版，第383页。

（三）谭不宽容正派等级制社会的主张

通过以上对罗尔斯宽容正派等级制社会的主张的批判，谭提出了自己对于正派社会的态度——不应该宽容正派等级制社会。谭认为，自由主义的本质在于个体的自主性，一个政治社会是自由主义的，其必须接受这样一种观点，即个体有能力去重新评价和修正他们关于好的生活的理念，并且其要向成员提供这么做所必需的社会的和政治的条件。在国内语境下，如果一个社团满足这一个本质要求，将会获得宽容。将这一宽容的原则推到国际层面，谭指出，正派等级制社会将不会得到宽容，因为这种社会阻挠其成员的个体自主性。罗尔斯在万民法中界定的正派等级制社会，并不是将人看作平等的和自由的个体存在，而是一个群体的所属存在。在一个政治决定中，个人的想法只能通过所属的群体而不是通过自身的表达来获得实现。这并不符合自由主义本质意义的个体自主性。谭认为，即使罗尔斯给这种社会设想了六条指导方针，确保这个社会能够尽可能地靠近开明，但因为这种社会并没有将其成员看作平等自由的公民，没有肯定成员的个体自主性，并且没有为个体重新评估和修正社会价值和他们关于好的生活的理念提供所必需的社会的和政治的条件，所以，罗尔斯万民法中界定的这种正派等级制社会并不符合自由主义的宽容原则。

谭认为，他所主张的宽容原则将不会面临宽容非自由社会和保护个体自由之间的冲突——它不宽容非自由的正派等级制的社会。基于对个体道德自主性的普遍的承诺，自由主义社会判断外国的非自由实践就像它判断相似的国内非自由实践一样。因此，谭认为自己所主张的宽容理论不但不会面临冲突，它还可以在国际和国内的应用中可以保持一致。

三、对科克-肖·谭的批判的反驳

罗尔斯对政治自由主义的扩张受到了许多批评家的批判，其中路易斯·卡布雷拉（Luis Cabrera）从相似的角度对罗尔斯所主张的宽容理论进行了批判。他同样质疑了罗尔斯关于宪政民主制度对个体的宽容和万民法中对正派等级制社会的宽容之间的类比，认为正派等级制社会中的成员无法像自由民主社会中的个体那样选择自己的生活方式。"在正派非自由社会中有区别的公民关系和缺乏完满的良心和言论自由以及其他个体公民权利表明他们有一些重要的利益没有被很好地体现。"[1]首先，路易斯进一步否定了"退出权"，他认为在卡赞尼斯坦为代表的正派等级制社会中，在政策决定上占据最高位置的穆斯林可以

---

① Luis Cbrera, *Toleration and Tyranny in Rawls's "Law of Peoples"*, http：//www.jstor.org/stable/3235432? seq＝1&cid＝pdf-reference#references_tab_contents.

否定掉那些不符合政策决定者的整全性学说的信息，而有限的可利用信息会导致这一社会的成员实现有效退出权的能力受到限制，这就意味着其成员并不具备实现有意义的移民权的条件。其次，路易斯认为，社会群体在等级协商制度中的权力许可的不对称性会使得其从属成员挑战现行政策和裁决的能力受到占据政策决定地位的法官和其他管理者的整全性学说的限制。虽然，出于对罗尔斯的宽容问题的相似角度的批判，路易斯的观点可以为谭对罗尔斯的批判提供进一步细化的补充，但是他们所给的理由都无法完全使人信服。此外，谭不宽容正派等级制社会的主张也会面临着极大的挑战。

（一）科克-肖·谭的批判中存在的问题

首先，谭在考察罗尔斯对正派等级制人民的宽容的论证时，将重点错误地放在了类比的形式上的问题。也就是，谭在批判罗尔斯宽容主张中的类比论证时，更多关注的是国内的整全性学说和正派等级制政体表象的差异上。如他所指出的，一方面对整全性学说的宽容不包括政治方面，但却宽容了正派等级制社会的不自由的政治制度；另一方面，自由社会内部成员拥有可供诉求的自由民主制度，而正派等级制社会中的成员却无法求助于一套民主制度来补偿自己的公民权利。很明显地可以看出，谭认为罗尔斯在万民社会中的宽容主张是以政治的自由为出发点的。这一点是偏离了罗尔斯的用意的。

罗尔斯指出，在一个合情理的宪政民主社会中也会存在着合乎情理的多元论的事实，各种整全性的哲学、宗教和道德学说之间的不可调和性是既定的。这是罗尔斯要设置一个无知之幕遮盖下的原初状态的重要原因之一。"无知之幕同原初状态中的其他条件一起，消除了人们在讨价还价地位方面的差异"①，使得原初各派都公平地被安置其中。如果要将一条原则加进彼此合作的公平条款中，必须要给出使各派都会信服的理由。而最终形成的政治性正义观念将是所有公平地处在这个原初状态中的代表都会支持的。因为在原初状态中各派都是公平地处在其中来讨论合作原则的，持非自由的整全性学说的代表也不例外地被安置在其中，作为合乎情理的代表，他们不会不同意最终得出的政治性正义理念和公共理性。因此，如果一个社会（非自由）同样地支持这个政治性的正义观念，那么对这一社会进行干涉将是不合乎情理的；反之，如果一个社会不认可这些合作原则，违背政治性的正义观念和公共理性，那么这一派将不会被容纳进合作体系中，将不会获得宽容。如果说在国内语境的社会合作体系中，我们可以寻求得到一个重叠共识，这个共识可以被各种互不相容但都合乎理性的整全性学说所认可，那么在万民社会中，我们也可以试图去确定一个为万民社会成员所接受的重叠共识，这就是政治自由主义的一个有机扩张。罗尔斯将国

---

① ［美］约翰·罗尔斯著：《作为公平的正义》，姚大志译，上海三联书店 2002 年版，第 142 页。

内多样性的整全性学说与正派等级制社会作类比的目的在于说明，在包括了自由民主社会与正派等级制社会的万民社会中，同样是存在着不可避免的多样性的事实，通过原初状态的第二层运用，是可以在万民社会中产生这样一种政治和正义的条件，能够使自由社会和非自由的正派社会都认可。如果正派等级制社会符合和遵守这些政治正义的原则，那么不宽容这些社会是没有正当的理由辩护的。

政治自由并不是罗尔斯用来判断应不应该给予一个整全性学说或社会宽容的根据。无论是对于一个自由社会内部还是在万民社会中，罗尔斯宽容的原则和限度一直都是以共同的政治正义的观念或政治正义的条件有没有获得遵守为出发点的。而因为合理多元论事实的存在，我们无法预期所有社会都会是支持整全性自由主义观点的，所以用来处理万民社会成员关系的正当的和正义的政治观念，即万民法，并不规定成员必须是自由主义的。因此，谭指责罗尔斯在对待国内的整全性学说和对待正派等级制社会的宽容态度上存在着政治多样性的不同，这一点是站不住脚跟的，因为这个批评本身来源于他对罗尔斯的误解。

其次，谭对罗尔斯宽容理论的第二个批判也存在问题，即他认为国内的整全性学说与正派等级制社会之间的另一个重要差异是，后者的成员在政治领域中不具有可供求助的民主制度。在指出这一批判中的问题之前，笔者将先说明罗尔斯对人权的阐释。

罗尔斯认为，不论是在自由社会还是非自由的正派等级制社会，人是被视为团体的成员："这个团体是共同体、联合体或合作体之类。"①人权是一种赋能性的权利，这一权利获得保障之后，人们才能够履行他们在这一联合体中的责任。所以，不论是在自由社会的宪政民主制度中，还是在正派社会的协商等级制度中，如果人权没有获得保证，这些制度中的法律体系将不能够将任何权利和义务施加给其成员。在罗尔斯那，人权是"有别于宪法权利、民主的公民权利或其他各种属于某类型政治制度（个人主义或联合主义）的权利"。② 在自由社会中，自由主义的政治正义理念将人权作为所有自由和平等公民都能享有的各种权利和自由权中的一个子集。也就是说，在自由社会中，即使成员可能属于某个持非自由的整全性学说的社团中的一员，但是其人权可以诉诸自由宪政民主制度的保证。对这一点，谭是无异议的，但他认为正派等级制社会中的成员无法诉诸民主制度来保障或实现这一权利。诚然，正派等级制社会中的那一套协商等级制度并不是自由主义的民主制度，因为其不把成员看作平等自由的公民，但这一套制度并不会造成谭所说的那种担忧。因为协商等级制度中的法律体系必须是与正派社会成员的共同善的正义理念相一致，否则它无法将道德的权利与义务施以人们身上。而共同善的正义理念包含了成员的所有基本权

① ［美］约翰·罗尔斯著：《万民法》，陈肖生译，吉林出版集团有限公司2013年版，第32页。
② ［美］约翰·罗尔斯著：《万民法》，陈肖生译，吉林出版集团有限公司2013年版，第33页。

利的要求。在这种联合主义的社会中，人虽然被首先看作群体的，但是他们仍然具有参与到正派社会合作体系中的权利。作为一个负责任的理性的成员，他们能够认识到什么时候他们的道德责任和义务可以算作和共同善的正义理念一致。当不一致产生的时候，他们仍然可以通过这个协商等级制度来表达自己的异议，而从小团体代表到法官或者法律的管理者都无法拒绝或无视这些不同的意见，只要这些异议是在共同善的正义理念框架中。如果协商等级制中的某一个环节背离了成员共同善的正义理念，那这个社会就会变成一个纯粹家长主义的政体，而这绝对不是罗尔斯所界定的正派等级制社会。所以，路易斯认为正派等级制社会中的成员无法像自由民主社会中的个体那样选择自己的生活方式，对此其提出的两点担忧，在这一层面上是可以消解的。

虽然，谭在这一点的批判上并没有明确指出公民向民主制度诉求的到底是宪政的公民权利还是人权。但是我们针对这点提出三种假设。第一种是假设谭所指的是公民权利，但这种假设是没有意义的，所以在此不展开论述。第二种是假设谭所指的是公民权利和人权两者，那么谭并没有将人权和宪政的民主的公民权利与人权区分开来，而这将会导致人权面临着丧失道德紧迫性的风险，并且还会面临"不以偏袒性理据为基础就无法加以辩护的风险"。① 这将会使谭成为一个宗派主义者。最后一种是假设谭在此所指的只是基本人权，而通过上一段对正派等级制社会的等级协商制度的论述，已经可以推翻谭认为正派社会中的成员无法诉诸其制度而获得人权保证的观点。因此，谭对罗尔斯的宽容理论的这一层批判也是无法成立的。

在此值得补充的一点说明是，罗尔斯对"合乎情理的"（reasonable）和"理性的"（rational）的区别使用。"罗尔斯用'rational'来修饰人时，一般指人形成、修正和追求自己的个人利益、好生活观念……'reasonable'在罗尔斯这里是个有道德内涵的理念，用来修饰人时，指这个人有意愿提出公平合作的条款以及和其他有同样意愿的人一起进行公平社会合作之意。"② 合乎情理的个体乐于提出能为所有人视为公平合作条款的原则，而当这些原则由别人提出来的时候，他们也会乐于承认。托马斯·波特（Thomas Porter）认为，罗尔斯类似的国内个体的合情理性可以扩展到国际合情理性，并为其提供辩护，"国际合情理性正是罗尔斯宽容理论的基础"。③ 所谓国际合情理性即在万民社会中，自由民主社会和正派等级制社会在考虑与对方建立交往合作关系的时候，都有意愿并且乐于提出双方都可

---

① ［英］戴维·米勒著：《民族责任与全球正义》，杨通进、李广博译，重庆出版社 2014 版，第 190 页。

② ［美］约翰·罗尔斯著：《万民法》，陈肖生译，吉林出版集团有限公司 2013 年版，第 70 页。

③ Thomas Porter, *Rawls, reasonableness, and international toleration*, https：//doi. org/10. 1177/1470594X11433741.

以根据自身的正义理念所接受的合作条款。笔者认为，这一国际合情理性使得双方尝试在万民社会中寻求到一个重叠共识，即在各个理性的成员代表之间产生一种政治的和正义的条件或者说是关于正当和正义的政治观念。当这一能够为同样存在着多样性的万民社会成员所接受的特殊观念确立之后，如果自由民主社会选择不宽容正派等级制社会，将会面临在国际语境下放弃合情理性的理念的风险，而其将导致显著的不一致性。这就与谭所认为的罗尔斯的宽容主张会造成国内外的不一致性恰恰相反。

(二) 科克-肖·谭不宽容正派等级制社会的主张面临的挑战

谭认为如果一种非自由的整全性的学说不能保证成员完满的自主性，那么就不应该获得宽容。同样地，一个由非自由的整全性学说指导联合而成的社会也将不会得到宽容。谭认为正派等级制国家正是这样一种社会，由此他认为不应该宽容正派等级制国家。

为了避免自己的主张陷入国家强制的风险中，谭提出，可以通过对国家资源的安排来质疑和批判一些不自由的团体实践，而不用通过定罪或者颁布法律的这种强制方式来实现对非自由社团的不宽容。而事实是，他并没有成功地规避掉这个风险。

首先，国家有权调用的社会资源(公共教育、官方媒体、官方语言等)绝大部分是私人组织所没有的。并且，国家对于社会及其成员的影响力要远大于私人社团所具有的影响力。国家资源在自由社团与非自由社团之间不平均的分配实际上在自由社团和非自由社团之间作了无形的划分，在社会资源中占劣势的非自由团体极有可能在政治生活中也同样处于劣势，而最终不得不修正自己整全性学说中的非自由的部分，向整全性自由学说靠拢。但是在决定国家资源应该偏向哪些学说或者社团的时候，谭不宽容的主张就已经无可避免地带上了家长制的特征，而这将使他无法规避沦为国家强制的风险。

相似地，在国际社会上，谭主张不宽容正派等级制社会，可以通过在自由化与贸易或发展目标之间建立联系来实现。也就是除了武力干涉这种带有明显的强制干涉特征的行为，自由主义国家可以通过经济或外交等相对和平的方式来使非自由主义国家改变自身的发展路径。所以实际上，谭并没有把正派等级制社会放置在与自由民主社会同等的位置，而这么做仅仅是因为正派等级制社会不具有一套与自由民主社会相同的自由主义的民主制度，即便除此之外他并不能找出更多的能够谴责的方面(如：成员的政治作用、人权等)。

相较于在一个自由民主社会不宽容非自由社团而言，不宽容正派等级制社会将带来更严重的问题。因为正派等级制社会是不会认可谭所给出的理由的，而这种缺乏正当合理的理由的不宽容，将会导致自由民主社会与正派等级制社会之间的痛苦和怨恨，无法在国际社会维持一个良好的自由主义改革的政治氛围。此外，这种看似和平的方式实际上带有很强的自由化的目的。而当自由主义带有强烈的自由化目的去做出一个行为的时候，就容易陷入积极自由的悖论之中。而这一点恰恰会威胁到谭作为自由主义者的立场。

谭认为自己所支持的整全性自由主义与康德、密尔所主张的强化的整全性自由主义最根本的区别在于，他所持的观点会承认整全性的宗教、哲学和道德学说中存在着多样性，不能期待所有人都会将自由主义贯穿于生活的所有方面。然而不管在自由社会内部还是在国际社会中的实际运用中，谭都与自己的想法背道而驰，他试图将所有非自由主义的社团的发展路径都扭转到自由主义之道上。因此，谭不宽容正派等级制社会的主张将会面临着变成一种宗派学说的风险，而这将会挑战谭作为一个自由主义者的立场。

四、结　　论

多元论的存在是一个既定的事实，一个合理的宪政民主社会中会存在不可调和的多样性整全性学说。而在一个万民社会中，也会先存在着不同文化和不同思想(宗教和非宗教)的社会之间的多样性。在罗尔斯的万民社会理论中，并不要求各个社会在宗教上的统一，因为这是不符合自由主义的性质和多样性文化的。其目的在于建立国际正义理念，使得人类个体的基本权利(人权)得到有效的保障与满足。就像在自由民主社会内部发展出一个公共的合理的政治性的正义理念来处理成员之间的关系一样，万民社会中也会发展出一种公共理性和政治正义观念，即万民法，来处理万民社会中各成员之间的关系。罗尔斯主张宽容正派等级制社会不仅符合合理的多元论的事实，还能够在万民社会中构造一个更为宽广的基本结构和相互尊重的政治氛围，站在一个中立的立场上推动自由主义方向的改革。

The Doctrine of Sufficiency: An Attack

符仁祥①

Abstract

Sufficiency principles generally state that it is especially important for justice that people have enough of certain resources, but it can be hard to give a convincing answer as to what level of resources counts as enough. This paper examines different divisions of the structure of the doctrine of sufficiency and then points out the weaknesses of the concept of threshold that sufficientarianism presumes through empirical evidence and intellectual inquiry. Then I give another perspective to attack threshold setting by making a distinction between dynamic thresholds and static thresholds. While sufficientarianism as a single view seems hopeless, developing some kind of hybrid views may be promising in countering more challenges typically raised against sufficiency principles.

Key words

sufficientarianism; sufficiency; structure; threshold; hybrid views

1. The Sufficiency View: An Introduction

The doctrine of sufficiency, proposed by Harry Frankfurt in his article *Equality as a Moral Ideal*, offers a unique perspective of what principle is more important in dealing with distributive problem.②

---

① 作者简介：符仁祥，武汉大学哲学学院现代哲学国际班 2015 级本科生。

② In "Equality as a Moral Ideal", Frankfurt says that the most feasible approach to the achievement of sufficiency would be the pursuit of equality. However, if we exaggerate the moral importance of economic equality, then it will contribute to the moral disorientation and shallowness of our time in some way. Then he denies the argument that links economic equality to the maximization of aggregate utility by giving several powerful counterexamples. As he emphasized in his article, the most cogent basis for the doctrine of sufficiency is that it may be moral quite acceptable, accordingly, for some to have more than enough of a certain resource even while others have less than enough of it. There are at least two reasons that the above view is based on. First, additional resources do not necessarily benefit those who have less than enough because they may be too little to make any difference. Second, some people have much less than others is morally undisturbing when it is clear that they have plenty (i.e. they are satisfied with what they already have).

Sufficientarians usually maintain that economic equality is not, as previous philosophers emphasized, of particular moral importance. When evaluating different distributions what really matters is whether individuals have enough not to fall below some critical threshold of advantage. Sufficientarianism now has become a credible alternative to telic egalitarianism and prioritarianism. We usually formalize it standardly as follows:

DS: It is morally valuable that as many as possible of all who shall ever live should enjoy conditions of life that place them above the threshold that marks the minimum required for a decent (good enough) quality of life.[1]

Since Frankfurt raise this new category, many arguments that support or object the sufficiency principle emerge quickly. For instance, David Wiggins gives his own version of sufficiency. He first establishes the absolute conception of needs. Differs from Frankfurt's version, Wiggins's version is more concerned with the level of well-being below the sufficiency level. Roger Crisp's version of sufficientarianism gives priority to benefiting the worse off among people below the sufficiency level and assigns equal weight to benefits to people above the sufficiency level.[2] Sufficientarianism, thus defined, gives (1) complete priority to benefits to people below the sufficiency level over those above, (2) relative priority to benefits to the worse off among those below the sufficiency level, and (3) no priority to those above that level. Elizabeth Anderson and Debra Satz have made a level of sufficiency tied to the ability to participate in democratic society.

However, attempts to develop sufficiency as a fundamental moral and philosophical principle have been widely regarded as unsuccessful. Afterwards, some philosophers try to combine the sufficiency principle with other categories in distributive ethics like egalitarian principles and prioritarian principles with some appropriate limitations. They hope those hybrid views can reduce conflict between different categories and thus save the sufficiency principle from being discarded.[3] Others try to improve this principle itself to make this category stronger.[4] Both have achieved rather good results.

The goal of this article is to examine the notion of "enough" (or threshold), which is one of the critical concepts in the doctrine of sufficiency. As Frankfurt claims, this pertains to meeting a

---

[1] A. Richard, "Egalitarianism", The Stanford Encyclopedia of Philosophy (Summer 2013 Edition), Edward N. Zalta (ed.)

[2] Roger Crisp, "Equality, Priority, and Compassion", *Ethics*, 2003, pp. 745-763.

[3] P. Casal, "Why Sufficiency is not Enough", *Ethics*, 2007, pp. 296-326.

[4] L. Shields, "The Prospects for Sufficientarianism", *Utilitas*, 2012, pp. 101-117.

standard rather than to reaching a limit. He proposes two distinct kinds of circumstance in which the amount of money a person has is enough.① Paula Casal also criticizes sufficientarianism by appealing to the problem of setting threshold. I will start in the next section by outlining the structure of sufficiency based on the work done by previous philosophers. In section 3, I will clarify the concept from my own perspective through two aspects—empirical evidence and intellectual inquiry. In section 4, I will try to argue for my own standpoint (enough is not enough) by giving another perceptive to attack threshold based on the intellectual inquiry part in the previous section. The explanations for the concept, whether the threshold is dynamic or static, all fail to support the doctrine. In section 5, I will argue for the necessity of developing some hybrid views and give some requirements when we are trying to construct one. Section 6 concludes.

2. The Structure of Sufficiency

People attempt to divide sufficiency principles into several parts in order to dig out the hidden information into this principle. I will clarify these views in the following part to make us clear about the content of the principle and the role it plays in distributive ethics.

Paula Casal draws a distinction between two theses about sufficiency. The *positive* thesis stresses the importance of people living above a certain threshold, free from deprivation. We should employ available resources to maximize the incidence of sufficiency. The *negative* thesis denies the relevance of certain additional distributive requirements.② Therefore, the frame based on these two theses is clear. It is extremely important to eliminate certain types of deprivation, such as hunger, disease, and ignorance. A just society should be able to guarantee a social minimum for its citizens. Meanwhile, the frame is exclusive. If everyone has enough resources, equality and priority would be of no moral consequences. Sufficientarians not only explicitly reject equality and priority, some of them also employ arguments that reject further principles.

Different sufficientarians may be driven by different theses primarily. If one pays more attention to the positive thesis, (s)he could argue that people should ignore inequality since any gap existing among most people who are above the threshold pales in significance by comparison

---

① Scenario 1: The person is suffering no substantial distress or dissatisfaction with his life. Scenario 2: The person is unhappy about how his life is going, but the difficulties that account for his unhappiness cannot be alleviated by more money.

② P. Casal, "Why Sufficiency is not Enough", *Ethics*, 2007, pp. 296-326.

with the gap between those who have enough and those who lack enough. On the contrary, if one were moved primarily by the negative thesis, then (s)he would believe that eliminating any egalitarian or prioritarian impulse should be our primary task. The positive thesis guarantees that we do not fall into such exclusiveness blindly, as a supplementary principle.

However, Liam Shields argues that sufficiency principles understood in the above ways cannot avoid the main objections that have brought them into disrepute (Shields, 2012: 105). In order to save this category, he proposes three theses to replace the vulnerable theses in the previous part. For the positive thesis, he argues that we should have *weighty* reasons to secure "enough" so that sufficiency principles are nontrivial and they will have an important role to play in guiding policy. Meanwhile, he proposes that securing "enough" should be a *non-instrumentally* weighty demand. Sufficiency principles are not totally grounded on non-sufficientarian distributive principles so that they are indispensable. He restates the positive thesis as follows:

P: We have weighty non-instrumental reasons to secure at least enough of some good(s).[1]

With regard to the negative thesis, Liam Shields argues that sufficiency principles are objectionably indifferent to inequalities once everyone has secured enough. It is implausible that as long as all individuals are content it does not matter if the worse-off bear greater costs than the better-off. The negative thesis can avoid this problem only by setting the threshold so high that very few could be said to have secured enough but in this case the threshold will make no difference to the guidance offered in realistic circumstances. Therefore, he thought that we should consider a weaker version of the negative thesis. He terms it as the diminution thesis.

D: Once people have secured enough, our reasons to benefit them further are weaker.[2]

According to this restated thesis, we still have reasons to care about the worse-off when all people have secured enough. However, prioritarians can make similar claims. They can always agree that it is more important to benefit the worse-off who have not secured enough than the better-off who have secured enough. Although they will reject that this is because securing enough is important, the guidance offered by prioritarians and sufficientarians will be the same. In order to make sufficiency principles distinctive, he stressed the changes of the decreasing rate in the place where the shift happens by giving the shift thesis in the following.

S: Once people have secured enough, there is a discontinuity in the rate of change of the

---

① L. Shields, "The Prospects for Sufficientarianism", *Utilitas*, 2012, pp.101-117.

② L. Shields, "The Prospects for Sufficientarianism", *Utilitas*, 2012, pp.101-117.

marginal weight of our reasons to benefit them further.①

It should be noted that although the diminution thesis is compatible with the above thesis, the diminution thesis cannot explain why there is a shift in the criteria. Therefore, the shift thesis is not redundant. Since prioritarians cannot explain the shift in terms of giving priority to benefiting the worse-off, the attempts made here successfully lead to the uniqueness of sufficiency principles.

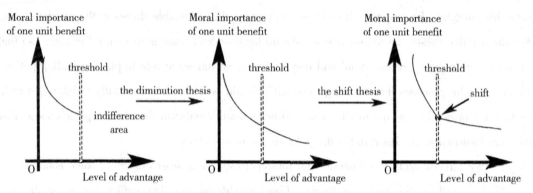

Figure 1. Liam Shields's framework about sufficiency principles

We can see that the recharacterization proposed by Liam Shields is progressive. It helps to deal with the indifference objection because there is no need to claim indifference once people have secured enough from this new perspective. Besides, under this reconstruction of sufficiency principles, what we need to do in the following is to think about the plausibility of the shift and corresponding sufficientarian reasons② rather than some foundational problems about sufficiency principles. After the previous preparation, he suggests in his article that some of the most compelling reasons to alter the distribution of benefits and burdens are sufficientarian reasons and so we should be optimistic about the prospects for sufficientarianism.③ However, as I will show in the following, these compelling reasons are not so compelling. The shift is still implausible although the sufficientarian reasons seem popular.

① L. Shields, "The Prospects for Sufficientarianism", *Utilitas*, 2012, pp. 101-117.

② Liam Shields terms reasons that can support the shift sufficientarian reasons. The features of sufficientarian reasons include at least non-instrumental, satiability, avoiding a high threshold, non-egalitarian, and weighty.

③ L. Shields, "The Prospects for Sufficientarianism", *Utilitas*, 2012, pp. 101-117.

3. Against Threshold

3. 1 Empirical evidence

According to the economic research, lacking money or time can lead one to make poorer decisions, possibly because poverty imposes a cognitive load that saps attention and reduces effort. The group led by Mani once gather evidence from shoppers in a New Jersey mall and from farmers in Tamil Nadu, India.[1] They find that considering a projected financial decision, such as how to pay for a car repair, affects people's performance on unrelated reasoning tasks. The data show that lower-income individuals performed poorly if the repairs are expensive but they do fine if the cost is low, whereas higher-income individuals perform well in both conditions, as if the projected financial burden impose no cognitive pressure. Similarly, the farmers from Tamil Nadu perform these tasks better after harvest than before.

These researchers conclude that people who have low socioeconomic status need to cope not just with a shortfall of money, but also with a shortfall of cognitive resources. That they are less capable has nothing to do with inherent psychological traits, but because the social status impedes their cognitive capacity. What I want to emphasize here is that the findings are not about poor people, but about any people who find themselves lower than others in social economic status. This probably means that people with lower social economic status have defective cognitive function.

In another research, scientists in brain science have found that early experiences affect the development of brain architecture, which provides the foundation for all future learning, behavior, and health. They proved that terrible experiences early in life can impair brain architecture, with negative effects lasting into adulthood.[2]

What I want to show here is that Frankfurt's view about the use of the notion of "enough" in the doctrine of sufficiency is problematic by giving these two experimental results. It is true that to show poverty that it is compelling undesirable does nothing whatsoever to show the same of

---

① A. Mani, S. Mullainathan, E. Shafir, J. Zhao, "Poverty Impedes Cognitive Function", *Science*, 2013, pp. 976-980.

② J L Hanson, N Hair, D G Shen, F Shi, J H Gilmore, et al, "Family Poverty Affects the Rate of Human Infant Brain Growth", *Plos One*, 2013, p. e0146434.

inequality. And it is possible for those who are worse off not to have more urgent needs or claims than those who are better off. However, some have more money than others while they all have plenty cannot be justified by giving such reasons because people's threshold level of resources and opportunities is not congenital but linked with their social economic status. For example, if we put a child into a dark room and provide sufficient nutrition for him, then he might feel his life is good and that is threshold level of him because he does not know there are many other services he can enjoy. As Frankfurt says, it is possible that someone who is content with the amount of money he has might also be content with an even larger amount of money. But the desire to be happy or content or satisfied with life is a desire for a satisfactory amount of satisfaction and is not inherently tantamount to a desire that the quantity of satisfaction be maximized. Thus, if someone is satisfied with the way things are, he may have no motive to consider how else they might be. Then we do not need to give this person more resources. But intuitively we should not distribute less resources to those people with cognitive deficiency, rather we need to give them more, at least equal, to help them get rid of the cognitive limitations. A reasonable people may not know that there is other available state of affairs in which he would be better off but "we should not allow the differences between people's social economic status exist by 'cheating' them in a special way".[1] In brief, to adopt an attitude of willing acceptance toward the fact that one has just that much should be based upon an equally and conscientiously intelligent and penetrating evaluation of the circumstance of his life.

Sufficientarians believe the fundamental error of egalitarianism lies in supposing that it is morally important whether one person has less than another regardless of how much either of them has. We only need pay attention to whether one has enough resources. It seems that they have ignored the connection between one's wealth and cognitive function. The error of sufficiency principles may lie in supposing that it is insignificant whether some people have more than others while they are all satisfied about what they already have.

3.2 Intellectual inquiry

When sufficientarians are asked to clarify their view, most questions focus on the threshold where the shift happens. In this section, I will argue that it is implausible to set the threshold

---

① J L Hanson, N Hair, D G Shen, F Shi, J H Gilmore, et al, "Family Poverty Affects the Rate of Human Infant Brain Growth", *Plos One*, 2013, p. e0146434.

properly through three aspects. Differs from section 3. 1 whose results are based on empirical facts, this section will focus on theoretical analyses.

Ambiguous versus Arbitrary

Many sufficientarians employ ambiguous principles of setting the threshold. For example, Frankfurt once employed different criteria for specification of sufficiency. They are as follows.

(A) One lacks an active interest in getting more.

(B) One regards having more money as inessential to his being satisfied with his life.

(C) One is satisfied with the amount of satisfaction he already has. [1]

However, the three claims in the above are not equivalent. For example, one can be satisfied with the amount of resources (s)he already has while (s)he may still have an active interest in getting more resources. Therefore, these specifications are ambiguous.

In order to savesufficientarianism out of the problem of ambiguity, some people claim that the threshold should lie at exactly one specific level: e. g. live in peace and security for 60 years. However, it is problematic that absolute priority is given to benefit those below the threshold. The sufficiency principles will favor a world overpopulated with individuals who can have 60 years of common-quality life, and perhaps containing many far below that line, over a less crowded world where everybody can have 80 years of high-quality life. Since these specifications are arbitrary although they escape from ambiguity, the result is still unacceptable.

High versus Low

When we need to specify the threshold, another problem we will meet is the choice between high and low thresholds. Either of them is problematic.

If we choose low thresholds, then there are at least two problems which are hard todeal with. Firstly, when resolving distributive conflicts between those who have plenty resources and those who have barely enough, we need to employ other principles. In this case, sufficiency principles cannot keep the feature of exclusiveness anymore. Secondly, low thresholds may have difficulties gaining individuals' allegiance. If it takes too little to be enough, the community may have little motivation to improve the quality of life of individuals.

However, if we choose high thresholds, we will alsobe in a heap of trouble too. Firstly, high

---

[1] H. Frankfurt, "Equality as a Moral Ideal", *Ethics*, 1987, pp. 21-43.

thresholds may also have difficulties gaining individuals' allegiance. If it takes too much to be enough, the community may be willing to sacrifice the less advantaged individuals to ensure as many as possible have enough. Thus, many individuals who are below the threshold will live a harder life. Secondly, employing a high threshold may detract us from the goal of eliminating deprivation. Since the threshold is too high, people who are hungry, homeless, and enduring other forms of deprivation will not be given any compensation. It is counterintuitive to leave those people behind just because the resources they already have are too far from the threshold.

Intuitively, it is obvious that the well-being of a homelessperson with no health insurance is below the sufficiency level. It is also the case that some people are obviously above the sufficiency level. There is a range of well-being between being obviously well off and being obviously badly off, and the sufficiency level lies somewhere in that range. Nevertheless, it is implausible for sufficientarianism to maintain its plausibility by remaining vague about the critical threshold. In this case, we do not have a method to check whether the threshold is high or low.

Single versus Multiple

One may wonder if we can employ a plurality of thresholds to solve the vagueness problem. One version of the multi-level view grants *absolute* priority to individuals below a low threshold and then grants them *some* priority until they exceed a higher threshold. This view provides an intermediate level to ensure that individuals with barely enough still have some priority over people with abundant resources. Other versions may employ more thresholds and thus more intermediate levels are inserted into the reduction of priority. While it sounds like a good practice, it might be hard for us to give those thresholds instrumental justification. Otherwise, we should remove those superfluous thresholds.

4. Enough Is Not Enough

So far, I have discussed the implausibility of specifying thresholds from several different dimensions. I also have considered the ambiguous or arbitrary thresholds, high or low thresholds and single or multiple thresholds. In this part, I will try to present another dimension (dynamic vs. static) that we may ignore before. Here, dynamic thresholds refer to the thresholds changing under different contexts. Static thresholds denote that the thresholds are not dynamic. We can easily see that static thresholds do not work in many cases. In order to deny the possibility of dynamic thresholds, I will verity my view by giving some examples and illustrate how they fails.

Roger Crisps suggests that we should incorporate *compassion* into the choice of threshold.[1] Compassion is a dynamic standard. However, there is no reason to think that only circumstances involving deprivation would elicit compassion from an impartial spectator. We often feel compassion for those who are unlucky in love or lose their cat. Whether they are free from deprivation or not does not affect our reaction.

George Sher once gives a sufficiency view by arguing that "the threshold level of resources and opportunities that the state should provide for each citizen is whatever level gives one enough leverage to obtain further resources and opportunities without inordinate difficulty or sacrifice".[2] The Leverage Approach is also a dynamic view. The sufficient ability to live one's life effectively requires only that one has enough of them as leverage. Sher's view can help to deal with certain problems that many sufficiency principles are faced with. Unfortunately, the argument for the leverage thesis fails because of an equivocation between "the ability to expand beyond the current range by any degree and the ability to expand to a nonrestrictive range",[3] and the equivocation cannot be avoided without making a premise implausible. Therefore, as to what level of resources and opportunities counts as sufficient, the leverage approach may not be the right answer.

As we can see from above, dynamic views may have certain advantages over some plain views on dealing with some long-existing problems of sufficiency principles, but they are still faced with much more subtler problems. It is hard to find thresholds that are appropriate in all contexts.

5. Hybrid Views

In this section, I attempt to argue that it is necessary for sufficientarians to incorporate other guiding principles in dealing with actual distributive problems. Sufficientarianism cannot play a role in making policy by its own force.

Firstly, Paula Casal has showed that (A) when universal sufficiency is attained, equality still matters. And (B) when universal sufficiency cannot be attained, equality may still matter in the distribution of either noncritical benefits or the opportunity to enjoy critical benefits.

① R. Crisp, "Equality, Priority, and Compassion", *Ethics*, 2003, pp. 745-763.
② G. Sher, "Equality for Inegalitarians", *Ethics*, 2014, pp. 856-861.
③ Lin Zi, "The Leverage Approach for Sufficiency?" *Ethical Theory and Moral Practice*, 2016, pp. 1386-2820.

As for (A), we can borrow Rawls's view about fair equality of opportunity.

The priority of fair opportunity, as in the parallel case of the priority of liberty, means that we must appeal to the chances given to those with the lesser opportunity. We must hold that a wider range of more desirable alternatives is open to them than otherwise would be the case.①

With regard to (B), suppose that we need to save 10 patients in the hospital. In the first case, we only have medicine to release their pain temporarily, which cannot be used to save their lives. Intuitively, we should distributive the medicine equally. In the second case, we have enough life-saving medicine to save only 5 of 10 patients. We should give everybody an equal chance to survive (or an equal opportunity for sufficiency) under reasonable intuitions. It is valuable to secure sufficiency that we have a weighty reason to ensure each individual has an equal chance of enjoying the medicine. Therefore, equality still matters.

Secondly, I want to show that sufficientarians should also incorporate prioritarian considerations within their views in order to maintain plausibility in practice. Suppose two individuals need an operation to end some kind of serious deprivation from which they currently suffer. They both have enjoyed sufficiently good lives in the past. The first one has been barely good enough while the second one has always been extremely good. Here a sufficiency view's negative thesis implies that we do not have reasons to end deprivation of the first one in preference to the second one while the first one is worse off than the second one. There are relevant inequalities between people who have barely enough and those who have plenty. We should give priority to the first one.

On the whole, it seems more appealing to achieve balance among freedom, equality, and sufficiency which can avoid the most disastrous outcomes at a plausibly modest price than those single views. But how to construct a practicable hybrid theory? To my knowledge, there are no complete and accurate descriptions about such views so far. Here I would like to present at least two requirements that we need to obey when we attempt to construct one such view.

Firstly, we need to make the hybrid views consistent with some basic principles. For example, we need to incorporate egalitarian and prioritarian elements in appropriate places. Wherever the shift happens, we need to guarantee the basic needs of our citizens at least. The theory can deal with problems like the sharp wealth differences between rich and poor in some degree.

---

① J. Rawls, *Theory of Justice*, Harvard University Press, 1971, p. 265.

Secondly, we can employ specific thought experiments to adjust and integrate our ideas. For instance, there is a bottle of wine. Consider three possible scenarios in the following: (A) Neither the rich nor the super-rich receive the bottle of wine. (e. g. the bottle is destroyed.) (B) The super-rich receives the bottle of wine. (C) The rich receives the bottle of wine. In this case, utilitarianism would be indifferent between (B) and (C), but rank (B) and (C) above (A). Prioritarianism would rank (C), (B), and (A) in descending order. Frankfurt's version of sufficientarianism, which commits that the distribution of resources among people who already have enough does not matter, is indifferent between the three scenarios. We can see that the hybrid views that we construct can be classified clearly in the different parts if we choose the right thought experiments.

6. Concluding Remarks

In this paper, I have presented the structure of traditional sufficiency principles and the recharacterization version raised by Liam Shields. After pointing out the progression of the latest version, I tend to introduce the objections to sufficiency principles from different perspectives and I try to formalize another dimension to reject pure sufficiency view based on preceding works. At last, I elaborate the necessity and two guideline requirements to embrace hybrid views to finalize my paper. Some advocate to abandoning threshold. They propose that it can't be so important for individuals to reach such a threshold as to warrant enormous opportunity costs for others yet unimportant how far above the line they are when deciding how much to benefit them further. Some may resist abandoning thresholds altogether because they think that benefits to people below certain thresholds are particularly important. For example, certain levels of nutrition, literacy, and numeracy appear to constitute important thresholds. But Frankfurt's view at least teaches us a practical guide for living a happy and principled life—"when we have the things that we want, and these things are good enough (even if imperfect, and even if others have more), then there is nothing for us to be dissatisfied about".①

---

① See T. Mulligan, "On Harry Frankfurt's 'Equality as a Moral Ideal'", *Ethics*, 2015, pp. 1171-1173. Frankfurt once said "Suppose that a man deeply and happily loves a woman who is altogether worthy. We do not ordinarily criticize the man in such a case just because we think he might have done even better".

美学

论苏轼诗文中的飞鸿意象与生命哲思

李　芳①

【摘　要】

　　飞鸿意象是苏轼诗文中一个十分经典的素材。苏轼以"孤鸿"自喻，写出了自己在北宋政坛孤立无援的状态，同时也表明了自己不朋不党的立场和高洁孤傲的志向。在人生境界的层面上，诗人实现了对"孤鸿"的超越而化身为"冥鸿"，凭借坚定高远的志向挣脱了"孤"与"群"的纠结。这在苏轼的生命历程中主要体现在两个方面：其一是在感慨"人生如寄"的基础之上展开对生命价值的探讨，其二是兼修儒释道三家而不偏信任何一家之言。本文立足于对苏轼诗文中飞鸿意象的分析，力求结合苏轼的著作及前人的研究成果，从苏轼的经世之志、家园之思、山水之乐和生命真性等多方面剖析苏轼的人生哲学。

【关键词】

　　苏轼；飞鸿意象；经世之志；家园之思；山水之乐；生命真性

　　《说文解字》云："鸿，鹄也。从告从鸟。"鸿，也称"鸿雁"或者"大雁"。历史上，鸿雁最早被打上文化烙印是作为男子求娶女子的聘礼。原因有以下几点：其一，与其他鸟类不同，大雁本是候鸟，随着季节变化而南北迁徙，"有信"是鸿的最主要特征；其二，鸿雁逐阳气而迁，象征着女子对丈夫的追随；其三，雁群迁徙途中排列有序，象征着男女成亲之后家中长幼有序。《礼仪·士昏礼》中记载，"纳采纳吉，请期皆用雁"。鸿雁成为故人嫁娶不可缺少的一部分，即使后来鸿雁不可轻易猎取，人们也会用鸡鸭等家禽替代。汉朝时，苏武出使匈奴被单于流放北海，汉朝使者前去营救未果。后蒙他人假托鸿雁传书使得苏武顺利归汉。至此，"鸿雁"一词又自然而然成了书信的代名词，寄托着在外游子对故乡和家人的思念。"飞鸿"意象在中国历史上承载了诸多的文化含义，成为许多文人吟咏的对象。

---

　　①　作者简介：李芳，武汉大学哲学学院哲学基地班 2014 级本科生。

飞鸿对于气候的感知最为敏感，苏轼也是一样——他总能迅速而敏感地察觉到北宋的政治纷纭中的弊端。但是他从幼年接受的"奋有当世志"的思想和教育不允许他在政治斗争中见风使舵，而只能做百姓利益的代言人。因此，尽管后来被拥护为"蜀党"的领袖，但当"蜀党"当道时，他在政治上却依然是一只游离于党争之外的孤鸿。不论是异党得势还是友党当政，他始终都是不被政局所喜爱的。勒名于石，使其本人及其子孙永远不得为官、不得与皇室子女通婚。千秋万代永受屈辱、永志不忘。这乃是"元祐党人碑"刻立者的初衷。现在看来，他们的初衷只应验了一半——这些人大多数成了被人们称颂的永志不忘之人！苏轼为"元祐党人碑"309 人之首。有宋以来，不仅苏轼的诗文及书画作品成为人们竞相模仿和研究的对象，就连苏轼的人生也成为学者们研究和赞颂的题材。

老子曾言："天地不仁，以万物为刍狗。"夕去朝来，人生不满百，在天地看来，我们和草木虫鱼皆是一样的匆匆过客而已。由此看来，决定我们人生轨迹的，除了自己的人生态度之外别无其他。道家主张清静无为、顺应自然；儒家主张"立德、立功、立言"；佛教主张超出尘外、寻求解脱……芸芸众生各有杰度，我们不能简单地臧否其消极或是积极。而苏轼则始终将自己视作一只翱翔于天地间的"鸿"——言其所欲言，游其所欲游，为其所欲为。虽然他身边时常有很多的追随者和拥护者，但于他内心而言，更多的时候他是一只孤鸿。本文试图在研究苏轼诗文中的飞鸿意象的基础上多方面剖析苏轼的人生哲学。

值得注意的是，苏轼一生著述颇丰，仅其诗集中涉及"鸿"者便有 40 余处，并不是所有含有"鸿"的诗句都能以其人生作解，有些诗句中的"鸿"意指宾客，有的意为大，有的则是形容奔马的矫健身姿，不可一概而论，还应具体情况具体分析。以上现象暂且不论，本文中只分析那些与苏轼的人生哲思有关的诗文，读者亦不可牵强附会。

一、"孤鸿"与经世之志

苏轼为文，善用譬喻。嘉祐六年(公元 1061 年)，他在和弟子由的诗中写道："人生到处知何似？应似飞鸿踏雪泥。泥上偶然留指爪，鸿飞那复计东西。"①"雪泥指爪"的名喻有着多重含义：其一，如飞鸿展翅，一去杳然而不知其所踪，诗人初入仕途，对未来心存迷惘。其二，鸿飞千里，目前所有的迷惘和困境都不过是漫漫旅途留下的一点印记而已。如此想来，未来总有希望，迷惘也一扫而光。这便体现了诗人乐观豁达的胸襟。这首诗也打开了苏轼鸿喻人生的新大门——在此后的生涯中，苏轼创作了诸多诗文，其中很多含有"鸿"这一意象。这些诗文大多作于熙宁四年(公元 1071 年)至元祐三年(公元 1088 年)之

---

① 《和渑池子由怀旧》，载《苏轼诗集》(卷三)，中华书局 1982 年版，第 96 页。

间，这段时间基本囊括了苏轼的整个中年时代，同时也是苏轼仕途上最重要的、北宋党争最严重的时代。

一代"狂狷"之士阮籍曾有诗："孤鸿号外野，翔鸟鸣北林。"不甘为有世者所用而违逆本性，又欲避乱世之祸，阮籍只能在驱车至郊外放声大哭。唐朝名相张九龄被贬荆州时曾作《感遇》十二首以抒胸臆。他在组诗之四中将自己比作从海上而来、不敢随意择地栖息的孤鸿，将政敌比作栖于高树、羽毛艳丽的翡翠鸟。翡翠鸟看似身居高位实则岌岌可危，孤鸿看似落魄却因心存高志而能得以保全。苏轼不欲做阮籍之流，而欲效仿前代先贤。他将自己的鸿鹄之志和所思所感全都化作洋洋洒洒的诗文，以民之口传于当世。也正是因为这样，他才无法做到明哲保身，致使宦海几经沉浮。"乌台诗案"后，与他关系十分亲厚的子由、黄鲁直等人都曾劝他少作诗。而苏轼本人虽不乏"平生文字为吾累，此去声名不厌低①"之类的"大彻大悟"之语，但在内心深处仍然有一个声音告诉他："如蝇在食，吐之方快。"他不屑于做迎合燕雀鼹鼠之流的弄权者，而要做预报时代兴衰的孤鸿，用自己的才思警示当权者，为生民立命。

"乌台诗案"牵连甚广，连驸马王诜都不能幸免于难，苏轼本人更是被下狱 103 日。此后，他有幸不死却被贬谪到了偏远的黄州。寓居黄州时期，苏轼的"孤鸿"之感最为明显。定慧院的缺月疏桐勾起了诗人的无限思绪，他写下"谁见幽人独往来，缥缈孤鸿影……拣尽寒枝不肯栖，寂寞沙洲冷"。② 这首词表面上看来在写鸿雁，而更深层次则是作者的自况。他以"孤鸿"喻"幽人"，表达了自己高洁孤傲的志向；孤鸿不肯随意地择一树枝栖息，诗人虽历经坎坷磨难却也依然不肯屈服于现实。对志向高洁的诗人来说，困厄与悲戚总是暂时的。一缕清风、一抹微云、一项民俗都能使他一扫颓唐之感。在赠张偓佺的词中，他说："长记平山堂上，欹枕江南烟雨，渺渺没孤鸿……一点浩然气，千里快哉风。"③面对良辰美景，诗人心中畅快淋漓，便提笔塑造了一个洒脱、充满浩然之气、冯虚御风的孤鸿形象。孤鸿的内心并不寂寞，诗人的得意与满足也随着诗文传到了远方的朋友手中。

孟子曾提出"养吾浩然之气"的概念，自此以后的文人纷纷以此来要求和约束自己，少有大志的苏轼同样以自己的人生实践为这一准则做出了完美的脚注。论及苏轼的文化性格及其人生哲学就不可以不提到"气"这一概念。孟子言"气"是人生最强大的道德动力，人皆有气，就如人人都有怜悯之心一样，但是只有善养气者才能达到使其"至大至刚""充塞于天地之间"的境界。善养气者，会通过不断地提高自己的仁义和道德修养来滋养气并使

---

① 《十二月二十八日，蒙恩泽授检校水部员外郎黄州团练副使，复用前韵二首》，载《苏轼诗集》（卷十九），中华书局 1982 年版，第 1005 页。

② 《卜算子（黄州定慧院寓居作）》，载《苏轼词》，人民文学出版社 2012 年版，第 104 页。

③ 《水调歌头·黄州快哉亭赠张偓佺》，载《苏轼词》，人民文学出版社 2012 年版，第 182 页。

其不断地发扬壮大；不善养气者，则会因为道德和仁义的亏损而不断损害它而使它最终消逝。苏轼终其一生以鸿自喻，不断以高远的目标勉励自己，不论身处何种境地都不以折损自己的品格为代价来换取名利等身外之物。高官厚禄不是诗人最终的追求，"致君尧舜"才是诗人入仕的目的。他一方面深刻地认识到了"人生识字忧患始"①的困厄，另一方面又做好了必要时牺牲自己的生命去做"忘躯犯颜之士"②的准备。正是这种至大至刚之气使苏轼在生前身后都享有至高的名望。

所谓曲高和寡，若一个人的才华和品德都高于同时代的其他人，这个人必定是孤单的。为了不断地勉励自己、坚守心中的底线和准则，这一类人都需要找一个精神寄托。范仲淹在《岳阳楼记》中说："微斯人，吾谁与归？"把古代的仁人志士作为自己的楷模。而苏轼则以"孤鸿"为榜样，时刻警醒自己，保持高洁的志向，使自己远离泥淖。

二、"归鸿"与家园之思

苏轼既以鸿自喻，自然就免不了要受迁徙之苦。"有如社燕与秋鸿，相逢未稳还相送。"③秋鸿社燕的归期总是由季候所掌控，因此可以预见；诗人送别友人，却不知归期几何。对人生无常的感叹与寂寥之情溢于言表。"人似秋鸿有来信，事如春梦了无痕。"④尽管世事无常，好在还可以和零落天涯的密友们时时书信联系，这能便令诗人稍感宽慰。不论怎么述说，那些或深或浅的经历，在事过之后却像一场春梦一样了无痕迹。如果说外界的慰藉是治标之药，那么内心的信念则是治本之方。苏轼一生漂泊辗转，他知自己不可有"秋鸿"一样规律安定的生活，有生之年所到之处都是因缘际会。这浩荡天地，无一处不是飞鸿的家、不是诗人的家。

苏轼本是蜀民（今四川眉县人），他也热爱他的故乡，在许多作品里寄寓了他对故乡的真切思念和毫无保留的赞美。苏轼谪居海南时已年过花甲，明知归去之期未可期，还是写下了"故山不可到，飞梦隔五岭。"⑤"试登绝顶望乡国，江南江北青山多。"⑥等诗句。故乡山迢水远，几乎连梦都冲不过这重重阻隔；登上高山之巅想要眺望一下故乡，但无数重青

---

① 《石苍舒醉墨堂》，载《苏轼诗集》（卷六），中华书局1982年版，第235页。

② 《上神宗皇帝书》，载《苏轼诗集》（卷二十五），中华书局1982年版，第741页。

③ 《送陈睦知潭州》，载《苏轼诗集》（卷二十七），中华书局1982年版，第1427页。

④ 《正月二十日，与潘郭二生出郊寻春，忽记去年是日同至女王城作诗，乃和前韵》，载《苏轼诗集》（卷二十一），中华书局1982年版，第1105页。

⑤ 《和陶杂诗十一首》之二，载《苏轼诗集》（卷四十一），中华书局1982年版，第2249页。

⑥ 《游金山寺》，载《苏轼诗集》（卷七），中华书局1982年版，第307页。

山阻挡了诗人的目光。思念故乡的时候，诗人想要化作"归鸿"①或是"北向鸿"②，以便飞跃这连绵的山岭，去看那故山、故水与故人。他的乡愁乡思深沉实如每一个在外的游子一样。不同的是，苏轼对故乡的热爱与思念只是一种情怀，而并不是一种执念。建中靖国元年（公元1101年）八月二十四日，苏轼于北归途中逝世。为给家人减轻负担，他留下遗嘱葬其于汝州郏城县（今河南郏县）。他并没有要求落叶归根、魂归故里——他是一只寄寓于天地、四海为家的飞鸿。

不仅是死后，在苏轼生前，他也是一个四海为家者。熙宁四年（公元1071年），苏轼不堪忍受朝堂纠纷自乞外放，初到杭州，他便有诗云："前生我已到杭州，到处长如到旧游。"③并在与朋友的书信中详述自己对杭州的熟悉之感。后来又有诗："居杭积五岁，自意本杭人。"④元丰四年（公元1081年），苏轼居黄州，在致赵昶的信中，有"一如本是黄州人"⑤之语，他俨然已经把自己当作黄州人士了。绍圣元年（公元1094年），苏轼再遭贬谪至惠州，曾写诗："仿佛曾游岂梦中，欣然鸡犬识新丰。"⑥元符三年（公元1100年），苏轼蒙赦北归，临别时却有感："我本海南民，寄生西蜀州。忽然跨海去，譬如事远游。"⑦偏远如惠州、儋州之地，一般人是轻易不想来，一旦不得已来了就思忖着如何早早脱身。苏轼却一反常态，一到这些地方就倍感亲切，还觉得自己本来就是当地人，遵其俗，贵其人，脱掉官服便和百姓一处为乐。不难想起，苏轼初到惠州时，面对气候潮湿不宜居住且政敌屡屡刁难的境况，苏轼仍自慰"日啖荔枝三百颗，不辞长作岭南人"。⑧由于类似的诗句透露出诗人愉快的心境而使诗人再遭贬谪乃是后话，暂且不提。在赴任途中，苏轼顺道拜访过许多地方，诸如常州等地，都曾一度让苏轼萌生出建房久居的念头。一则是有友人相伴，精神上无孤独之感；二则是苏轼拟把他乡当故乡，有一颗四海为家的心。苏轼对这些地方的"故地重游之感"，并不全是出自失意文人的自我排遣，而当有更多的深情。每至一地，苏轼必游山玩水。同游者有僧有俗、有道有儒，可以是同僚旧友，也可以是当地百姓。对山水的喜爱是镂刻在苏轼的骨子里的——在他看来，故乡眉山和繁华帝京固然可

---

① 《惠崇春江晚景二首》之二，载《苏轼诗集》（卷二十六），中华书局1982年版，第1401页。"两两归鸿欲破群，依依还似北归人。"

② 《常润道中有怀钱塘寄述古五首》之三，载《苏轼诗集》（卷十一），中华书局1982年版，第553页。"何人织得相思字，寄与江边北向鸿。"

③ 《和张子野见寄三绝句》之一，载《苏轼诗集》（卷十三），中华书局1982年版，第652页。

④ 《送襄阳从事李友谅归钱塘》，载《苏轼诗集》（卷三十六），中华书局1982年版，第1960页。

⑤ 《与赵晖之四首》之三，载《苏轼文集》（卷五十七），中华书局1986年版，第1711页。

⑥ 《十月二日初到惠州》，载《苏轼诗集》（卷三十八），中华书局1982年版，第2071页。

⑦ 《别海南黎民表》，载《苏轼诗集》（卷四十三），中华书局1982年版，第2362页。

⑧ 《食荔支二首》之二，载《苏轼诗集》，中华书局1982年版，第2142页。

爱，而黄州、惠州甚至是儋州亦有其可爱之处。这些地方鲜有人涉足，更增添了冶游的乐趣。每游一处，苏轼又必然以文记之。这些文章里除了山水之乐以外，也含有许多作者的人生感悟。若只是游山玩水，便不足以体现苏轼的深情。苏轼所到之处，百姓敬之爱之颂之。在杭州，他主持疏浚西湖，解决了当地居民的饮水问题，为今日的西湖景观作出了巨大贡献；在徐州，苏轼和百姓一起抵抗洪水，亲自到堤坝上监工，与百姓共存亡，最后还修建黄楼以求徐州再无水患；在黄州，从本地人口中得闻当地溺杀婴儿的风俗后便向鄂州太守朱寿康上书请求救助婴儿并自己带头捐钱哺育这些婴孩；在旱年，苏轼为替百姓求丰收多次写祈雨文……足迹所至，他都献上满腔的热血、激情与爱，都以全身心的投入来回报这一方土地及土地上的人民对他的信赖与爱戴。

他主张"古之君子不必仕，不必不仕。必仕则忘其身，必不仕则忘其君"。① "学而优则仕"是诸多读书人旷日持久的理念，因此很多人甚至认为入仕是检验读书人成果的最高标准，也是读书人的最终目的，苏轼的这番论调显然是有悖伦常。更何况，忠君忠国是人之本分，不论仕或不仕，又岂能忘其君？此言也因此成为政敌诟病苏轼的一大把柄。实则，苏轼此番论调只是对古人观点的一种总结，并不能算他之过。至于其忘君的说法更是与范仲淹"居庙堂之高则忧其民，处江湖之远则忧其君"的说法异曲同工。以此观之，苏轼之言不无道理。而他更是以自己的亲身实践来证实了这一点。他不仅把这些贬谪之乡视作了自己的故乡，同时也把它们当作自己建功立业、为百姓谋福祉的实践场所。他在评价自己时说："心如已灰之木，身似不系之舟。问汝平生功业，黄州惠州儋州。"②他把自己当作这片土地上土生土长的一员，才能切身地体会到百姓所求，才能真正做好守护着一方水土的父母官。他将自己看作一只"塞鸿"③，护卫一方安宁。他对这些他乡之故乡，不可谓是爱得不深沉。

羁旅乡愁，总是文人墨客写不尽的题材，同时也是他们为自己编织的一座牢笼。他乡异客，乐时则生不可与亲友道之思，忧时则生茕茕孑立、形影相吊之感；荣时则生衣锦还乡之盼，辱时则生无颜见江东父老之叹。是故，乐忧荣辱皆不足以为愉。豁达如苏轼者，便视自己入一只翱翔于天地之间的鸿，随季候迁徙流离，以天地为家，所到之处不论故乡或是他乡都只是暂时的栖身之所，归与不归并无甚大的区别，因此便懂得入乡随俗、四海为家之道。

---

① 《灵壁张氏园亭记》，载《苏轼文集》（卷十一），中华书局 1986 年版，第 369 页。
② 《自题金山画像》，载《苏轼诗集》（卷四十八），中华书局 1982 年版，第 2641 页。
③ 《次韵孙巨源寄涟水李、盛二著作并以见寄五绝》，载《苏轼诗集》（卷十二），中华书局 1982 年版，第 596 页。"山公虽见无多子，社燕何由恋塞鸿。"

三、"惊鸿"与山水之乐

风流才子爱写"惊鸿",多用它轻盈蹁跹的姿态来喻佳人之美。苏轼写"惊鸿"则更关注其形体以外的东西,体悟到了"孤鸿"这一意象的精神层面的意义,将着眼点放在"惊"上面,将自身经历、感悟与之融为一体并以此入文。这一方面得益于苏轼本人对生活的敏锐发现和仔细观察;另一方面则是源于苏轼本人的飘零身世和人生体验。因为坚持己见,苏轼的仕途与人生大起大落。一贬再贬,加之年龄不断增长,苏轼也渐渐领会到大丈夫光凭一腔热血不足以实现理想,为官之道远比自己想象的要复杂。"若共吴王斗百草,使君未敢借惊鸿。"[1]仕途波折的诗人虽以积极的态度勉励友人不断奋力上进,而自己却已生"惊鸿"之感,渐渐地将在朝堂不能实现的理想和抱负转移到山水之间。

谪居黄州五年,苏东坡对自己的前半生进行了反思,感到了对仕途的无力,也因此更加钟情于山水。在此期间,他的诗文也颇含哲理,是最能体现他的山水之乐的部分。他在《临皋闲题》中写道:"江水风月,本无常主,闲者便是主人。"有人说他以"闲者"自居,体现的是一种对仕途失意的自我消解,是对壮志难酬、身遭贬谪的牢骚。在我看来,这更是一种历经生死之后的放达与洒脱。功名利禄如过眼云烟,总是不能牢牢地把握住,稍不留神还会被卷到斗争的中心而危及生命。"惟江上之清风,与山间之明月,耳得之而为声,目遇之而成色,取之无禁,用之不竭。"[2]或许如友人所说,人生渺渺,在浩荡的天地之间只不过如一蜉蝣而已;更何况人生短暂,相对于历史的长河来说也不过须臾。但苏轼告诉我们万不可因此而自轻自贱,因为万物都有消长,若大而观之,不论长短都只是须臾;若小而观之,我们拥有的此刻便是永恒。能为一时江山风月之主人,得遇一时之美景,这便足够幸运了。在《记承天寺夜游》一文中,苏轼写道:"何夜无月?何处无竹柏?但少闲人如吾两人者耳。"[3]贬谪岁月多生闲情逸致,与怀民夜游承天寺亦能发现别人所未能发现的美景。做一闲人又何妨?我们拥有这一方别人未能欣赏的美景,总归是能够发现新的乐趣的。"山高月小,水落石出。曾日月之几何,而江山不可复识矣。"[4]经纶世务者虽常言社稷江山,然而于他们而言,社稷为重,江山为轻。换言之,政客更重人事而轻自然,他们兀兀穷年去争得一时的名和利,江山不过是承载他们春秋大梦的一个载体而已。唯有闲者能从自然之中悟出永恒之道。日升月落,潮起潮落,日月长久又如何呢?千万年之后,人

---

① 《次韵王忠玉游虎丘》,载《苏轼诗集》(卷三十一),中华书局1982年版,第1663页。
② 《赤壁赋》,载《苏轼文集》(卷一),中华书局1986年版,第5页。
③ 《记承天寺夜游》,载《苏轼文集》(卷七十一),中华书局1986年版,第2260页。
④ 《后赤壁赋》,载《苏轼文集》(卷一),中华书局1986年版,第8页。

们所见的江山是否还是眼前所见的江山呢？在这不息的轮回变换之中，那些眼前的功名利禄并不能长久地存在，而那些为博得这些浮华而滋生出的事端也只能徒惹后人唏嘘罢了。如此想来，倒不如舍弃纷争、"任性"地做这一时自然之主。

放则放矣，倘若苏轼一开始是这种心态，那倒也没什么好赞扬的，最多也不过是落一个"天性使然"的评价而已。但是苏轼的这种心态是在生死劫余历经挣扎、纠结之后的产物，是一笔宝贵的精神财富，因而才更值得研究。元丰七年（公元 1084 年）苏轼由黄州迁至汝州，途经九江时与好友共游庐山，有"横看成岭侧成峰，远近高低各不同。不识庐山真面目，只缘身在此山中"①的感慨。这大概是暴风雨过后，诗人回首之前的大变而做出的最好的总结。大凡人看事与物，不论是山水还是人生，都挣脱不开以自己为中心这一点。也许为了认识到真理，经过高低远近的迂回，从不同的角度去探索过，但身在此山，便困在此山。要真正做到"惆怅东栏二株雪，人生看得几清明"②的大彻大悟，只有在重重磨难之后，被时光拉远了来看。身陷纷争之中，便对事情发展的走向看得不那么真切明朗。由此可见，苏轼在黄州期间能够超脱出贬谪的困境去静观江山风月确实不易。他在《书临皋亭》中也说："当是时，若有思而无所思，以受万物之备，惭愧惭愧。"③在他为登山临水、亲于自然而感到快乐之时，醉与醒之间，他还是会为自己没有达成"致君尧舜"的人生目标而感到沮丧和失意，会为自己醉情山水而感到惭愧和无奈。元丰三年（公元 1080 年），苏轼夜饮东坡后归来，敲门却无人应答，只能听见屋外江水奔流的声音和家童如雷的鼾声。为此，诗人感慨："长恨此身非我有，何时忘却营营？夜阑风静縠纹平。小舟从此逝，江海寄余生。"④可惜诗人胸中有丘壑，自然不可如家童一般酣眠。犹记得当年苏轼被下狱 103 天，在吕惠卿等人的挑唆下，宋哲宗对苏轼摇摆在杀与不杀这两个念头中间。一日，宋哲宗派遣一名内侍去牢房刺探苏轼，不料苏轼却毫不在意，甚至鼾声大作。哲宗因此断定苏轼心中清明无愧，这也是苏轼能逃脱死罪的一个重要原因。但是这场大祸之后，亲友也为自己所累，自己已然被贬，在进与退之间成千上万次的纠结，他又如何能睡得踏实呢？一念及此，还不如驾一叶扁舟去做这无主自然的主人。

苏轼的山水之乐，并不是天性使然，而是随着人生经验和阅历的增长而不断演变成形的。仕途失意之后，有人在酒瓮中买醉，有人在山水中买醉。幸而苏轼心中虽生"惊鸿"之感，却始终保留着"孤鸿"的大志，即使饮酒酿酒也都只是将其当作生活的一点调剂而浅尝辄止，能在山水中悟出人生真谛而不迷失，故此才能颖达坚韧。否则我们便看不到这么多

---

① 《题西林壁》，载《苏轼诗集》（卷二十三），中华书局 1982 年版，第 1219 页。
② 《和孔密州五绝》之三，载《苏轼诗集》（卷十五），中华书局 1982 年版，第 730 页。
③ 《书临皋亭》，载《苏轼文集》（卷七十一），中华书局 1986 年版，第 2278 页。
④ 《临江仙·夜归临皋》，载《苏轼词》，人民文学出版社 2012 年版，第 172 页。

优秀的诗文，而中国文学史上也少了一个可爱的人。

四、"冥鸿"与生命真性

"苏氏之道，最深于性命自得之际。"①这是秦少游曾经在给傅彬老的信中对苏轼的人生观的评价，也被看作对苏轼的人生之道概括最为恳切的言论。人生一世，草木一秋。人从出生的那一刻起便已经在向着死亡迈出脚步，即使这并不是出自本意，时间也会推着我们向前。从此岸到彼岸，再长也不过百年。这与恒久不变的天地相比，不过是朝夕甚至倏忽而已。即便是万物都逃脱不了生老病死的至高法则，但以飞鸿而观之，便能有更高更广阔的视角。在这个层面上，诗人便不再拘泥于"孤鸿"这一意象，而塑造出了代表更高境界的"冥鸿"意象。"冥鸿"意指飞向高空的鸿。在《题永叔会老堂》中苏轼曾有言："自顾缨尘犹未濯，九霄终日羡冥鸿。"②在此既可以看作作者对欧阳修的溢美之词，另一方面也可以看作诗人胸臆的自我抒发。"孤鸿"虽心怀大志但仍然摆脱不了因"孤"与"群"这一问题而产生的纠结与郁闷，"冥鸿"则凭借自己内心坚定高远的志向完全挣脱了这些凡俗的桎梏而更加洒脱与无畏。最能诠释"冥鸿"意象、体现苏轼的生命真性的便是"人生如寄"。

"人生如寄"的感慨，并不是苏轼首创。早在《古诗十九首》以及曹植的诗文中就曾有类似的话语。自汉至唐，面对天地之大，感慨人生短暂，吟咏"人生如寄"的文人不在少数。但是他们都更侧重于以人生短暂为出发点来抒发人生无常、郁郁不得志的慨叹，说人生如朝露，坦言人在天地面前的无力感。而苏轼却是在前人的基础上，增添了一丝积极的劝解与宽慰。"吾生如寄尔，何者为祸福。不如两相忘，昨梦那可逐。"③既然人生已经如此短暂，那么什么是祸什么是福又怎么说得清楚呢？我们又何必对如烟云一样的过去斤斤计较、耿耿于怀呢？"吾生如寄尔，何者为吾庐？"④仕途不畅不假，辗转流离也是真。但既然人生短暂，那么到底哪里是我真正的栖息之所呢？是灵魂感到自由的地方还是形体暂时寓居的地方呢？"吾生如寄尔，岭海亦闲游。"⑤光阴逆旅，我们来这人世走一遭，都不过是匆匆过客而已，那么放逐岭南又如何？不过是让我多游了一个地方、多收获了一份人生体验而已！不仅诗如此，在苏轼的词与文中，也常常会有类似的句读出现。在《赤壁赋》

---

① 《答傅彬老简》，载《淮海集笺注》（卷三十），上海古籍出版社 1994 年版，第 981 页。
② 《题永叔会老堂》，载《苏轼诗集》（卷四十七），中华书局 1982 年版，第 2523 页。
③ 《和王晋卿》，载《苏轼诗集》（卷二十七），中华书局 1982 年版，第 1422 页。
④ 《和拟陶古九首》，载《苏轼诗集》（卷四十一），中华书局 1982 年版，第 2260 页。
⑤ 《郁孤台》，载《苏轼诗集》（卷三十八），中华书局 1982 年版，第 2053 页。

中，以友人的口吻说出："寄蜉蝣于天地，渺沧海之一粟。哀吾生之须臾，羡长江之无穷。"①人生天地间，渺小如蜉蝣、如粟米，只能白白地羡慕无穷无尽、昼夜奔涌不息的长江。这难道不也正是诗人自己心中矛盾与纠结的体现吗？然而，苏轼却忽然话锋一转，正色道："客亦知夫水与月乎？逝者如斯，而未尝往也；盈虚者如彼，而卒莫消长也。盖将自其变者而观之，则天地曾不能以一瞬；自其不变者而观之，则物与我皆无尽也，而又何羡乎！"②奔流不息的大河，其实河水并没有真正的流逝；我们看见月亮有圆有缺，但是月亮本身其实并没有什么变化。若从变化的角度来看，天地也是时时刻刻在变化的，没有一刻是永远停滞的，但若从不变的角度来看，我们其实和这天地一样是无穷无尽的。那么天地和大江又有什么可值得我们羡慕的呢？正在读者还在为前文感到悲戚的时候，诗人忽然送来清风明月，令人豁然开朗。时光短暂并不可怕，毕竟造物主给我们每个人的时间都是差不多的。虽然长度已然如此，但是好在我们还可以把握生命的厚度。如此想来，便也不再郁结于心了。

"冥鸿"不受凡尘俗世的约束，"人生如寄"的感悟与辩证态度只是其中一方面，另一个重要的方面在于他涉猎儒释道三家学问却不偏信于某一家之言、能独出机杼地利用自己所学所悟处理好生命的各个方面。可以说"三家合一"并不是苏轼人生哲学的终点，而是他人生哲学的出发点。在出世与入世之间，苏轼基本上坚持了儒家积极向上的观点。从少年时他便以范滂为榜样，后来科场高中、为官数十年，更是为了百姓生计屡次直言上谏，甚至不惜以身犯险、触怒当权派。为一方父母官，便尽一日父母责。而在颐养性情方面，苏轼则更多地偏向佛教和道家的观点。他曾研究如何炼制金丹并把从道人那里得来的方子传给自己的弟弟子由及其他好友，但苏轼的目的也不在于追求长生不死，只是在于养生而已。同样，晚年的苏轼为了使自己感到更轻松而研习瑜伽之术，并带领侍妾朝云一起练习。苏轼自行钻研出了一套通过吞咽唾液来养生的方法，在给弟弟子由的信中颇以此自得并将此法传授于他。苏轼学习这些，但并不以此为执念，而是十分得体地浅尝辄止。在笔者看来，他对丹药瑜伽的喜爱，和他对酒与游的喜爱并无二致——这都只是他拓展生命宽度、增加生命乐趣的方法罢了。

苏轼一生好与人交游，交游对象亦十分广泛，其中不乏道人和僧侣。在各类传说、野史以及诗文中与苏轼留下诸多佳话的佛印自不必说，他机智而富有才情，面对苏轼的"刁难"总是能够应对自如，甚至有时还能在和苏轼的唇舌交锋中占据上风。因而喜欢苏轼的人也大多对这位可爱而不羁的方外之士有所了解。除此之外，维琳长老、僧人参寥、神奇

---

① 《赤壁赋》，载《苏轼文集》(卷一)，中华书局1986年版，第5页。
② 《赤壁赋》，载《苏轼文集》(卷一)，中华书局1986年版，第5页。

道士吴复古等都是一生与苏轼关系甚密之人。这些人淡泊名利，在苏轼风生水起之时，他们并不依附，反而在苏轼落难时给予陪伴和支持。苏轼与他们往来，不必顾及朝野之事，而是专研志趣所在，自然是轻松自在的。苏轼经常同他们探讨佛经义理和黄老之术，与他们一道寻访古刹名寺和深山道观，但是却从未真正皈依于其中任何一派。去世前三年，苏轼曾写诗表明自己的态度："仙山与佛国，终恐无是处。"①直言自己认为这些仙山佛国之类的东西乃是虚无缥缈的，他自然也不会致力于追求这些虚幻的东西。直至大限来临，维琳仍想劝他皈依，可是弥留之际的苏轼还是拒绝了他。以"冥鸿"自勉，给了他足够的旷达与洒脱，因此他才对这些佛老之言看得透彻真切，即使面对生死大限的问题也不轻易以此为牢笼来束缚自己、不偏信任何一家之言，只把他们作为陶冶性情的辅助之法。

由此看来，在兼修儒释道三家的基础上，苏轼"忽然如寄"的人生慨叹是对前人的继承和超越，而这种超越的实现最终则归结于苏轼以"冥鸿"自勉，不愿受世俗桎梏的人格。

五、结　语

苏轼一生大起大落，备及荣辱。为官之路或许不足为道，他最为人称道的还是他留下的万千著述以及他应对人生各种问题时潇洒达观的态度。他学识渊博，成为继欧阳修之后的北宋文坛执牛耳者；他挥笔成文，上及天子下及布衣，无一人不喜读东坡之文。或许正是如此才让人心生忌惮，导致他仕途不顺。但是苏轼在曲折的官宦生涯中，沾染了更多的烟火气息，更精益了他的人生哲思，成了更为人所喜爱的苏东坡。对苏轼而言，飞鸿是时代盛衰利弊的预报使者，是民生大计的仗义执言者，更是一种不拘泥于人世俗务、洒脱应对人生变故与风浪的象征。他以飞鸿来勉励和劝诫自己，无论身处如何跌宕起伏之中都不忘记自己的初心。即使做不到在庙堂之上"致君尧舜"，也要在江湖之野为民安身立命。他没有成为历史上的一代名相，很少因政绩为后人所称道，但是"苏东坡"的名号却深入民心。寓居贬所，重重困境，苏轼寄情山水、研习佛老之术、与一众志趣相投之友彼此唱和。他热爱所到的每一个地方，并把他们当作自己的家乡，与乡民相处融洽；他热爱每一个角落的山水，用真诚的语言去赞美它们。宏观地把控人生，他并不否认人生短暂，却也不赞成及时行乐或向宗教遁逃，而是主张用积极向上的态度去看待人生路上的风雨、利用有限的生命长度去做更多有意义的事情。

苏轼诗文中的"飞鸿"意象有各种变体，时而是志向高远的"孤鸿"，时而是超越洒脱的"冥鸿""高鸿"，时而是不堪受政局纷扰的"惊鸿"……变体虽多，却相互联系。他以飞

---

① 《和陶神释》，载《苏轼诗集》（卷四十二），中华书局1982年版，第2307页。

鸿自喻，在人生观上实现了对前人的超越，以更积极的态度来应对，所以他才能在面对贬谪时不自怨自艾、怨天尤人，反而毫无保留地热爱当地的自然风光和风俗人情，真正地融入当地百姓的生活。同时，他的家园之思和山水之乐使他摒弃了部分消极的观念，因而在生活中感受到了更多真切的快乐、收获到了许多在京在朝收获不到的经验，这些对诗人的身心起到了极大的抚慰作用，令诗人更为豁达乐观，成了诗人生命真性中不可缺少的一部分。

论 上 瘾

——从哲学层面的反思

吴 凡[①]

【摘 要】

本文将由词源分析引入"上瘾"这一概念，并通过与杜威的习惯概念进行对比的方法，对上瘾的概念进行分析和澄清，得到上瘾具有第二性、发展性、行为的无规律反复性、负面价值性、开放性等基本特点，涉及对瘾品的单纯的、强烈的欲望以及自我控制能力的减弱。同时，笔者将基于对上瘾的特点的分析，考察其与自由意志的关系，得出上瘾对自由意志并不构成挑战这一结论，以更好地理解上瘾这一状态在哲学领域的内涵。

【关键词】

上瘾；习惯；欲望；理性；自由意志

主体的行为往往是一个历时或长或短的、内在的选择性过程的结果，比如晚餐做好前，就已经知道去做哪道菜，而这道菜是烹饪者在自己已知的所有菜品中挑选出来的、想做或想吃的一道。这一选择过程，通常是有理性参与的权衡过程。当一些行为具有反复的特征，但有时会表现出不完全受主体理性的控制，或是欲望的程度过高的特点，并且不是规律地、在特定场合下发生反复，甚至会对主体自身和社会产生危害性时——比如时刻想玩电子游戏、饮酒、吸毒等——这类状态，通常会被称为"上瘾"。

现有的对上瘾这一状态的研究，更多存在于心理学、社会学和医学等领域。安纳贾赫国立大学教授 Jawad Fatayer 将上瘾定义为对瘾品的变态的爱，[②] 巴比什-波雅依大学教授

---

① 作者简介：吴凡，武汉大学弘毅学堂 2019 级本科生。

② Jawad Fatayer, "Addiction Types：A Clinical Sociology Perspective", *Journal of Applied Social Science*, 2008, 2.

Ion Copoeru 将其定义为精神与身体上的疾病状态。① 同时，因为上瘾涉及的行为模式具有复杂性，相关的理论、定义、模型等较为丰富，单是依照社会心理学领域的理论，便可得到基于精神分析、行为主义、社会学系、认知主义等不同的路径的不同阐释，这也体现出对上瘾的研究是一个需要跨学科的课题。② 然而，在哲学领域，对上瘾的概念研究与相关文献尚不充分，其概念仍没有得到明确的澄清。基于此，本文将区别于其他学科路径，从哲学层面对上瘾这一概念进行探究，由对"上瘾"的词源研究切入，通过与杜威的"习惯"观念进行比较的概念辨析方法，分析上瘾本身的内涵，并探讨其与自由意志的关系，以丰富对于上瘾的哲学性研究，为看待上瘾提供更多元的视角。

一、对上瘾的词源分析

在对上瘾进行深入研究之前，笔者拟先从词源学的角度认识"上瘾"一词，以期获得更多启发。

古希腊罗马时期，奴隶的主要来源就是战俘。人们常常将战俘作为奴隶分配给战士，或卖给其他人。拉丁语中，这种成为奴隶的战俘就被称为 addictus——addicere 的过去分词形式。Addicere 由前缀 ad-(表示"去")和词根 dict-(表示"说，宣布")构成，字面意思为"待发落的，待分配的"。而上瘾，即 addiction，便由词根 addict 演化而来；addict 即来自拉丁语中的 addictus。后来采用其引申意义，用来表达"对某种事物或行为，即瘾品，上瘾、产生依赖性的人"，其派生出的名词 addiction，即指这种上瘾状态。

由此可见，从语词释义的角度出发：(1)上瘾是一种状态。(2)"上瘾"一词由"奴隶；被奴役"等含义引申而来。这就暗示了上瘾和被奴役之间有某种相似性——上瘾者对瘾品产生依赖性这一叙述，③ 在某种程度上可以理解为上瘾者被瘾品奴役，成了瘾品的奴隶。而"奴隶"一词，通常指这样一个人：他像财产一样被他者所有，没有个人自由，完全听命于其所有者，并被所有者任意驱使。如果认为上瘾指向"人成了瘾品的奴隶"，那么如果一个人对某种事物上瘾，就表明他在瘾品面前没有自主性或自制力，瘾品对他而言是具有令他难以抗拒的诱惑力的事物；人的主观能动性似乎被削弱，沉溺于对瘾品的渴求、占有的欲望中，行为完全被这种欲望支配，丧失了主体的理性判断。同时，在这种状态下，"奴

① Ion Copoeru, "Understanding Addiction: A Threefold Phenomenological Approach", *Human Studies*, 2014, 37.

② 梅松丽、张明、刘莉：《成瘾行为的心理学分析》，载《医学与社会》2006 年第 10 期。

③ Catalina E. Kopetz, Carl W Lejuez, Reinout W. Wiers, Arie W. Kruglanski, "Motivation and Self-Regulation in Addiction: A Call for Convergence", *Perspective on Psychological Science*, 2013, 8.

隶"式的关系还指向了一种身份转化，主体会从正常的、与他人处于并列地位的人，变为相对于主人地位来说的从属地位的人，即，这种关系内含了自我降低和矮化的角色特质。

同时，让我们考察与日常生活中与瘾有类似特点——对某一事物的偏好或强烈欲望——的词语，即英文中的 appetite 和中文中的癖，来更好地理解上瘾在词源学角度的内涵。

Appetite 本意为"胃口、欲望"，可以意指"欲望、爱好"，其来源于拉丁语 appetere——为某事或某物奋斗——的过去分词 appetitus，其中，词根为 pet，指示"追求"。"癖"——这里讨论的是非中医中意为两肋间的积块、指向消化不良的"癖"的含义——在《说文解字》中，被解释为"欲喜之也"。由此可见，appetite 和癖都包含了一种对某事或某物的欲望和追求。但是这种欲望和追求通常被我们称为"爱好"，而非"瘾"，二者之间似乎存有一定的不同。在下文的分析中，笔者将对这种不同进行阐述。

综上，上瘾作为词语的词源学意义已经清晰，但在哲学层面，上瘾的性质、特征以及我们界定是否上瘾时的条件仍不明确。接下来，笔者拟将上瘾同杜威的习惯概念进行比较，来分析上瘾的特征与表现，并从自由意志的角度进一步明晰上瘾的特质。

二、上瘾与杜威的习惯概念的比较

从哲学层面，通过相似概念对比的方法，把上瘾同杜威的"习惯"概念进行辨析，我们可以发现二者在第二性、发展性、开放性、行为反复性等方面的相似点，以及规律性、所产生的影响的价值判断等方面的不同点。由此，笔者将上瘾的特征归纳为：一种后天形成的具有发展性的状态，其所指向的行为有不规律的、无条件的反复性，以对瘾品单纯的、强烈的、狂热的欲望和偏好为行为动机和驱动力；通常以一种相对非理性的特征表现出来，内含自控力的削弱，会对上瘾者带来不良的影响。

(一) 为何引入"习惯"这一概念

鉴于哲学领域对上瘾的研究较少这一现状，笔者拟将上瘾与已有明确理论的相似概念进行对比，从而对"上瘾"这一概念进行澄清，使论证过程和结论更便于理解。

当我们在生活中谈及瘾时，上瘾者通常会频繁地进行其瘾所涉及的行为，如烟瘾者会经常吸烟；在一些情况下，我们却会认为有些频繁吸烟的人是"习惯"吸烟，如有人会有在焦虑时吸烟这一习惯。然而，有些被我们形容为习惯的行为，如早睡早起，却并不会被我们称为"上瘾"；有些被我们形容为上瘾的状态，如一个人有毒瘾，也不会被称为一种习惯。由此可见，上瘾和习惯并非相同的概念，但二者之间存在一定的相似点，有进行对比辨析的空间。

在《人性与行为》一书中，杜威指出，习惯是一种后天形成的、具有开放性和行为反复性的状态，习惯即是意志，由背后的目的性推动。从中可以看出，习惯具有行为反复性、非先天性等特征，这一概念已经有充分的理论框架可供支撑。所以，笔者拟将习惯作为上瘾的比较对象，通过异同点分析来刻画上瘾的内涵。

（二）上瘾与习惯之相同点

杜威在《人性与行为》一书中，对习惯的特质进行了多次阐述。从形成来看，习惯是后天获得的、第二性的。"一个人通过经验而有所改变，这种改变造成一种倾向，使在同样情况下行动更加容易、更加有效。"①杜威认为，习惯是与经验密不可分的，是在后天的经验积累中逐渐培养形成的，而不是和呼吸、排泄、喝水等一样，是我们与生俱来的；并且，随着不断地培养或强化，习惯会越发巩固——在这里，笔者将其归纳为一种发展性特征。比如，刚搬到一个地方居住时，我们往往会选择宽阔的大路，或按照路牌、导航走，但是，随着居住的时间变长，我们会更加熟悉附近的地形，会找到一些可以通往目的地的捷径，以节约时间和体力；并且，我们往后会更愿意选择这条捷径，增加从捷径通过的次数。久而久之，当我们出门时，会自然地选择捷径，而不是像一开始那样按照路牌前进。这时，走捷径的这种路径选择，就是我们形成的一种习惯，可以表述为"我习惯于走这条捷径"。

从这个例子中，我们也能够看到杜威所主张的习惯的另一种特点：它是我们的一种行为倾向，一种可以让我们在某种情境下，采取更容易、更有效的行动的倾向；并且，我们会保持这种选择倾向。也就是说，习惯包含着所涉及的行为的反复发生。

在这里，需要澄清的一点是："更容易、更有效"的特征可能会导向"更有利"这一想法，而其实不然。有利与否是对结果的评价标准，是对行为后果是否会对主体产生积极、正面的影响的判断；有效与否是对行为本身的评价标准，是对完成这一行为困难与否、行为的完成度是高是低进行判断，不涉及对行为结果的评价。二者是对行为的不同层面的描述，是不等同的。如果一个人经常加班，那么他便容易晚睡；倘若某天要求他早睡，可能会导致睡眠早于困意的产生，或是与他"还需要做其他事"等想法不符，需要付出更多的意志努力做出与高频行为相悖的行为，甚至需要自我说服或逼迫自己睡下。这时，做出早睡这一选择和顺应常态即可的晚睡相比，就会相对低效、困难，这个人便会偏向于继续晚睡，久而久之养成晚睡的习惯——显而易见的是，晚睡这一习惯对身体是有害的。所以，

① ［美］杜威：《人性与行为：社会心理学导论》，华东师范大学出版社 2019 年版，第 39 页。

习惯所指的行为是对有效的偏向，而非有利；与此同时，有效和有利的不同也说明，习惯之上并没有绝对的积极价值的限定，即，习惯有好坏之分。

反观"上瘾"这一概念，我们会发现它在第二性、发展性和反复性的层面上与习惯的相似之处。

和习惯相同，上瘾也是后天形成的，并没有科学研究表明人类遗传中有"上瘾基因"，可以让人一出生就进入"对某物上瘾"的状态；我们对世界的基本认识，也不足以让我们生来对某一事物上瘾，所谓的酒瘾、烟瘾等，都是在"已经学会喝酒""已经学会抽烟"之类的经验基础之上才可以成瘾。现在出现了一种情况，似乎可以被描述成"先天"上瘾：部分吸毒者的后代，从出生起就有毒瘾。这种情况下，新生儿的毒瘾似乎是与生俱来的，不符合第二性特征。

但是，"上瘾后天形成"中"后天"的意义，是与哲学层面中的先天禀赋——在没有任何外界干扰和经验积累的情况下，存在于人自身之中的、像"会呼吸"一样的能力——相对而言的哲学意义；而例子中"与生俱来"，并不构成与后天的对立，是符合第二性的。这种毒瘾是由于其母亲将毒素通过与胎儿的身体连接传递至胎儿体内，让新生儿在出生之前完成了"吸毒"这件事后形成的，是受到自然规律所规定的生命形成所需流程以外的外在环境影响形成的，并非是胎儿自身的先天禀赋。只不过，这里的吸毒行为是其在母体中就已经完成的，相对隐性、被动，所以可能会使一部分人将其同先天禀赋混淆。所以，这一示例不仅不能对上瘾的第二性构成挑战，反而为上瘾的第二性提供了证据。

同时，上瘾也包含了行为反复性这一特征。如果一种行为只发生了一次，比如"我今天玩了一次游戏，之后再也不想玩它了"，那么，这显然不是上瘾。当我们说一个人玩游戏上瘾时，至少在一段时间内，他会经常玩游戏、经常想玩游戏，甚至时刻不停；否则，只能说他偶尔以玩游戏的方式打发时间。并且，随着时间的推移，行为反复的频率大概率会提高，这种频率的增加代表着瘾发作的频率的增加——若在不加以阻止和控制的情况下，上瘾者的上瘾程度会逐步加深，上瘾这一状态的表现也会更加明显。即，上瘾也具有发展性的特征，我们在生活中会说一个人"瘾愈发严重"，指向的便是这一特征。

由此可见，上瘾和习惯一样，都是一种第二性的、发展性的、包含行为反复性的状态。

（三）上瘾与习惯之不同点

上文已经提到，杜威认为习惯指向这样一种状态：一个人在同样情况下，会有一种行为选择倾向，其所选行动更加容易、更加有效。① 由"同样情况下""更加"可以看出，习惯涉及的行为，是在一定情境下的多种行为选择中，由在权衡中做出、在行为反复中逐渐形成的选择倾向决定的。正因为这一过程有关于容易、有效的比较与权衡，以及对所处情境的基本认识与判断，所以这种选择是理性参与下的选择。而在上瘾的状态下，人的行为并非与特定情境相伴而行，不涉行为选择的过程，只是对瘾品单纯的、强烈的欲望，使得瘾在任何时候都有可能发作。在发作时，就算上瘾者知道这种行为是不应当的，但其理性控制力会被削弱得难以控制行为，使得上瘾具有非理性的特征。

让我们考察这样一种情形：一个人因为工作忙碌，经常会感到疲惫，于是采用吃槟榔这一方式来为自己提神，但他只在十分疲惫的时候才吃槟榔，其他状态下则不会。在这种情况下，吃槟榔这一行为不是先天的行为，也满足了行为反复性，但是，我们往往会认为"疲惫时吃槟榔"是一种习惯，而不是上瘾；同时，也存有"吃槟榔上瘾"的表述，容易让人上瘾甚至是槟榔的特征之一。

从对二者的表述出发，我们可以发现，"他吃槟榔上瘾"和"他习惯在疲惫时吃槟榔"之间有明显的区别，即有无"在疲惫时"这一对行为情境或条件的描述。在对习惯的描述中存在这一情境，意味着这种行为反复是在一定条件下才会发生的，即是一种有规律的反复；而对上瘾的表述中则没有。如果将上瘾表述为"他在疲惫时吃槟榔上瘾"，则与日常语境下的运用不相符，显得十分奇怪。

与习惯"在某种情况下的行为倾向"不同，上瘾涉及的行为不是一种面对特定情况的倾向，而是这一行为在任一时刻都有可能发生，是无条件限制的，也就是说，这种行为的反复是非规律的。在吃槟榔的例子里，就会表现为这个人并非在固定时间或情境下想吃槟榔，我们也无法预判这个人想吃槟榔的时刻。这也是为什么我们有时在说某个人"瘾犯了"的时候，会用"突然"一词：因为其反复的非规律性，导致行为的发生没有可以总结出的确定规则，会使其行为难以预测，所以当其对某物的瘾表现出来时，我们会觉得很突然、没有预兆。

有人会认为，这种非规律性不是彻底的非规律性，上瘾或许仍有一种内在的、深层的机制或特点，使得涉及的行为是可以通过某种手段预测的。比如，一个人在酒瘾发作时，可能是因为原摄入的酒精已经被分解，身体缺乏酒精，所以需要饮酒进行补充，以满足身体的需求——这便是行为背后的规律。由于身体对酒精的代谢时间不是定时的，所以当我们发现酒瘾者的酒瘾发作时，就会认为这种状态是不规律的，但实际上，如果可以对身体内酒精含量和代谢情况进行数据监测，那么酒瘾者何时想要饮酒就会变得可以预测。

---

① ［美］杜威：《人性与行为：社会心理学导论》，华东师范大学出版社 2019 年版，第 40 页。

　　然而，存在一个基本事实：并不是所有人都喜欢喝酒，并不是所有人都会对酒上瘾。如果身体对酒精摄入的需要是酒瘾的内在机制，就表明，每个人都会需要摄入一定的酒精，或是会有摄入的冲动，那么，每个人都有可能有酒瘾。这显然是与事实不符的，有的人甚至在首次尝试喝酒之后，变得十分厌恶酒精及其相关饮品，并永远不再饮用。由此可见，"身体缺乏酒精时需要摄入"并非酒瘾的内在机制，它可能会成为瘾形成之后的身体反应，或某次酒瘾发作可能会和身体内酒精全部完成代谢的时刻恰好重合，但这不是普遍存在于酒瘾者中的特征，不关乎上瘾的本质运作方式，所以并不构成对上瘾的非规律性的挑战。

　　然而，有时把习惯的表述中的条件移除并没有太大问题，比如"他习惯喝冰水"这一表述——这并不代表习惯也可以是无规律的反复。"他习惯喝冰水"中虽然没有点明条件，但实际上已经暗含了选择情境：当他需要或想喝水时，他习惯喝冰水；若他不需要或不想喝水时，便不会一直想要喝冰水。在日常交流中，这种暗含条件是说者和听者都心知肚明的、不会存疑的，为了语言简洁和表达便捷，我们会省略细节，直接说成"他习惯喝冰水"，并不代表"当他需要或想喝水时"这一条件不存在。习惯的规律性没有受到破坏。

　　在有规律的同时，习惯还包含了选择的偏向，而上瘾所涉及的行为并没有选择的参与，其背后驱动力只是对瘾品单纯的、强烈的渴望，固然就不会存在这种偏向。在"习惯喝冰水"的表述中，当他需要或想喝水时，比起热水、温水、其他饮料等选择，他会更愿意选择喝冰水；"习惯在疲惫时吃槟榔"亦然，在有提神功用的食物中，他更愿意选择槟榔。而"吃槟榔上瘾"的表述中，并没有可供选择的情境，只是上瘾者单纯地对槟榔有强烈的、无条件的欲望，选择吃槟榔与否，而不是在某种情况下"更"喜欢槟榔。换言之，如果说上瘾涉及的行为也会存在选择，那么也只涉及做与不做的选择，即行为与否的选择；而习惯除了行为与否的选择，还包含了如何行为的选择，并且更强调后者。

　　正是由于这种非规律性和单纯的欲望驱动，与习惯相比，上瘾显得与理性不符，甚至表现为与理性判断相悖。若与理性相符，那么就会存在某些因素，促成理性做出某一判断，这些因素的综合，就可以构成这一行为发生的内在规律；而上瘾涉及的行为反复恰是非规律的，便可以说明，上瘾并不是一种遵循理性的状态——这也意味着，上瘾存在对理性控制的摆脱。当我们的行为与理性冲突时，这一行为所带来的后果的利弊情况，往往就容易超出理性天然对好或善的追求的范畴，使得行为更可能对我们产生不利影响，所以，上瘾的状态往往与一种负面的价值挂钩。当一个人有毒瘾后，若毒瘾发作，就会不顾正在进行的任务和周遭的环境，一味地想要去吸食毒品；在毒瘾未发时，很多吸毒者也清楚地知道毒品对其自身的生命健康、财产安全、社会人际关系有很大危害，有些人还会忏悔自己的吸毒行为——即便如此，当其毒瘾发作时，仍然会沉醉其中，仿佛没有过那些忏悔和劝告，并承担毒品对身体造成的巨大伤害。

可能会有人认为毒瘾是一种危害很大的瘾，会涉及病理性等强度更大的影响，不具有普遍性。那么，让我们考察一些不直接影响内在生理状况的上瘾的例子：当一个人对游戏上瘾时，他会把应当学习、应当睡觉的时间用来打游戏，满足他对玩游戏的欲望，而不顾其他任务，即便他知道不完成那些任务可能会有不好的后果；当一个人看电视剧上瘾时，就算在工作、在吃饭，也会挂念着电视剧的情节走向，想要一直看下去，从而边吃，或是边工作边看电视剧，即便他知道这样会影响消化和工作效率。这些都是生活中常见的上瘾现象，也能够佐证，瘾发作时，人们的行为会和理性判断不符。同时，处于上瘾状态中的人会因为欲望的满足感到愉悦，加之可能存在"只有这一次，下次不会这样了"等侥幸心理，会使得顺从欲望的诱惑力增加、心理负担减小，理性的控制力相对削弱，使人难以自控，甚至使瘾的症状愈演愈烈。这种自控力的削弱、丧失会扰乱正常生活节奏，所以上瘾状态会对我们有较大的负面影响，而不像习惯一样，有"好习惯"和"坏习惯"之分。

由此可见，上瘾背后有自控力和理性功能的减退，以及其自身的固有的负面价值。

然而，有一些"瘾"好像并不是只有坏处，有时甚至会有比弊端更明显的积极影响。中国古代被尊为"诗仙"的诗人李白对喝酒有着人尽皆知的"瘾"，但是这种瘾让他进入醉酒状态，往往会对其创作产生很大的正面效用，许多千古名句是他在醉时的情感抒发中创作的，如《将进酒》中的"黄河之水天上来，奔流到海不复回"。这一饮酒促进创作的例子，似乎可以对上瘾的负面价值构成挑战。但是，如果我们仔细斟酌这一情况，便会发现，李白的状态并非笔者所说的瘾。

"上瘾"的词源探究显示，上瘾与爱好都会表现出对某一事物的欲望，都是对其本身的渴求。然而，爱好与上瘾不同，爱好涉及的行为并非在任一时刻都可能发生，并且相对于上瘾而言理性得多。并且，我们喜爱一个事物或喜欢做一件事，有时不只出于对这一事物或事件本身的欲望，还会包含其他因素，这和上瘾对瘾品的单纯的、强烈的欲望是不同的。

关于爱好、上瘾、习惯三者的区别，与康德对欲求能力的层次区分类比或许更便于理解；值得注意的是，这里的类比并非将他们一一对应、完全等同。康德在《纯然理性界限内的宗教》中，提及了欲求能力的四个层次，分别为倾向、本能、偏好、激情。倾向是一种先行气质，是任性的一种主观规定根据，先于任何行为、并非行为本身[1]——能够代表产生欲求的可能性。他以野蛮人都对麻醉品有倾向为例，说明他们在品尝后便会产生几乎无法戒除的欲望，尽管他们不知道何为麻醉品。本能是被感受到的要做某事或享受某物的

---

① ［德］康德：《纯然理性界限内的宗教》，中国人民大学出版社 2012 年版，第 78 页。

需求，但人们尚未形成概念；而偏好则以对欲求对象的熟知为前提，由倾向这种气质而起，一旦主体有过某种享受的经验，就会导致在这方面的偏好的产生。① 激情是一种排斥对自身控制的偏好，会使我们丧失理性。前文中所讨论的上瘾、爱好、习惯，均涉及"倾向"这一层次：上瘾者与某一爱好者分别能够从瘾品、爱好中感受到一种愉悦或享受，这也是他们反复这一行为的原因之一；习惯也是我们对于"更有效"的享受，即这三者都包含了对于享受的倾向。上文所探讨的上瘾与习惯共有的第二性，也表明了二者均非本能，而是对所涉及行为或对象有一定的了解。

但三者又各不相同。从偏好和本能的差别中可以看出，偏好强调对欲求对象有充分了解后对其产生偏好，比本能更加突出行为动机。这一区分可以帮助理解爱好、上瘾和习惯的不同：爱好和上瘾也包含了对行为动机和内在欲求的强调，而对习惯的描述则更侧重于这一行为模式本身和如何行为的选择，很少提及其背后欲求。上文提及的爱好与上瘾的不同，则可以类比激情与偏好的不同。上瘾涉及对瘾品的强烈欲求，并且以非理性的形式表现，类似于激情"排斥对自身控制"的特点；爱好则没有如此强烈的欲求程度，类似处于偏好的一般欲求水平，而非激情，和上瘾是不同的。同时，偏好强调了我们的行为动机，此时我们的理性并不在欲求动机之上，更像置于"偏好的服务者"之位，履行其功能，使偏好能够达到其目的。从这一角度我们也能推知，一个被激情，一种摆脱控制的欲求，推动着去行动的人，会比理性范围内平衡其偏好的人更不理性，② 也就是说，上瘾比爱好要非理性得多。

在李白的例子中，尽管李白饮酒频率高，有时还会饮酒过量，但他并非在任一时刻都可能想要饮酒，没有对酒有强烈到不可控制的欲求；并且，其饮酒行为有时不仅仅出于对酒的单纯的喜爱，还与李白认为饮酒可以促进创作、可以用于排解忧愤③、可以养生养性等因素有关，从其"饮酒入玉壶，藏身以为宝""三杯容小阮，醉后发清狂""穷愁千万端，美酒三百杯"等诗作中便可见一斑。由此可见，李白饮酒并非纯粹出于对酒的单纯欲望，也不是一种非规律的反复行为——饮酒是李白的爱好，并非李白的酒瘾的表现，即李白并没有上瘾，并不构成对上瘾的负面价值的挑战。

上瘾的负面价值也可以从词源分析的角度辅助理解。上文已经提到，上瘾与"奴隶"一词具有根源的相似性。"奴隶"一词指向一种身份转化，即个体地位降低至从属地位，与一种负面、下行的价值趋向挂钩。这样也会便于理解，为什么对一些用以延续生命的药物的

---

① ［德］康德：《纯然理性界限内的宗教》，中国人民大学出版社 2012 年版，第 78 页。

② H. F. 克勒梅：《认识、情感以及欲求——对康德定言命令学说中诸能力之结合的反思》，载《世界哲学》2016 年第 4 期。

③ 韩涛：《李白饮酒诗论析》，载《山西师大学报（社会科学版）》1990 年第 3 期。

依赖不算作上瘾：因为药物可以帮助我们将身体调节至更健康的状态，使得各种机能更加完善，这是一种正面的、向上的作用，不符合上瘾的向下的价值趋向。

需要澄清的是，瘾发作时的理性控制力衰退并不等于上瘾者一定会永远上瘾下去，就像习惯可以培养、也可以改变一样——上瘾和习惯都具有开放性。在习惯的养成期间，一些强化、奖惩机制会促进习惯的定型。同理，也可以通过对另一选择的强化、奖励机制，使得我们改变这一习惯，甚至转向一种与原先相反的习惯模式。如果一个人从出生开始就生活在北半球，早已习惯了北半球的昼夜更替时间；当他移居到南半球之后，昼夜相对于北半球是颠倒的，于是他需要一段时间来适应时间差异，打破原有的作息习惯，建立适合于南半球昼夜更替的作息。一段时间后，他会完全融入南半球的起居生活；并且，如果此时让他再次回到北半球，他则会不适应北半球的起居时间。

这一例子说明了习惯的培养和改变的开放性。上瘾也有类似的机制。在第一次玩游戏后，人不会立即上瘾；只有在后续多次玩这一游戏后，玩游戏的欲望越发膨胀，逐步压倒理性的控制，从而使得上瘾逐步定型。同时，瘾也有被戒除的可能：上瘾时，理性控制力的削弱建立在欲望压倒理性判断之上，人处于一种对瘾的妥协、服从状态，理智便会日渐式微，但是，如果上瘾者戒除这一瘾的决心更加坚定，理性控制的力量就会增强，从而有机会打败欲望，逐渐使瘾得以戒除。比如，当游戏上瘾者受到有效的教育，明确利弊、下定决心戒瘾时，其理性控制的力量会随之坚定、强大，甚至可以重新返回主导位置，帮助主体成功抑制玩游戏的冲动；就算个人努力不足，也可以借助另一方的力量，如暂时性断网、以其他事物代替游戏等，戒除这一瘾。

综上，可得：上瘾是一种后天形成的状态，具有发展性、开放性和行为的非规律的反复性，以对瘾品单纯的、强烈的欲望为所涉及行为的驱动力，并表现出一种非理性的特征，会对上瘾者产生负面影响。

三、上瘾是否对自由意志构成挑战

在对有毒瘾的肇事者进行审判时，肇事者可能会以"我无法控制自己，这不是我的本意"为由，把瘾表现出的"不可控制、非理性"作为借口，以博得同情。但是，上瘾状态中的人的行为并非是真正的不可选择的、没有其他可能的，上瘾并不对自由意志构成挑战。

当提到自控力时，便很容易涉及自由意志这一话题。简单来说，如果一个人有自由意志，那么他可以这样做，也可以不这样做——这是自由的、出于其个人意愿的。在上瘾的情况中，有些行为主体知道瘾品的危害，以及他现在不应当进行某种行为，但是他似乎无法控制自己，放任自己的那种行为，甚至在事后还会感到后悔。这种表现，乍一看不符合

"我可以不这样做"这一条件，主体行为好像不是出于主体自身的理智判断与选择，而是在欲望的控制下发生了理性控制力的衰退，让我"只能"去喝酒、吸毒，没有选择的余地。但是这种描述，在非瘾者本人听来，都会是一种牵强的自我辩解：真的会存在这种无法支配自己的行为、像被控制一样只能把酒杯送到嘴边的情况吗？

上文提到，上瘾的表现具有不可控制的特征，上瘾者的理性控制力往往无法阻止其对瘾品的趋向；这一特点很容易让人认为，上瘾状态意味着自由意志的覆灭，至少在这一状态中，上瘾者是没有自由意志的。

首先，让我们考察自由意志这一概念的内涵。刘易斯主张，人们具有理性、自由意志等，并可以通过理性认识到自然法，通过自由意志来选择如何行为；康德认为，人具有这种自由意志，这种自由意志具有普遍性，人的理性按照其自身一贯的自由意志的普遍规律，即绝对命令，来行动——在自由意志的支持者看来，人拥有自由意志就是指人的意志具有主动性和能动性。与之相对的便是决定论，这一观点认为自然界和人类社会普遍存在客观规律和因果联系，人的行为都是这些因素共同作用的结果，是可以根据行为前的条件、经历来预测的。决定论否认了人的自由意志，不承认人的行为是由其意志自由决定的，而是已经被决定好了的、可预见的。

现在，让我们来考察上瘾这一状态。以毒瘾为例，上瘾者在毒瘾发作时，对毒品的单纯的欲求会异常强烈，甚至让其理性思考的能力降低，不顾后果与当下正在进行的事务或状态，几乎完全被对毒品的欲望驱使，并在得到毒品之后急切吸食，继而沉湎于毒品带来的身心体验中。依据决定论的观点，毒瘾中上瘾者的吸毒行为，是可以综合毒品本身的吸引力、可能带来的使其着迷的体验感、其身体和心理对毒品的单纯且强烈的渴望、多次重复的吸毒行为等因素或一个总体机制推断而出的，是可以预测的。同时，上瘾者的吸毒行为无法被其意志选择，其只有进行吸毒这一个行为路径、没有办法不这样做。

然而，在如是解释时，我们可以发现，决定论并不能很好地符合上瘾的特征。决定论所认为的"行为可预测"，在上瘾这一状态中并不适用；上瘾所涉及的行为反复的非规律性，指向了上瘾的一种不可预测性。基于多种因素所预测出的结果，只可能是上瘾者在面对毒品时，有很大概率服从欲望、吸食毒品，即，只能预测上瘾者在进入上瘾状态时的可能反应，但并不能确定他在那个时刻就会进入上瘾状态。

不仅如此，决定论的上述因果预测，也只是一种对可能性的分析，决定论者无法胸有成竹地断定那个人一定会去吸毒——上瘾的开放性表明，瘾是可以被戒除的：上瘾者可以通过强化戒断的信念等手段，增强自控能力，使自己不被欲望支配，慢慢地摆脱上瘾状态。这就表明，即使在面对毒品的时候，上瘾者也不一定会去吸毒。可能有人会认为，加上增强决心、外在辅助等手段因素后，就会产生对其拒绝瘾品的预测，所以这也是可预测的。然而，基于事实，我们可以发现，即使在戒毒所，也会有戒毒失败的案例；即使没有进戒毒所，也有戒毒成功的案例。所以，戒毒成功与否是无法被某些因素的综合作用固定的、是无法被完全预测的。也就是说，决定论在上瘾状态形成前和瘾的戒除两个阶段都不符合。

有人会认为，不可预测性不完全等价于这类行为"不受机械法则决定或不可能被按照机械法则预测"，只不过决定或可以预测它们的机械法则我们尚未明晰与掌握，所以上瘾仍符合决定论，是对自由意志的攻击。但是，就算真是如此，上瘾也不是自由意志的反例。康德在《纯粹理性批判》中认为，"自由和自然，每一方在自己完全的意义中，就会在同一些行动上，按照我们把它们与自己的理知的原因还是感性的原因相比较，没有任何冲突地同时被找到"①。他认为，本体界的意志和绝对自由与经验界中事件的因果必然性是不相矛盾、彼此相容的，② 即决定论和自由意志相容。在他看来，感官世界中被看作现象的东西本身就有某种并非感情直观的对象的能力，使得其原因性有理知的一面，也有感性、经验的一面。并且，每一个原因都有其原因性的法则，即品格——在主体身上我们便能够看见两种品格：一是经验性的，使得主体的行动作为现象是按照自然规律被关联的、可预测的；二是理知的，在这里，主体是作为现象的行动的原因，但这种品格本身并非现象，是自在之物本身的品格。所以，主体按照理知的品格时便不会从属于时间——时间只是现象的条件——也不会符合时间规定的、变化之物的法则，即主体行为都会在现象中找到原因这一法则，因为其原因并不在那些经验性条件之中；按照经验性品格，则将符合上述法则。于是，本体界的自由和现象界的然性是可以相容的。

需要明确的一点是：康德的这一论述基于"人有理性"这一前提，本文所说的上瘾的"非理性"特征，与这一前提是不冲突的。上瘾的"非理性"，表现为欲望驱动压制住了理性的控制力，使得理性作用居于下风，导致主体行为并非按照理性倾向，而是被欲望驱使——在这中间，理性的效力被削弱，但仍有理性的存在，即是效用层面的相对"非理性"，而不是存在意义上的"无理性"。上瘾者作为"人"，仍具有康德主张的认识理性与实践理性，与其相容论并不冲突。所以，就算上瘾符合某种机械法则，其主体的本体界自由也不会受到迫害，上瘾对自由意志没有构成挑战。

前一部分中提到，上瘾者在上瘾状态下会表现出非理性特征，这一特征主要指向的就是自控力的削弱，呈现出一种不能理性行为的特点。然而，需要明确的是，我们在自由意志下行为，不等于按照最佳判断行为；我们对"最佳"的判断会基于我们对欲望对象的评

---

① ［德］康德：《纯粹理性批判》，人民出版社 2004 年版，第 47 页。
② 朱会晖：《康德关于自由与必然的相容论是融贯的吗?》，载《南京社会科学》2021 年第 4 期。

价，带有一定的价值导向，但这并不表明我们的动机总是和这种价值导向一致。以就近原则为例，我们有时会选择最符合"暂时偏好"的行为和"最容易完成"的路径去行为，[①] 而不总是目光长远、完全冷静地计算得失比例。我们在不同情况下的自制力效用程度是不一样的，在上瘾的情况下，由于上瘾者对瘾品有单纯的强烈欲望，所以其在这方面的自制力效用程度相对更低；加之上瘾者可能会选择更能让自己立刻获得欲望满足的快感的行为，对瘾品的"臣服"的选择就会不断地被反复，自制力也会越发削弱，逐渐形成上瘾状态。也正因如此，上瘾反而更偏向于一种自由：我们并没有总是按照各种因素综合的最佳结果行为，而是可能会选择综合利益更小的某个结果去行为，即我们没有被因果性的综合因素绑定，而是有选择不做最佳行为的能力。

并且，上瘾与习惯的区分之一便是上瘾是发自对瘾品的单纯的、强烈的欲望，在与康德的四个欲求层次类比时，也阐述了上瘾更强调行为动机，即行为动机是上瘾状态的根源。而自由意志更多的是关于行为选择与控制的讨论，[②] 并没有涉及对行为动机的过多描述。所以，认为上瘾会消除自由意志的观点，就相当于认为行为动机可以消除行为选择与控制，但是行为动机与行为选择与控制，并不能构成消除与被消除的关系。如果行为动机可以消除行为选择与控制，就等于认为，按照行为动机行事不属于行为选择与控制的范畴或结果，这就意味着，只要我们的动机相同，我们就一定会做一样的行为。因为，在这种情况下，一个动机只会导向一种行为，那么具有相同动机的人就都会进行同样的行为——但这与现实情况是完全不同的：假设 a 和 b 都想考上 c 大学，那么在"考上 c 大学"这一动机下，a 和 b 都且只能都参加普通高考，但是 a 很有艺术天赋，他完全可以通过艺考的方式考进 c 大学，这也是在现实情况下 a 更可能采取的方式。所以，认为上瘾会对自由意志构成挑战的观点是错误的。

当我们承认上瘾背后有自由意志的存在时，也会比不承认的情况带来更多正面的社会效益。对自由意志的认可会在更大程度上激励情况严重的上瘾者戒除瘾、回归正常生活，也会降低上瘾者违法时对于其责任的界定复杂程度，降低司法审判中的难度。

结 论

本文从哲学层面，对"上瘾"这一概念进行了研究辨析，得出了上瘾的若干特征，丰富

① Alfred R. Mele, *Addiction and self-control*, *Behavior and Philosophy*, America: Cambridge Center for Behavioral Studies, 1996, p. 78.

② Roy F. Baumeister, "Addiction, Cigarette Smoking, and Voluntary Control of Action: Do Cigarette Smokers Lose Their Free Will?", *Addictive Behaviors Reports*", 2017, 5.

了有关上瘾的研究视角以及对习惯和自由意志的探讨。尽管如此，本文对上瘾自身的分类、上瘾和爱好之间的根本不同等方面的分析仍有不足，上瘾在哲学层面的研究仍待进一步深入。

浅论中国文人生活美学在当代的发展

——以汪曾祺为例

程云龙①

【摘　要】

本文通过对比不同学者对"生活美学"这一概念的解释，确定本文中"生活美学"的使用范围。通过挖掘生活美学中的中国源泉，探索中国文人生活美学源头和发展趋势，再通过对于中国古代话语体系下的"物"进行探索分析，探索明清文人对于"物"的热爱的原因。汪曾祺承接明清士人对于"物"的热爱，在其文章中对"物"的描写颇多，与前人相比其既有接续又有发展，本文采用文本细读的方法对汪曾祺的不同文章进行精细阅读以及文献分析法对国内相关著作和文献进行阅读、吸收归纳和总结，以此得到自己的理解。运用案例分析法，通过对植物、饮食和民俗的分析，来探索中国文人生活美学在当代的发展。

【关键词】

生活美学；汪曾祺；物；明清文人；审美；日常化

一、生活美学概念辨析

要对中国文人生活美学在当代的发展进行一个简要的论述，那么我们应该对"生活美学"这个词语进行简要的辨析，从而考察生活美学的范围。对于"生活美学"的范畴界定，中国学者还未对其产生一个统一的、分明的界定，不同学者对于"生活美学"的概念理解或多或少有些许的差异。主流对生活美学的划分大致有以下几种：

一是由学者刘悦笛提出的，在其文章《"生活美学"：是什么与不是什么?》中他明确将生活美学与实用美学相分离。提出了其关于生活美学与其他美学的划分，在其文章内，他

---

① 作者简介：程云龙，武汉大学弘毅学堂 2019 级本科生。

讲道："第一种对'生活美学'的误解，就是仅仅把它当作'实用美学'"，"'生活美学'更是一种'作为哲学'的美学新构，而非仅仅是文化研究与社会学意义上的话语构建"，"然而，生活美学却不仅仅是'伦理美学'，从本体论上说，'生活美学'理应成为真善美的合体之学。"①学者刘悦笛从本体论的方面出发，对生活美学做了划定。

二是由学者仪平策所说："生活美学是以人类的'此在'生活为动力、为本源、为内容的美学，是将'美本身'还给'生活本身'的美学，是消解生活与艺术之'人为'边界的美学，是彻底落实终极关怀使命的美学，是真正的人类学美学。"②学者将生活美学的范围从个人生活和生存方式入手，来给生活美学划定范围，将美学的研究方向转向了研究个体的存在方式。

三是将生活美学作为应用美学的一派来看待，如："生活美学属于应用美学的分支学科，是研究人在现实生活中的审美活动的一门科学。大体而言，生活美学分为自然美学和社会美学两大部分。"③在傅其三的文章中，又将自然美学和社会美学进一步细化，论述了其基本框架。再如："生活美学是实用美学中的一个分支，是运用美学的理论，研究生活中的审美现象，揭示生活中美的事物和审美活动的特点与规律的一门学科。"④学者蒋勋说法就更为直接和明了："生活美学是实际在食、衣、住、行当中体现出来的。"⑤这个说法直接让生活美学更加贴近生活。从这几个学者的角度来看，生活美学可以从其应用方面来概括包含。

而在别国的学者中，托马斯·莱迪（Leddy）这么描述生活美学的归属："生活美学是美学的一个分支。……另两个美学的主要分支是艺术美学和自然美学。"⑥日本学者斋藤百合子认为我们应该从无序的，甚至说是混乱的感性体验中寻找美的享受，强调从体悟消极的感性经验，寻找无序的价值。查找《牛津美学手册》⑦，我们可以看到，其对于"生活美学"的解释为对非艺术品和活动中审美经验的可能性，也用来指称在艺术哲学领域中，一场方兴未艾的，质疑和反对的，区分纯艺术和流行艺术、艺术和工艺、审美经验和非审美经验

① 刘悦笛：《生活美学：是什么与不是什么?》，载《艺术评论》2011 年第 4 期。
② 仪平策：《生活美学：21 世纪的新美学形态》，载《文史哲》2003 年第 2 期。
③ 傅其三：《生活美学的理论构架》，载《湘潭大学学报（社会科学版）》1993 年第 2 期。
④ 成远镜、朱晶著：《生活美学》，湖南大学出版社 2007 年版，第 5 页。
⑤ 欧阳英、徐凡著：《天地有大美：蒋勋和你谈生活美学》，广西师范大学出版社 2006 年版，第 11 页。
⑥ Thomas Leddy, *The Extraordinary in the Ordinary: The Aesthetics of Everyday Life*, Peterborough, Ont, Broadview Press, 2012, p.19.
⑦ Jerrold Levinson (ed.), *The Oxford Handbook of Aesthetics*, New York: Oxford University Press, 2005, p.761.

的运动。

　　总的来看，学者们从不同的角度，着手点，逻辑点入手，对"生活美学"有着自己的独特的多样的理解认识。在笔者看来，生活美学有如此之多的理解和认识，是因为不同的时代，不同的民族以及个人。我们可以将其分为两个形式去看待，广泛意义的看和具体语境的品，本文中要探讨的中国文人的生活美学便是一种较为广泛意义上的生活美学。广泛意义上的生活美学即是个体对其日常生活中的审美活动、审美行为的探究，这种生活美学更偏向于学者仪平策所说的个人的生存方式，是较为排斥将生活美学作为应用性的工具这个说法的。这种生活美学的重点在于在个体和日常生活间构建一座审美桥梁，将审美行为作为日常生活的重要工具，探究日常生活中不自觉地包含的审美韵味，虽然同样是应用生活美学于生活之中，但是这种应用是偏向于"发现美的眼光"，这种眼光不必均是聚焦如画如诗的场景，也可以聚焦那些容易被我们忽略的平日中的一草一木，可以是混乱的人群，菜市场，或者破败的小屋。而聚焦于汪曾祺身上，则是将这种广泛意义上的生活美学更为具体化，将时代因素、个人因素等添加进来，将广阔的时代中的个人拿出来进行进一步的探讨。这两者是相辅相成的，广泛意义上的生活美学为汪曾祺文章中的审美意韵提供理论化的背景和可依靠的支架，聚焦个人将不同时代那些具有一定代表性的人物拿出来探讨，分析具体的问题，为看清楚大的发展方向找一个抓手。

　　因此，为了把握汪曾祺在中国文人生活美学当代发展中发挥了怎么样的作用，那我们可以先去把握生活美学在中国的传统和发展。

二、生活美学的中国源泉

　　生活美学在中国有着丰富的历史与源泉。中国文人生活美学的源头应始于先秦时代，更为具体地说，是源于孔子、庄子、老子等人的将生活艺术化的思想，这种思想较为直接地影响了以后的中国士人的美学思想。那时候的士人热衷于将生活过得更加艺术化，《论语·先进篇》中就有记载："浴乎沂，风乎舞雩，咏而归。"[1]论语中记载的这句话，虽然不能直接认为是艺术存在，但是从孔子的推崇以及后世儒家士人对此类行为和生活的向往，我们可以认为，这类行为首先是一种美的活动，做此事时，给予人们的就是审美化的经验。学者刘悦笛认为："从孔子和老子这两位古典美学的奠基者那里开始，中国美学就已经走上了生活美学的道路。"[2]儒家对于生活中美的把握，可以说其实是从日常生活中得来

---

　　[1]　《论语译注》，杨伯峻译注，中华书局1980年版，第119页。
　　[2]　刘悦笛：《儒道生活美学——中国古典美学的原色与底色》，载《文艺争鸣》2010年第13期。

的。在儒家的美学体系内，无论是与朋友游还是掌握礼，其基本产生美的感受经验的道路是，通过礼的活动，通过生活中不同行为，人生情而得美。美正是来自生活，生活产生了美，人们在日常生活中审美并不断提升自己，这种想法贯穿了《论语》的内核与精神。再来感受庄子那不一样的美学感悟，《庄子·天下》中有说："独与天地精神往来，而不敖倪于万物"①，《庄子·养生主》中有记载"庖丁解牛"的故事，庖丁为文惠君解牛过后，已经进入了触摸到"道"的状态，庖丁通过无数次的解牛并在"解牛"这件事中汲取了审美经验和美学感受，如"手之所触，肩之所倚，足之所履，膝之所踦，砉然向然，奏刀騞然，莫不中音。合于《桑林》之舞，乃中《经首》之会"。② 正如庖丁通过集中一事，将解牛作为艺术，体验到人生真谛一般，庄子也正是倡导通过生活实践，修养身心，感悟"生活美"，将实践真正溶于心，做到内外一体，从而体验"道"。庄子追求的是一种艺术精神，是削减内外对立之后的减法，是物我一体的精神，是将生活美学作为人的一种生存方式。对于这种追求，《中国艺术精神》中说道："一方面显为'独与天地精神往来'的超越性，同时即显为'而不敖倪于万物'的即自性，所以对于每一具体的事态，在有限中看出其无限性。"③从儒道两家的想法中，我们可以看到，其感悟美体验美与生活的联系是较为密切的，无论是儒家的将生活经验化作礼感受美还是道家所倡导的"悟道"，都是要求人们回归生活。徐复观在对中国艺术精神的阐释中提道，中国艺术精神，如果追根究底，可以概括为以儒家为代表和道家为代表的两个典型，"中国只有儒道两家思想，由现实生活的反省，迫进于主宰具体生命的心或性，由心性潜德的显发以转化生命中的夹杂，而将其提升，将其纯化，由此而落实于现实生活之上"，④ 由此，我们可以看出，生活美学在中国还是拥有比较厚重的基础的。

此外，中国文人希望将理想融入生活，将艺术与生活联结，追求诗意的生活和审美的生活。这种将理想融入生活，在生活中自由不羁的行为，意味着个体对于生活中美的一种构建，以至于到了魏晋南北朝，形成了著名的魏晋风骨。随着时代的变迁发展，士人的这种在日常生活中追求审美的态度，在日常生活中追寻美的行为更多地被构建在物的身上。但是士人这种想要将生活艺术化的理想被更多附庸风雅的人所效仿，这些人一方面放不下钱财玩乐的世俗享受，一方面又想标榜自身风雅与常人不一致，上自士大夫，下至平民百姓都开始沉溺于从"物"中寻找生活中的审美。

① 《庄子今注今译》，陈鼓应注译，商务印书馆 2007 年版，第 1016 页。
② 《庄子今注今译》，陈鼓应注译，商务印书馆 2007 年版，第 116 页。
③ 徐复观著：《中国艺术精神》，商务印书馆 2010 年版，第 111 页。
④ 《徐复观最后杂文集》，台湾时报文化出版社 1984 年版，第 179 页。

三、文人生活美学中的"物"

时至宋朝，宋朝经济发展迅速，经济环境良好，政治环境较为清正廉洁，社会风气较为舒适宽松，士大夫学者怡然自得，培养了一系列如欧阳修等文人墨客，他们沉浸于文化的滋养之中，对书画自然均培养了较高的审美能力和鉴赏技巧。宋代文人对山水自然之物，对金石古器之物都有着前代不可比拟的兴趣。王国维就在其《宋代之金石学》中曾说："故天水一朝，人智之活动与文化之多方面，前之汉唐，后之元明，皆所不逮也。近世学术多发端于宋人，如金石学，亦宋人所创学术之一。"①宋人对如此多的物感兴趣，不但对花鸟鱼虫自然物感兴趣，还对人工锻造之物感兴趣，人工物之中不但对前朝古物感兴趣，也对当时流行之物感兴趣。这就恰巧映照了，当时的宋人，有着对生活很高的兴趣和热爱，这是与古时留下来的，中国文化中本就有的，中国文人的生活美学是分不开的。正是因为以美看万物，以美观照万物，才得到了如此一个以"物"为体系的生活美学视角。而这个"物"也是文人生活美学里一支独特的芳花。

但由于中国古代思想儒道等几家思想混杂，虽可以统说中国文人生活美学中"物"是其重要的视角。如果要弄明白这其中"物"的几层含义和下文中要提到的汪曾祺所采用的"物"的视角，那么自然是需要在此将"物"的含义做一个辨析。

在中国古典思想中，"物"大致可分为三种意思：一是将"物"放于天地之间，以一种极其广阔的视野来看待。这种"物"是超越了人本身的，只要是宇宙间的东西，包括宇宙，都可以被其囊括。《说文解字》提道："物，万物也。牛为大物。天地之数起于牵牛，故从牛。"②《宋本玉篇》提道："凡生天地之间，皆谓物也，事也，类也。"③由此可见，"物"作为一个世间万物的"大类"，拥有抽象而又普遍的性质。这种性质在道家，尤其是老子和庄子的文章中，更是大放异彩。《老子》第二十五章提道："有物混成，先天地生，寂兮寥兮，独立不改，周行而不殆，可以为天下母。吾不知其名，字之曰道，强为之名曰大。"④《庄子·秋水》提道："吾在天地之间，犹小石小木之在大山也。方存乎见少，又奚以自多！计四海之在天地之间也，不似礨空之在大泽乎？计中国之在海内不似稊米之在大仓乎？号物之数谓之万，人处一焉。"⑤这种将人与物放在一个层面上的道家思想，消融了人

---

① 《王国维文集》(第四卷)，中国文史出版社 2007 年版，第 124~125 页。

② 《说文解字注》，上海古籍出版 1988 年版，第 53 页。

③ (南北朝)顾野王撰：《宋本玉篇》，中国书店 1983 年版，第 428 页。

④ 《老子道德经注校释》，王弼注，楼宇烈校释，中华书局 2008 年版，第 62~63 页。

⑤ 《庄子今注今译》，陈鼓应注译，商务印书馆 2007 年版，第 477~478 页。

于物上的理解，强调人与物一致无二，进一步而言，其倡导的人回归"道"更是将"物"化成了人的尺度。

二是将"物"看作人的对象，将人通过感觉和经验所接触到的东西断定为"物"。这种看法更多的是注重"心"与"物"的二元关系。这种心物二元关系，在明末清初之时，王夫之给出了一个较为准确的总结："天之风霆雨露亦物也，地之山陵原隰亦物也；则其为阴阳、为刚柔者皆物也。之飞潜动植亦物也，民之厚生利用亦物也；则其为得失、为善恶者皆物也。凡民之父子兄弟亦物也，往圣之嘉言懿行亦物也；则其为仁义礼乐者皆物也。"① 如此看来，那么，"物"几乎是时刻将人包裹住的。与第一种看法有差异，这次人与"物"并不处于同一阶层上，人似乎于"物"之上，但人也无法摆脱"物"确定自身的主体性。

三是理学兴起之后，"物"多了新的含义。明代崛起的阳明心学和程朱理学将儒家经典中的文章切实地用于日常生活中，更是发展出了格物致知的方法，通过对于外界"物"的认识来获得大义。李贽更是将这一层含义划定了一个确切的范围，即"穿衣吃饭，即是人伦物理；除却穿衣吃饭，无伦物矣"②。这使得人们在日常生活中有了一个确定的认知，同时，还强调人们压制对"物"感受，而且这种一味的压制，不考虑正常美的享受的压制，恰好为人们追逐"物"的享受创造了更加合理的借口。

总体来看，在中国古典思想中，无论道家的那种"物"与人齐平，"物"为万物的思想还是将"物"看作人的对象，都没有一味地摒弃人对于"物"的体验和感受，都在抑制的同时肯定了人于其中获取到美的经验。而明末清初的理学的"物"的概念，虽压制了一时人对于"物"的体验，但是同时也促进了明清文人对于"物"的热爱的更大的浪潮。

明清文人对于"物"的喜好，可以说是在美学史上留下了浓墨重彩的一笔。晚明士人袁宏道曾在《觞政》中有言，饮酒一途可为"五合，十乖"③。并且对于饮酒的器物，伴酒而食之物，酒醉后的感觉都有着较高的规定，此外，还将这些分门别类地做出品评，给予评价。除酒以外，晚明士人还嗜茶，其饮茶已不仅仅是单纯的喝茶用茶。当时的种种文章，如张岱的诗文中，屠隆等人的文章中，都透露着对茶的热爱，不但强调品茶之本味，还强调通茶之本性，一方面对饮茶的心态做出规定，一方面对饮茶的境界做出评定。明末清初的文人钱谦益在其文章中用妙笔将明清文人对这种"生活美学"的态度描绘了出来："士大夫闲居无事，相与轻衣缓带，流连文酒。而其子弟之佳者，往往荫藉高华，寄托旷达。居处则园林池馆，泉石花药。鉴赏则法书名画，钟鼎彝器。又以其闲征歌选伎，博簺蹴鞠，

---

① （明）王夫之撰：《尚书引义》（卷一），载《船山全书》（第二册），岳麓书社 1988 年版，第 240~241 页。

② （明）李贽撰：《焚书·续焚书》，中华书局 2009 年版，第 4 页。

③ 《袁宏道集笺校》，钱伯城笺校，上海古籍出版社 1981 年版，第 1417~1420 页。

无朝非花，靡夕不月。"①士大夫这些无用的产物，恰是包含在生活美学中日常生活之内的部分，无论是琴棋书画或是园艺景致，都在欣赏之内，这也体现出了生活美学是那个时代下蓬勃发展的趋势。

四、汪曾祺文章中"物"

汪曾祺作为一位中国当代小说家、散文家、戏剧家，除了文学创作，也有其日常化生活。作为一名小说家，他的小说中不自觉地展现出一些关于自身日常生活的片段描写；作为一名散文家，他的散文文字诗化而优美，从文字中描写出对日常生活的热爱和乐趣，内容极其丰富，他善于捕捉日常生活中的诗意，也善于在日常生活中发现美的旨趣。其"作为中国最后一个士大夫"，在经历新中国的同时，也遗传了明清以来士人所留下的较高的审美鉴赏趣味和文化滋养，可以从他的文章中去品味"物"的观照。

（一）植物

在汪曾祺文章中，植物的出场率不可谓不高，而植物各自所代表的意象也各有不同，甚至千差万别。通过统计汪曾祺小说中的植物，我们得到，在其小说中，出现不同的植物有九十余种，其中，花草种类最多，有47种，蔬菜瓜果类其次，为27种，树类为15种，谷类药物类植物约有5种。其中花草类植物出现七十余次，树类植物出现26次，蔬菜瓜果出现32次，其他植物出现大约为六次。我们就挑一些具有代表性的例子来谈谈汪曾祺小说中植物所代表的不同意象。

首先是借助植物来展现自然山水的美丽，自然环境往往与文章中人物的感情有着不可分割的联系。在《受戒》里，汪曾祺有这样一段环境描写："秋天过去了，地净场光，荸荠的叶子枯了——荸荠笔直的小葱一样的圆叶子里是一格一格的，用手一捋，哔哔地响，小英子最爱捋着玩，——荸荠藏在烂泥里。赤了脚，在凉浸浸滑滑溜的泥里踩着，——哎，一个硬疙瘩！伸手下去，一个红紫红紫的荸荠。"②汪曾祺通过这种对荸荠的描写，给读者呈现了一种非常淡然自得，带着些许欢欣的江南水乡之景，使人感受到了独属于江南的风情和在这种环境下，朴实而又有魅力的生活。接连着文章内的人物，让正处于朦胧梦幻的少年男女之间的感情得以生发，让生活中那种情趣得以表达，展现了一幅和谐静谧而又美

---

① （明）钱谦益撰：《瞿少潜哀辞》，载《牧斋初学集》（卷七八），上海古籍出版社1995年版，第1690页。

② 《汪曾祺全集》（第一卷），北京师范大学出版社1998年版，第336页。

好的江南景色。在《大淖记事》里，汪曾祺在开头这么描写了淖："沙洲上长满茅草和芦荻。春初水暖，沙洲上冒出很多紫红色的芦芽和灰绿色的蒌蒿，很快就是一片翠绿了。夏天，茅草、芦荻都吐出雪白的丝穗，在微风中不住地点头。秋天，全都枯黄了，就被人割去，加到自己的屋顶上去了。冬天，下雪，这里总比别处先白。化雪的时候，也比别处化得慢。河水解冻了，发绿了，沙洲上的残雪还亮晶晶地堆积着。"①在这篇文章里，汪曾祺借着"茅草"等一众植物，给高邮的自然风景镀上一层绚丽的色彩，也给人营造出一种悠远恬淡的感受。在这种自然环境中，汪曾祺用淡淡的笔墨描绘之后的场景。这两篇文章中的植物，在我们的日常生活中，是十分不起眼的存在，茅草、蒌蒿等植物，往往是被被认为单调无味、无趣甚至不美观杂乱的植物，汪曾祺通过对这些植物的描写，不必浓墨重彩也不必精雕细琢，配合行文，将日常生活中的悠然通过植物传达出来，将水乡的自然环境连带着人文气息传递了出来。

其次是通过植物来展现人物情感的细腻，借助植物，来体现文章内人物的感情。将难以表达出来的内心情感借助外部的植物展现给读者，通过阅读来体悟到人性之美，对日常生活中的人物感情生发审美感情。在《鉴赏家》里，"桃""杏"等水果和"荷花"体现了水果贩叶三与季匋民的感情深厚，虽是简单的水果，却饱含了叶三对季匋民的崇敬和仰慕之情，而"季匋民最爱画荷花，他画的都是墨荷"。②也体现了季匋民厌恶应酬，厌恶谄媚的心态。而将墨荷送予叶三，也正映衬了叶三最后不肯将画卖与日本人的倔强。两人不因利益而聚，因爱好而互为赏识，超越了金钱的感情，令人赞叹。再如《老鲁》中的"枣树"，汪曾祺借枣树的扎根体现了主人公不惧环境苛刻的品质，借"枣树"展现了老鲁的任劳任怨，与帮助他人的无私感情，"枣树"是老鲁不平凡情感的象征。而在这两篇文章之中，植物并不是直接联系着人，但同时植物每出场时便连接到了人，无论是《鉴赏家》中的"叶三"和"季匋民"，还是《老鲁》中的"我"与"老鲁"，这些植物体现了这些普通人身上的温情与美好，体现了在平常生活中人身上的感情。

以上种种，皆是汪曾祺通过对"物"的把握和描摹，从植物之"物"中写出带有日常生活审美情趣的片段，于小说中构造了关于人物角色独一无二的生存体验和向往，于散文中构造了关于自身或者其他人物独特的生存感悟，这与道家强调"生活美学"是个人的生存方式，学者仪平策所说的生活美学的范围从个人生活和生存方式入手也是相一致的。

(二) 饮食

谈到汪曾祺文章中的饮食，让人便不由自主地回想起明清士人在饮食上的趣味，士人

---

① 《汪曾祺全集》(第一卷)，北京师范大学出版社 1998 年版，第 413 页。
② 《汪曾祺全集》(第二卷)，北京师范大学出版社 1998 年版，第 11 页。

在饮食上的追求，更多的是对于饮食情趣、品味、文化的追求与构建。而汪曾祺在饮食文章上的书写，多少也是对明清文人对于饮食趣味追求的继承与体现。说到汪曾祺的饮食散文，自然是绕不开他的那个名篇——《端午的鸭蛋》。在描写高邮的鸭蛋时，汪曾祺可谓是下了重彩的一笔："高邮咸蛋的特点是质细而油多。蛋白柔嫩，不似别处的发干、发粉，入口如嚼石灰。油多尤为别处所不及。鸭蛋的吃法，如袁子才所说，带壳切开，是一种，那是席间待客的办法。平常食用，一般都是敲破'空头'用筷子挖着吃。筷子头一扎下去，吱——红油就冒出来了。高邮咸蛋的黄是通红的。苏北有一道名菜，叫做'朱砂豆腐'，就是用高邮鸭蛋黄炒的豆腐。"①从这一段，我们就可以看出汪曾祺当谈及故乡高邮的名品时，不自觉地流露出的自豪与谈到吃法时的情趣。当谈到鸭蛋的口感，简单几句，勾勒闲适中细品鸭蛋的趣味，说到鸭蛋的吃法，仿佛又不是在说一种事物，而是在说生活中的一件艺术品。而汪曾祺又在其他的文章中，记录自己以闲适淡雅之情下品尝的种种吃食：在《豆汁儿》中描写自己喝豆汁的体验，在《皖南一到》中记录徽州各个菜品，在《四川杂忆》中描写了四川菜对于麻辣的热衷。再如其他那些朴实无华的文章名称：《葡萄月令》《马铃薯》《豆腐》等，这些本身日常生活中不能再常见的事物，在汪曾祺的笔下，都遍历古今，生发出不一样的趣味来。除了这些食物，茶酒也是汪曾祺文章中的常见之物，在其《寻常茶话》中，我们找到了他对于茶的回忆，"喝早茶"的习惯，泡茶馆的经历，在杭州昆明等地的喝茶经历，汪曾祺对于茶的品质倒不挑剔，对于茶的喜好程度倒不如明清文人，在汪曾祺这里，茶更是一种寄情追忆之物。而酒确实是汪曾祺所喜好的，汪曾祺嗜酒，至晚年还好酒喝，在其文章《家常酒菜》中，对于凉拌菠菜，拌干丝等不同菜肴适合卜酒也有探索，这倒是和明清士人所说的下酒之物，酒醉后的感觉相呼应。

说到明清中国文人士人饭桌上的饮食，让人不得不联想到《红楼梦》。在其第四十一回中提到了"茄鲞"："凤姐儿笑道：'这也不难，你把才下来的茄子把皮刨了，只要净肉，切成碎丁子，用鸡油炸了，再用鸡脯子肉并香菌、新笋、蘑菇、五香腐干、各色干果子，俱切成丁子，用鸡汤煨干，将香油一收，外加糟油一拌，盛在瓷罐子里封严，要吃时拿出来，用炒的鸡瓜一拌就是。'"②又在第六十二回写道："小燕接着揭开，里面是一碗虾丸鸡皮汤，又是一碗酒酿清蒸鸭子，一碟腌的胭脂鹅脯，还有一碟四个奶油松瓤卷酥，并一大碗热腾腾碧莹莹蒸的绿畦香稻粳米饭。"③在第三十七到三十九回写了吃螃蟹及其完整的讲究与饮食文化，大到季节环境的选择，小至螃蟹的吃法工具、助兴之法，反映了一套完整

---

① 《汪曾祺全集》（第四卷），北京师范大学出版社 1998 年版，第 21 页。
② （清）曹雪芹、高鹗：《红楼梦》，岳麓书社 2001 年版，第 276~277 页。
③ （清）曹雪芹、高鹗：《红楼梦》，岳麓书社 2001 年版，第 440 页。

的饮食文化和文人的饮食情趣——更注重饮食的视觉美感，环境氛围。将不同感觉相连接，达到"物我交互"的境地。

汪曾祺在对食物的描写中，对于食物的各种讲究，对于器具、吃法、情物勾连自然是对中国文人，尤其是明清士人这种生活美学——重物的一种继承。但同时，其又在此基础上不断发展，探索属于其自身重饮食之物的生活美学。其与一大批明清文人写食物的一点重要不同在于其尤为突出了写食物时的淡，对感情的克制，喜好以淡为美。汪曾祺在写文章时也曾说过自己的散文多着重于情感的克制，其写的不论是饮食散文，还是其他物的散文，纯抒情的文章是极少的。其散文与红楼的一个重要不同就是他所念念不忘的大多是一些寻常百姓家及其常见的食物，如菠菜、干丝、土豆、鸭蛋等罢了。其通过饮食传递的不是在红楼中所看到的，贵族饮食的食精脍细，非士人极其讲究的饮食规矩，而是于最普通的食物中，寻到了自己所见的美感，在再普通不过的食物中找到不同感情的感性体验，于杂乱中体验"情"美。这与斋藤百合子所强调的消极的感性经验倒是有异曲同工之妙，从平凡的食物中生发出不一样的灵光。汪曾祺带着自己对生活中美的感悟，"融奇崛于平淡"①，物中感情平淡温婉，其在《葡萄月令》《寻常茶话》等文章所用的笔调更是体现出了闲情雅致，食物除却饱腹之效，更多是体现情的追忆，生活情趣的功用。汪曾祺的写作另一特色在于其饮食散文带有很强烈的日常化的体现。汪曾祺对于食物的描写，体现了作者对于日常生活朴素的热爱，汪曾祺通过不断咀嚼寻常事物，不断生发常见事物的灵光，因此，他对家常之物的感受更包含着自己情感，他人情感的体会，食物之外的情，食物之外的感性体验更容易触动人。"汪曾祺的饮食书写中深刻、细腻的人情味，其饮食文学的迷人之处，是以食物为景，以怀念为情而实现的情景交融，而其饮食美学崇尚的'存其本味'的自然质朴，亦与其文学艺术品格融为一体。"②汪曾祺对吃的饮食趣味，既继承发展了明清士人热衷于饮食之乐的美学理念，同时构建了独属于其自身的关于食物的美学感受。

这些关于饮食的例子，是汪曾祺对日常生活中饮食情趣的捕捉，不但记录每个地区不一样的食谱和独特趣味，还可以从家常的萝卜土豆中挖掘美学体验，强调一种闲适的风格。表现汪曾祺个人的，对于生活中审美之桥的构建路径是：通过对于一种食物的细细品味体验，再结合食物的外观，文化，对食物包含的内部意义进行挖掘和研究。

（三）民俗

汪曾祺的文章中，还有很大一部分比例是关于民俗散文的。汪曾祺对于民俗的描写广

---

① 《汪曾祺全集》（第四卷），北京师范大学出版社1998年版，第290页。
② 徐国能主编：《海峡两岸现当代文学论集》，台湾学生书局2004年版，第99页。

泛而丰富。为什么说其广泛，是因为其展示的对象可以是风俗，可以是人物，也可以是社会状态。其站在普通人的视角，看待每件事情，通过朴素平淡的语言向读者介绍他眼中生活各方各面的审美趣味和由其对于文化的探究搭建的美学桥梁，使读者在阅读时放松身下，沉浸其中，意蕴无穷。为什么说其丰富，是因为，汪曾祺对于民俗的描写，从不拘泥于已经写于纸上的内容，而是通过纸上的字透露出他想传递给读者的"美"。民俗背后即是其美的眼光，也是美的思考，善于发现美的眼光下，处处都是平淡生活中美的灵光。如汪曾祺在《贴秋膘》的文章中将贴秋膘的习俗描绘得有声有色，在《泡茶馆》一文里讲述了当地人热爱于去茶馆喝茶的民俗，在《城隍·土地·灶王爷》中汪曾祺详细地为我们描述了自己家乡中有关城隍、土地、灶王爷的习俗。描绘了当地人对城隍老爷、灶王爷的信仰，将这些习俗描述成为一种盛大的仪式，甚至在其中说："愚昧是一种伟大的力量。大多数人对城隍、土地、灶王爷的态度是'诚惶诚恐，不胜屏营待命之至'，但是也有人不是这样，有的时候不是这样。很多地方戏的'三小戏'都有《打城隍》《打灶王》，和城隍老爷、灶王爷开了点小小玩笑，使他们不能老是那样俨乎其然，那样严肃。送灶时的给灶王喂点关东糖，实在表现了整个民族的幽默感。也许正是这点幽默感，使我们这个民族不致被信仰的铁板封死。"[1]这些其实都来自其对于日常生活的认真感悟和体验，其实作者对于民间习俗的尊重，正是来自他于平常生活中对于朴实的不易察觉的美的发现和理解。他站在了普通人的视角去面对民俗，抒发了自己的情感和感动，于文字中传递出对于平凡生活的热爱。

汪曾祺对于民俗的描写，是将"物"与"情"联结后写下的文字。不同于之前对植物的描写将文内主人公的情感寄托于物，不同于在饮食中将自己的闲适淡然之情抒发出来，在描绘民俗时，汪曾祺将自己内心对于这些文化习俗的热爱凝结于仪式上，凝结于"物"上。于这些"物"中，迸发出内心对土地、对人们、对文化、对生活的热爱。

结　论

汪曾祺对文人生活美学的继承发展，主要体现在两个点，一是文章中的"淡"。在中国美学中，淡这种特点最先是老子提出来的，老子在《道德经》中曾经提道："为无为，事无事，味无味。"[2]而叶朗在《中国美学史大纲》中也提到了"淡乎其无味"，这种淡追求的就是用天然雕饰原本的物。明清以来，士人在追求物的境界上越走越远，对于食物、茶酒以及器物的品类，服饰的讲究，家居器物的选择，家庭文艺意境的营造，对于物的感情真挚

---

① 《汪曾祺全集》(第五卷)，北京师范大学出版社1998年版，第96页。
② 《老子道德经注校释》，王弼注，楼宇烈校释，中华书局2008年版，第164页。

而热烈，从不同的文章诗句中便能感受到人们于物中深深倾注的情。而汪曾祺写物，便不似明清士人写物，汪曾祺文章中的一草一木，饮食风俗，笔触都是平淡朴实的，是简练而意指文字之外的含义。通过文字来做到"淡"中有意，"淡"中有情，笔调舒缓自然。他本人也曾说：我只能用平平常常的感情了解他们，用平平常常的方法帮助他们。这结果就是淡。①"淡"中有情，"淡"中见意，通过平常的方法观察生活中不同的角度，发现熟悉事物之中的不一样和感性体验。二是文章中的"真"，真中见雅。明清文人写作，强调小说这种文类的真实性，认为小说一定要具有一定的现实基地才妙，祝允明也曾说过"身与事接而境生，境与身接而情生"。汪曾祺的文章里大多是生活之中的真事，但又常常是间隔过一点时间的经历。其文章中的人物，无论是大人物还是小人物，无论这个人身上体现出来的是美好或是凶恶的品质，汪曾祺都是一点一画地勾勒，不夸大，也不掩饰。其文章中的物，无论最后的结局几何，无论对于此物的喜爱几何，他都对这些物品进行本真的描写，使其连带着物上承载的感情，融合的环境，给人带来意境的感受。于《卖蚯蚓的人》中，汪自称是一个"生活现象的美食家"："我是个写小说的人，对于人，我只想了解、欣赏，并对他进行描绘，我不想对任何人作出论断。"②汪曾祺对于生活中变化的、不变的东西，总是通过一种欣赏的眼光去观察，去了解，并不做出评判，由简至真，由淡见情，这或许是汪曾祺对于文人生活美学的新的发展。

① 汪曾祺：《忆昔》，北京联合出版公司 2014 年版，第 97 页。
② 《汪曾祺全集》（第二卷），北京师范大学出版社 1998 年版，第 53 页。